Romanian
Mini Dictionary

ENGLISH-ROMANIAN
ROMANIAN-ENGLISH

FLUO
EDITIONS

FLUO
EDITIONS

Romanian mini dictionary

© 2019-2020 by Fluo Editions

Main editor: J. N. Zaff
Assistant editor: Natalia Baena Cruces
Cover and typesetting: Fluo Editions

ISBN-13: 979-8-60-925657-7
ISBN-10: 8-60-925657-X

First edition: February 2020

While the publisher and the authors have used good faith efforts to ensure that the information and instructions contained in this work are accurate, the publisher and the authors disclaim all responsibility for errors or omissions, including without limitation responsibility for damages resulting from the use of or reliance on this work. Use of the information and instructions contained in this work is at your own risk.

All rights reserved. No part of this book may be reproduced or utilized in any form or by any means, electronic or mechanical, including photocopying, recording, or by any information storage and retrieval system, without permission in writing from the author and publisher, or as expressly permitted by law. For permission requests, write to the publisher below:

Fluo Editions
Granada, Spain
efluo.net

Table of Contents

Dictionary	**1**	**Appendix**	**237**
English-Romanian	1	Pronunciation	239
Romanian-English	123	Irregular English Verbs	241

Abbreviations

n	noun
v	verb
adj	adjective
adv	adverb
art	article
pron	pronoun
conj	conjunction
interj	interjection
prep	preposition
part	particle
num	numeral
det	determiner
phr	phrase
inf	infinitive
sp	simple past
pp	past participle
m	masculine
f	feminine
n	neuter
pl	plural
abbr	abbreviation

English-Romanian

A

abandon /əˈbæn.dn̩, əˈbæn.dən/ • *v* abandona, părăsi; lepăda, renunța **~ment** • *n* abandonare *f*, abandon *n*, renunțare *f*

ability /əˈbɪl.ə.ti/ • *n* putință *f*, capacitate *f*, iscusință, abilitate *f*; îndemânare *f*, dibăcie *f*

able /ˈeɪ.bl̩/ • *adj* abil, capabil; abilitat *m*, competent *m*

abnormal /æbˈnɔɹ.ml̩/ • *adj* anormal *n*, nenormal *n*

aboli|sh /əˈbɒlɪʃ, əˈbɑl.ɪʃ/ • *v* aboli; distruge **~tion** • *n* abolire; abolirea sclaviei *f*

abort /əˈbɔːt, əˈbɔɹt/ • *n* avort *n*, întrerupere de sarcină *f* **~ion** • *n* avort *n*; embrion *m*, germen *m*; abandon *n*

about /əˈbaʊt, əˈbʌʊt/ • *adv* cam • *prep* despre; lângă

above /əˈbʌv/ • *adv* deasupra • *prep* peste; deasupra

absen|t /ˈæb.sn̩t/ • *adj* absent *n*, absentă *f*, neprezent *n*; inexistent, inexistentă *f*, neexistent *n*; neatent *m*, distrat *m* **~ce** • *n* absență *f*; neatenție *f*

absolutely /ˌæb.səˈl(j)uːt.li, ˌæb.səˈluːt.li/ • *adv* absolut • *interj* absolut

absor|b /əbˈzɔːb, æbˈsɔːb/ • *v* absorbi **~bent** • *n* absorbant *m* **~ption** • *n* absorbire *f*, absorbție *f*

abstract /ˈæb.stɹækt, æbˈstɹækt/ • *adj* abstract • *n* rezumat *n*, conspect *n*, extras *n*; concentrat *n*, esență *f*; abstracție *f*; extract *n* **~ion** •

n abstracție *f*

absurd /əb'sɜːd, æb'sɜ́d/ • *adj* absurd, irațional

abundan|t /ə'bʌn.dnt/ • *adj* abundent **~ce** • *n* abundență *f*

abuse /ə'bjuːs, ə'bjuːs/ • *n* abuz *n*; abuz verbal, jignire verbală, ofensă verbală; violență *f*, abuz fizic; violență sexuală, abuz sexual • *v* abuza

academ|y /ə'kæd.ə.mi/ • *n* academie *f*; universitate *f*; seminar *n* **~ic** • *adj* universitar *n*, universitară *f*, academic *n*; academică *f*

accelerat|e /ək'sɛl.ə.ˌreɪt/ • *v* accelera **~ion** • *n* accelerație *f*, accelerare *f* **~or** • *n* accelerator *m*, iuțitor *m*, repezitor *m*; pedală de accelerare *f*

accent /'æk.sənt, 'æk.sɛnt/ • *n* accent *n*, intonație *f*

accept /ək'sɛpt/ • *v* accepta **~able** • *adj* acceptabil **~ance** • *n* acceptare *f*, acceptanță *f*, primire *f*; accepție

access /'ækses, 'æk.sɛs/ • *n* acces *n*; apropiere *f* **~ible** • *adj* accesibil *n*

accessory /ək'sɛsəɹi, ək'sɛsɹi/ • *adj* accesoriu • *n* accesoriu *n*

accident /'æk.sə.dənt/ • *n* accident *n* **~al** • *adj* accidental *n*, întâmplător *n*, accidentală *f* **~ally** • *adv* accidental, întâmplător

accommodation /ə.ˌkɒm.ə.'deɪ.ʃən, ə.ˌkɑm.ə.'deɪ.ʃən/ • *n* cazare *f*

accompan|y /ə.'kʌm.pə.ni/ • *v* acompania, însoți **~iment** • *n* acompaniament *n*

accord /ə'kɔːd, ə.'kɔːd/ • *n* acord *n*, înțelegere *f* **~ance** • *n* conformitate *f* **~ing to** • *prep* conform **~ingly** • *adv* în consecință, prin urmare; în conformitate, ca atare

account /ə.'kaʊnt/ • *n* cont *n*; relatare *f* **~ability** • *n* responsabilitate *f*, responsabilitate angajată *f* **~ant** • *n* contabil *m*, contabilă *f* **~ing** • *n* contabilitate *f*

accumulation /ə.ˌkjuːm.jə.'leɪ.ʃən/ • *n* acumulare *f*

accura|cy /'æk.jə.ɹə.si/ • *n* precizie *f*, acuratețe *f*, exactitate *f* **~tely** • *adv* exact, precis

accus|ation /ˌæk.juː'zeɪ.ʃən/ • *n* acuzație *f*, învinovățire *f* **~ative** • *adj* acuzator, acuzativ • *n* acuzativ *n*, caz acuzativ *n* **~ed** • *adj* acuzat • *n* acuzat *m*, acuzată *f*

acid /'æs.ɪd/ • *adj* acru, acid • *n* acid *m*

acknowledg|e /ək'nɒ.lɪdʒ, æk'nɑː.lɪdʒ/ • *v* recunoaște **~ment** • *n* recunoaștere *f*; recunoștință *f*, apreciere *f*; chitanță *f*, recipisă *f*; adeverire *f*

acquisition /ˌæk.kwɪ.'zɪ.ʃən/ • *n* achiziție *f*, achiziționare *f*

across /ə'kɹɒs, ə'kɹɔs/ • *adv* dincolo, trans-; pe cealaltă parte; de-a curmezișul, în curmeziș, transversal,

act /ækt, æk/ • *n* act *n*; lege *f* **~ing** • *n* actorie *f* **~ion** • *n* faptă, acțiune

activate /ˈæktɪˌveɪt/ • *v* activa

activ|e /ˈæk.tɪv/ • *adj* activ **~ist** • *n* activist *m*, activistă *f* **~ity** • *n* activitate *f*

act|or /ˈæk.tə, ˈæk.tɚ/ • *n* actor *m*, actriță *f*; făcător *m*, făcătoare *f*; participant *m*, participantă *f* **~ress** • *n* actriță *f*

acute /əˈkjuːt, əˈkjut/ • *adj* ascuțit

ad ▷ ADVERTISEMENT

adapt /əˈdæpt/ • *adj* adaptat *m* • *v* adapta

add /æd/ • *v* adăuga; aduna

addicti|on /əˈdɪkʃən/ • *n* adicție *f*, dependență *f* **~ve** • *adj* dependent, adictiv

addition /əˈdɪʃən/ • *n* adaos *f*, adăugire *f*; adunare **~al** • *adj* adițional

address /əˈdɹɛs, ˈædɹɛs/ • *n* adresare *f*, discurs *n*; comportare *f*, ținută *f*; îdemânare *f*, dexteritate *f*, abilitate *f*; adresă *f* • *v* îmbrăca; adresa; face curte; încredința; pregăti; îndrepta; prepara

adequate /ˈæ.də.kwɪt, ˈæ.dəˌkweɪt/ • *adj* adecvat

adjacent /əˈdʒeɪ.sənt/ • *adj* adiacent *m*

adjust /əˈdʒʌst/ • *v* ajusta, potrivi, regla **~ment** • *n* ajustare *f*, acomodare *f*

administer /ədˈmɪnɪstɚ/ • *v* administra

administrat|ion /ədˌmɪnəˈstɹeɪʃən/ • *n* administrare *f*; administrație **~ive** • *adj* administrativ **~or** • *n* administrator *m*

admira|ble /ˈæd.mə.ɹ.ə.bəl/ • *adj* admirabil **~tion** • *n* admirație *f*, admirare *f*

admission /ædˈmɪʃ.ən/ • *n* admitere *f*; admisie *f*

adolescen|t /ˌædəˈlɛsənt/ • *adj* adolescent *m* • *n* adolescentă *f* **~ce** • *n* adolescență *f*

adopt /əˈdɑpt, əˈdɒpt/ • *v* adopta **~ive** • *adj* adoptiv **~ion** • *n* adoptare, adopție

adora|ble /əˈdɔːɹəbəl/ • *adj* adorabil, vrednic de adorare *m* **~tion** • *n* adorație *f*, adorare *f*; apreciere *f*, stimă *f*

adult /ˈæd.ʌlt, əˈdʌlt/ • *adj* adult • *n* adult *m*, adultă *f* **~hood** • *n* maturitate *f*, vârstă adultă *f*

advance /ədˈvɑːns, ədˈvæns/ • *v* avansa

advantage /ədˈvɑːn.tɪdʒ, ədˈvæn.tɪdʒ/ • *n* avantaj *n* • *v* avantaja **~ous** • *adj* avantajos *n*

adventure /ədˈvɛntʃɚ, ədˈvɛntʃə/ • *n* aventură *f*

adverb /ˈæd.vɜːb, ˈæd.vɜb/ • *n* adverb *n*

adverse /ˈæd.və(ɹ)s/ • *adj* nefavorabil *n*, advers; ostil; opus *n*, opusă *f*

advertis|ement /ədˈvɜːtɪsmənt, ˈædvəˌtaɪzmənt/ • *n* anunț, reclamă *f* **~ing** • *n* publicitate *f*, reclamă

advice /ədˈvaɪs, ædˈvaɪs/ • *n* sfat *n*, îndrumare *f*
advis|e /ədˈvaɪz/ • *v* sfătui, recomanda, îndruma **~or** • *n* sfătuitor *m*
aesthetic|ally • *adv* estetic, în mod estetic **~s** • *n* estetică
affair /əˈfɛə, əˈfɛə(ɪ)/ • *n* afacere *f*
Afghanistan • *n* Afganistan *n*
Africa • *n* Africa *f* **~n** • *adj* african • *n* african *m*, africană *f*
after /ˈæf.tə(ɪ), ˈæf.tə/ • *adv* după • *prep* peste; în urmă; în căutarea, pe urmele; în urma, ca urmare a **~noon** • *n* după-amiază *f* **~wards** • *adv* apoi, târziu
again /əˈgɛn, əˈgɪn/ • *adv* iarăşi, din nou
against /əˈgɛnst, əˈgeɪnst/ • *prep* contra
age /eɪdʒ/ • *n* viaţă *f*; perioadă, vîrstă *f*; epocă *f*, ev, eră; generaţie *f*, veşnicie; vârstă *f*, etate *f*; majorat • *v* îmbătrâni
agenda /əˈdʒɛn.də/ • *n* agendă *f*; ordine de zi *f*
agency /ˈeɪ.dʒən.si/ • *n* agenţie *f*, agentură *f*
aggressi|on /əˈgrɛʃən/ • *n* agresiune *f* **~ve** • *adj* agresiv **~veness** • *n* agresivitate *f*
agility /əˈdʒɪl.ɪ.ti/ • *n* agilitate *f*, agerime *f*
ago /əˈgoʊ, əˈgəʊ/ • *adv* înainte cu, în urmă
agreement /əˈgriː.mənt/ • *n* acord *n*, consens *n*, înţelegere *f*
agreeable /əˈgriː.əbl/ • *adj* plăcut *n*, agreabil *n*, potrivit *n*; conform *n*
agricultur|e /ˈægrɪˌkʌltʃə, ˈægrɪˌkʌltʃər/ • *n* agricultură *f* **~al** • *adj* agricol
ahead /əˈhɛd/ • *adv* înainte, în faţa
aid /eɪd/ • *n* ajutor *n* • *v* ajuta
aide ▷ ASSISTANT
AIDS • *n* (*abbr* Acquired ImmunoDeficiency Syndrome) SIDA *f*
aim /eɪm/ • *n* cătare *f*; ţintă *f*, ţel, obiectiv *n*; scop *n*, intenţie *f* **~less** • *adj* fără scop, fără plan **~lessly** • *adv* fără ţintă, la întâmplare
air /ɛə, ˈɛəɪ/ • *n* aer, văzduh; eter, atmosferă; arie *f* • *v* aera, aerisi; ventila, zvânta; transmite **~ conditioning** • *n* aer condiţionat *n* **~ gun** • *n* armă cu aer comprimat *f*, armă pneumatică *f* **~craft** • *n* aeronavă *f*, aparat de zbor *n*, aparat zburător *n* **~line** • *n* companie aeriană *f* **~plane** • *n* aeroplan *n*, avion *n* **~port** • *n* aeroport *n*
Albania • *n* Albania *f* **~n** • *adj* albanez • *n* albanez *m*, albaneză *f* • *n* limba albaneză
albatross /ˈæl.bəˌtrɒs, ˈæl.bəˌtrɔs/ • *n* albatros *m*
albeit /ɔːlˈbiː.ɪt, ɔːlˈbiː.ət/ • *conj* totuşi, dar
alcohol /ˈæl.kəˌhɒl, ˈæl.kəˌhɔl/ • *n* alcool *m* **~-free** • *adj* nealcoolic **~ic** • *adj* alcoolic • *n* alcoolic *m*, alcoolică *f* **~ism** • *n* alcoolism *n*

Algeria • *n* Algeria *f*
alien /ˈeɪ.li.ən/ • *adj* străin *m*, străină *f*; extraterestru *m*, extraterestră *f* • *n* străin *m*, alien *m*, străină *f*, alienă *f*; extraterestru
alight /əˈlaɪt/ • *adj* aprins
alighted (sp/pp) ▷ ALIGHT
align /əˈlaɪn/ • *v* alinia **~ment** • *n* aliniere *f*, aliniament *n*; ajustare *f*; traseu *n*
alit (sp/pp) ▷ ALIGHT
alive /əˈlaɪv/ • *adj* viu
all /ɔːl, ɒl/ • *adv* tot *m*, toata *f*, toți, toate • *det* tot; toată, toți, toate • *n* tot **~ right** • *adv* bine, în ordine, O.K.
allegation /ˌæl.ɪˈgeɪ.ʃən/ • *n* acuzație *f*
alleviate /əˈliː.vi.eɪt/ • *v* ușura, alina, calma
alley /ˈæl.i/ • *n* străduță *f*, stradelă *f*, alee *f*
allocate /ˈæl.ə.keɪt/ • *v* aloca, repartiza
allow /əˈlaʊ/ • *v* lăsa, acorda, permite, admite; îngădui **~ance** • *n* permisiune *f*, încuviințare *f*, permitere *f*; recunoaștere *f*
ally /ˈæl.aɪ, əˈlaɪ/ • *n* aliat *m* • *v* alia, uni **~iance** • *n* alianță *f* **~ied** • *adj* aliat
almost /ˈɔːl.məʊst, ˈɔːl.moʊst/ • *adv* aproape
alone /əˈləʊn, əˈloʊn/ • *adv* singur
along /əˈlɒŋ, əˈlɔŋ/ • *adv* împreună; înainte • *prep* de-a lungul, în lungul
already /ɔːlˈredi, ɒlˈredi/ • *adv* deja

also /ˈɔːl.səʊ, ˈɔːl.soʊ/ • *adv* și, de asemenea, încă
alternation /ˌɒl.təˈneɪ.ʃən, ˌɔːl.təˈneɪ.ʃən/ • *n* alternare *f*
although /ɔːlˈðəʊ, ɔːlˈðoʊ/ • *conj* deși, cu toate că; insa
altogether /ˌɔːl.tʊˈgɛð.ə(r), ˌɒl.tuˈgɛð.ər/ • *adv* complet, total; cu totul, în general
aluminium /ˌæl.(j)ʊˈmɪn.i.əm, ˌæl.(j)uˈmɪn.i.əm/ • *n* aluminiu *n*
always /ˈɔː(l).weɪz, ˈɔːl.weɪz/ • *adv* totdeauna, mereu, întotdeauna
amateur /ˈæ.mə.tə, ˈæ.mə.tər/ • *n* amator *m*
amaz|e /əˈmeɪz/ • *v* uimi, minuna **~ing** • *adj* uimitor, extraordinar
ambassador /æmˈbæs.ə.də(r), æmˈbæs.ə.dər/ • *n* ambasador *m*, ambasadoare *f*; reprezentant *m*
ambulance /ˈæm.bjə.ləns, ˈæm.bjəˌlæns/ • *n* ambulanță *f*
amendment /əˈmend.mənt, ʌˈmɛnd.mənt/ • *n* amendament *n*, modificare de lege *f*
American • *adj* american • *n* american *m*, americancă *f*
among /əˈmʌŋ/ • *prep* între, printre
amount /əˈmaʊnt/ • *n* sumă *f*, valoare *f*; cantitate *f*, măsură *f* • *v* evalua
Amsterdam • *n* Amsterdam *n*
amuse /əˈmjuːz/ • *v* amuza **~ment** • *n* divertisment *n*, distracție *f*, amuzament *n*

an /æn, ən/ • *num* un *m*, o *f*
analogy • *n* analogie *f*
analy|ze /ˈæn.ə.laɪz/ • *v* analiza **~sis** • *n* analiză *f* **~st** • *n* analist *m*, analistă *f*; psihanalist *m*, psihanalistă *f*
ancest|or /ˈæn.sɛs.tə/ • *n* strămoș *m*, străbun *m* **~ral** • *adj* ancestral
anchor /ˈæŋ.kə, ˈæŋ.kər/ • *n* ancoră *f*; reper *n*; prezentator *m*, prezentatoare *f* • *v* ancora; sprijini
ancient /ˈeɪn.(t)ʃənt/ • *adj* antic
and /ænd, ənd/ • *conj* și
Andorra • *n* Andorra *f*
angel /ˈeɪn.dʒəl/ • *n* înger *m* **~ic** • *adj* îngeresc, angelic
anger /ˈæŋɡə(ɹ), ˈæŋɡər/ • *n* furie *f*, mânie *f*, enervare *f*
angle /ˈæŋ.ɡəl/ • *n* unghi *n*; colț *n*, ungher *n*; cotire *f*, cotitură *n*; punct de vedere *n* • *v* pescui
Angola • *n* Angola *f*
angry /ˈæŋ.ɡɹi/ • *adj* rău *m*, rea *f*
animal /ˈænɪməl/ • *adj* animal, animalic; sălbatic; sufletesc • *n* animal *m*, fiară *f*; jivină *f*
animat|e /ˈæ.nɪ.mət, ˈæ.nɪ.meɪt/ • *v* anima, însufleți **~or** • *n* animator *m*, animatoare *f* **~ion** • *n* animare *f*, însuflețire *f*
ankle /ˈæŋ.kəl/ • *n* gleznă *f*
anniversary /ˌæn.ɪˈvɜːs(ə).ɹi, ˌæn.ɪˈvɜːs(ə).ɹi/ • *n* aniversare *f*
announce /ʌˈnaʊns, əˈnaʊns/ • *v* anunța, vesti **~ment** • *n* anunț *n*
annoyance /əˈnɔɪəns/ • *n* enervare *f*

annual /ˈæn.juː.əl, ˈæn.ju.əl/ • *adj* anual • *n* anuar *n* **~ly** • *adv* în mod anual
anonym|ous /əˈnɒnəməs/ • *adj* anonim **~ity** • *n* anonimitate *f*; anonim *m*
another /əˈnʌ.ðə(ɹ), əˈnʌ.ðər/ • *det* încă o, încă un; altul, alta; un altul, o alta
answer /ˈɑːn.sə, ˈæn.sər/ • *n* răspuns *n*; rezolvare *f*, soluție *f*; soluționare *f* • *v* răspunde; soluționa
ant /ænt, ɛnt/ • *n* furnică *f*
Antarctica • *n* Antarctica
anteater /ˈænt.iːtə, ˈænt.iːtər/ • *n* furnicar *m*
antelope /ˈæn.tɪ.ləʊp, ˈæn.tə.loʊp/ • *n* antilopă *f*
anticipat|e /ænˈtɪs.ɪ.peɪt, ænˈtɪs.ə.peɪt/ • *v* anticipa; prevedea **~ion** • *n* anticipare *f*, anticipație *f*
anxi|ous /ˈaŋ(k)ʃəs, ˈæŋ(k).ʃəs/ • *adj* anxios *n*, neliniștit *n*, îngrijorat *n*; nerăbdător *n*, doritor *n* **~ety** • *n* anxietate *f*; teamă *f*
any /ˈɛni, ˈæni/ • *det* orice, oricare, nici un, nici o • *pron* oricine **~ more** • *adv* mai **~one** • *pron* oricine **~thing** • *n* cineva, ceva • *pron* orice, nimic **~where** • *adv* oriunde
apartment /əˈpɑːt.mənt, əˈpɑɹt.mənt/ • *n* apartament *n*
aphid /ˈeɪ.fɪd/ • *n* afidă *f*, afide
apparatus /ˌæ.pəˈɹeɪ.təs, ˌæ.pəˈɹæ.təs/ • *n* aparat *n*; aparatură *f*, echipament *n*

apparent /əˈpæ.ɾənt/ • *adj* vădit *n*, evident *n*; clar *n*, manifest *n* **~ition** • *n* apariție *f*, ivire *f*

appeal /əˈpiːl/ • *n* recurs *n*, apel *n*; atragere *f* • *v* apela, a face recurs; atrage

appear /əˈpɪə, əˈpɪɹ/ • *v* apărea; părea, da impresia **~ance** • *n* apariție *f*, înfățișare *f*, aparență *f*; viziune *f*; aspect; prezentare *f*

appetite /ˈæp.ə.taɪt/ • *n* poftă *f*, apetit *n*; râvnă *f*, ardoare *f*, sârguință *f*

applau|d /əˈplɔːd, əˈplɒd/ • *v* aplauda **~se** • *n* aplauze *f*

apple /ˈæp.əl/ • *n* măr *n*; lemn de măr

applica|ble /ˈæplɪkəbəl/ • *adj* aplicabil *m*, adecvat *m*, potrivit *m* **~tion** • *n* aplicare *f*; aplicație *f*

appreciat|e /əˈpɹiː.ʃi.eɪt/ • *v* recunoscător; a aprecia; își da seama; a crește **~ion** • *n* apreciere *f*

apprehension /ˌæp.ɹɪˈhɛn.ʃən, ˌæ.pɹɪˈhɛn.ʃən/ • *n* arestare *f*, arest *n*; înțelegere *f*, concepție *f*, pricepere *f*; opinie *f*, idee *f*, părere *f*; aprehensiune *f*

approach /əˈpɹoʊtʃ, əˈpɹəʊtʃ/ • *v* apropia **~able** • *adj* accesibil *m*, abordabil *m*

appropriate /əˈpɹəʊ.pɹiː.ɪt, əˈpɹoʊ.pɹi.ɪt/ • *adj* adecvat *m*, potrivit *m* • *v* potrivi; apropia

approximat|ely /əˈpɹɑk.sɪ.mət.li, əˈpɹɒk.sɪ.mət.li/ • *adv* aproximativ **~ion** • *n* aproximare, aproximație *f*

April • *n* aprilie *m*, prier

Arab • *adj* arab • *n* arab *m*, arabă *f*; cal arab

arbitrar|y /ˈɑː.bɪ.tɹɐ.ɹi, ˈɑɹ.bɪ.tɹɛ(ə).ɹi/ • *adj* arbitrar; despotic; impulsiv **~ily** • *adv* arbitrar, arbitrariceşte

architect /ˈɑːkɪtɛkt, ˈɑɹkɪtɛkt/ • *n* arhitect *m*, arhitectă *f*; creator *m* • *v* arhitectura, concepe **~ural** • *adj* arhitectonic *n*, arhitectural *n* **~ure** • *n* arhitectură *f*

archive /ˈɑːkaɪv/ • *n* arhivă *f* • *v* arhiva

area /ˈɛəɹɪə, ˈæɹ.i.ə/ • *n* arie *f*, arii; suprafață *f*, areal *n*, zonă *f*

arena /əˈɹiːnə/ • *n* arenă *f*

Argentina • *n* Argentina *f*

argu|e /ˈɑː.ɡjuː, ˈɑɹ.ɡju/ • *v* discuta; pleda, certa, a aduce argumente **~able** • *adj* argumentabil *m* **~ment** • *n* argument *n*; ceartă *f*, dispută *f*, contraargumentare *f*; argumentare *f* **~mentative** • *adj* cu argumente, argumentativ, plin de argumente

arise /əˈɹaɪz/ • *v* (*sp* arose, *pp* arisen) ridica, scula

arisen (*pp*) ▷ ARISE

arm /ɑːm, ɑɹm/ • *n* braț *n*; armă *f* • *v* arma **~ed** • *adj* armat, înarmat

armadillo /ˌɑːmə'dɪloʊ, ˌɑːmə'dɪləʊ/ • *n* tatu *m*

Armenia • *n* Armenia *f*

armour /ˈɑː.mə, ˈɑː.ɹ.mɚ/ • *n* armură *f*

army /ˈɑːmiː, ˈɑɪ.mi/ • *n* armată *f*, oaste *f*; mulțime *f*; multitudine *f*, puzderie *f*

arose *(sp)* ▷ ARISE

around /əˈraʊnd, əˈræwnd/ • *prep* în jurul; împrejurul; aproape de

arrange /əˈreɪndʒ/ • *v* aranja; ordona, pune în ordine **~ment** • *n* aranjare, aranjament

arrest /əˈrɛst/ • *n* arestare *f*; arest *n*; deținere *f* • *v* opri; aresta, deține

arriv|e /əˈraɪv/ • *v* ajunge, sosi **~al** • *n* venire *f*, sosire *f*, ajungere *f*

arrogan|t /ˈærəɡənt/ • *adj* arogant **~ce** • *n* trufie, mândrie, aroganță *f*

arrow /ˈærəʊ, ˈærɪoʊ/ • *n* săgeată *f*

art /ɑːt, ɑɹt/ • *n* artă *f*; operă de artă, lucrare de artă **~ist** • *n* artist *m*, artistă *f* **~istic** • *adv* artistic

article /ˈɑːtɪkəl, ˈɑɹtɪkəl/ • *n* articol *n*

articulat|e /ɑː(ɹ)ˈtɪk.jʊ.lət, ɑːɹˈtɪk.jə.lət/ • *v* articula **~ion** • *n* articulație *f*

artificial /ɑː(ɹ)təˈfɪʃəl/ • *adj* artificial; fals; nenatural ~ **intelligence** • *n* inteligență artificială *f*

as /æz, əz/ • *adv* la fel de • *conj* ca, cum, așa cum, precum; când, pe când, în timp ce; deoarece, pentru că, fiindcă; pe măsură ce • *prep* ca, ca și; în calitate de

ash /æʃ/ • *n* cenușă *f*, scrum *m*

ashamed /əˈʃeɪmd/ • *adj* rușinat *m*

Asia • *n* Asia *f* **~n** • *adj* asiatic • *n* asiatic *m*, asiatică *f*

ask /ɑːsk, ˈask/ • *v* întreba; cere, invita, ruga

asleep • *adj* adormit

aspect /ˈæspɛkt/ • *n* aspect *n*, înfățișare *f*

aspiration /ˌæspəˈreɪʃən/ • *n* aspirație, aspirare, inspirație

ass /æs/ • *n* măgar *m*, asin *m*; idiot *m*; fund *n*, popou *n*, cur *n*; futai *n*

assassinat|e /əˈsæsɪneɪt/ • *v* asasina **~ion** • *n* asasinat *n*, asasinare *f*

assembl|e /əˈsɛmbl/ • *v* asambla, monta; reuni **~y** • *n* ansamblu *n*; montare *f*, montaj *n*

assertion /əˈsɜːʃən, əˈsɜɹʃən/ • *n* afirmație *f*

assessment • *n* evaluare *f*

assign /əˈsaɪn/ • *v* atribui, destina; împărți, categoriza

assist /əˈsɪst/ • *v* asista, ajuta **~ance** • *n* asistență *f*, ajutor *n* **~ant** • *adj* asistent • *n* asistent *m*, asistentă *f*, ajutor *m*, ajutoare *f*

associat|e /əˈsəʊʃieɪt, əˈsoʊʃieɪt/ • *adj* asociat • *n* partener, asociat; coleg, tovarăș *m*, camarad *m* **~ion** • *n* asociere *f*; asociație *f*

assume /əˈsjuːm, əˈsuːm/ • *v* presupune, prepune

astonishment /əˈstɒnɪʃmənt, əˈstɑːnɪʃmənt/ • *n* uimire *f*, surprindere *f*

astronom|y /əˈstrɒnəˌmi/ • *n* astronomie *f* **~er** • *n* astronom *m*, astronomă *f*

asylum /əˈsaɪləm/ • *n* azil *n*, adăpost *n*, sanctuar *n*

at /æt, ət/ • *prep* la; înspre, spre

ate *(sp)* ▷ EAT

Athens • *n* Atena *f*

athlet|e /ˈæθ.liːt, ˈæθ.lɪt/ • *n* atlet *m*, atletă *f*, atleți, atlete; persoană atletică *f* **~ic** • *adj* atletic *m* **~ics** • *n* atletism

atmosphere /ˈæt.məsˌfɪə(r), ˈætməsˌfɪr/ • *n* atmosferă *f*; ambient *m*, ambianță *f*

atroci|ous /əˈtrəʊʃəs, əˈtroʊʃəs/ • *adj* atroce **~ty** • *n* atrocitate *f*

attach /əˈtætʃ/ • *v* atasat, anexat **~ment** • *n* atașament *n*; atașare *f*

attack /əˈtæk/ • *n* atac *n* • *v* ataca **~er** • *n* atacant *m*, atacantă *f*, atacator *m*

attempt /əˈtempt/ • *n* încercare *f* • *v* încerca

attenti|on /əˈtɛnʃən/ • *n* atenție *f*; drepți **~ve** • *adj* atent

attitude /ˈætɪˌtjuːd, ˈætɪtud/ • *n* atitudine *f*, poziție *f*, postură *f*

attract /əˈtrækt/ • *v* atrage **~ive** • *adj* atractiv **~ion** • *n* atracție *f*; atragere *f*

atypical /eɪˈtɪp.ɪ.kəl/ • *adj* atipic *n*, netipic *n*, neconform *n*

auction /ˈɔːkʃən, ˈɒkʃən/ • *n* licitație *f*

audience /ˈɔːdi.əns/ • *n* asistență *f*; audiență *f*

audio /ˈɔː.di.əʊ, ˈɔ.di.oʊ/ • *adj* audio

August /ɔːˈgʌst/ • *n* august, gustar, măsălar

aunt /ɑ(ː)nt, ænt/ • *n* mătușă *f*

Australia • *n* Australia *f* **~n** • *adj* australian • *n* australian *m*, austrliancă *f*, australieni, australience

Austria • *n* Austria *f* **~n** • *adj* austriac *m*, austriacă *f*, austrieci, austriece

authentic /ɔːˈθɛn.tɪk, ɑːˈθɛn.tɪk/ • *adj* autentic, adevărat

author /ˈɔː.θə, ˈɑː.θɚ/ • *n* autor *m*, autoare *f* • *v* crea, scrie

authority /ɔːˈθɒrɪti, əˈθɔːrɪti/ • *n* autoritate *f*; autorități

authorization • *n* autorizare *f*; autorizație *f*; împuternicire *f*

automat|e /ˈɔːtoʊˌmeɪt/ • *v* automatiza **~ic** • *adj* automat *n*, automată *f* **~ically** • *adv* automat, în mod automat **~ion** • *n* automatizare *f*

automobile /ˈɔː.tə.məˌbiːl, ˈɔː.tə.moʊˌbiːl/ • *n* automobil *n*, mașină *f*

autonom|y /ɔːˈtɒnəmi, ɔˈtɑnəmi/ • *n* autonomie *f* **~ous** • *adj* autonom

autumn /ˈɔːtəm, ˈɔtəm/ • *n* toamnă *f*

availab|le /əˈveɪləb(ə)l/ • *adj* disponibil; procurabil **~ility** • *n* disponibilitate *f*

average /ˈævəˌrɪdʒ/ • *adj* mediu, mijlociu • *n* medie *f*

avoid /əˈvɔɪd/ • *v* evita, ocoli

await /əˈweɪt/ • *v* aștepta; servi masa

awake /əˈweɪk/ • *adj* treaz • *v* (*sp* awoke, *pp* awoken) deștepta,

scula, trezi
awaked *(sp/pp)* ▷ AWAKE
award /əˈwɔːd, əˈwɔːrd/ • *n* trofeu, medalie, decizie
awareness /əˈwɛrnəs, əˈwɛənəs/ • *n* conștiință *f*
away /əˈweɪ/ • *adj* absent; indisponibil • *adv* de aici; departe; încolo; în continuare
awesome /ˈɔːsəm, ˈɔsəm/ • *adj* înspăimântător *m*; uimitor *m*, formidabil *m*
awful /ˈɔːfʊl, ˈɔfəl/ • *adj* oribil, teribil, atroce, îngrozitor, înfiorător *m*, impresionant *m*
awkward /ˈɔːkwəd, ˈɔkwərd/ • *adj* neîndemânatic, stângaci
awoke *(sp)* ▷ AWAKE
awoken *(pp)* ▷ AWAKE
axis /ˈæksɪs, ˈæksəs/ • *n* (*pl* axes) axă *f*
Azerbaijan • *n* Azerbaidjan *n*

B

baby /ˈbeɪbi/ • *adj* mic; copilului • *n* copil *m*, imatur; iubire *f*, iubito *f*, iubitule *m*; bebe *m*, bebeluș *m*; mezin *m*, mezina *f*; drăguță *f*, frumoaso; pui *m*
back /bæk/ • *adj* anterior; în spatele • *adv* înapoi • *n* spate; sfârșit *n*; dos, spinare **~ sb/sth up** • *v* da înapoi **~bone** • *n* coloană vertebrală *f*, șira spinării *f* **~drop** • *n* decor *n*, fundal *n* **~wards** • *adj* invers

bacteria /bækˈtɪɹ.i.ə, bækˈtɪəɹ.ɪ.ə/ • *n* bacterii
bad /bæd, bæːd/ • *adj* rău
badge /bædʒ/ • *n* distincție *f*, insignă *f*; carte de identificare *f*
badly /ˈbæd.li/ • *adv* rău
bag /bæɡ, ˈbæːɡ/ • *n* pungă *f*, sac
Bahamas • *n* Bahamas
Bahrain • *n* Bahrain *n*
bake /beɪk/ • *v* coace **~ry** • *n* brutărie *f*
balance /ˈbæləns/ • *n* echilibru, cumpăt, balans *n*; balanță *f*; bilanț **~d** • *adj* echilibrat *m*
bald /bɔːld, bɒld/ • *adj* chel, pleșuv
ball /bɔːl, bɑl/ • *n* minge, bilă; ghem *n*; coi *m*, coaie, boș *n*; bal *n*
ballet /ˈbæleɪ, bæˈleɪ/ • *n* balet *n*
balloon /bəˈluːn/ • *n* balon *n*
ban /bæn/ • *n* interdicție *f*; ban *m* • *v* interzice
banana /bəˈnɑːnə, bəˈnænə/ • *n* banană *f*; bananier *m*, banan *m*
band /bænd/ • *n* fașă; bandă *f*; formație *f*, trupă *f*
bandage /ˈbændɪdʒ/ • *n* bandaj *n*, fașă *f*, pansament *n*
bang /bæŋ(ɡ)/ • *n* breton *n*
Bangladesh • *n* Bangladesh *n*
bank /bæŋk/ • *n* bancă *f* • *v* depune **~er** • *n* bancher *m*; zaraf *m*; locomotivă împingătoare *f*
bankruptcy /ˈbæŋkɹʌptsi/ • *n* faliment

banner /ˈbænə, ˈbænɚ/ • *n* steag *n*, drapel *n*, stindard *n*, flamură *f*

bar /bɑː, bɑɹ/ • *n* barieră *f*; bar *n*, bodegă *f*, berărie *f*, braserie *f* • *v* bara

Barbados • *n* Barbados *n*

barbecue /ˈbɑːbɪˌkjuː, ˈbɑɹbɪˌkju/ • *n* grătar *n*

bare|ly /ˈbeə(ɹ).li, ˈbeɹ.li/ • *adv* de abia **~foot** • *adj* desculț

bargain /ˈbɑːɡən, ˈbɑːɹɡən/ • *n* afacere *f*

barn /bɑːn/ • *n* hambar *n*, șură *f*

barrel /ˈbærəl, ˈbeəɹəl/ • *n* butoi, bute

barrier /ˈbæɹi.ə(ɹ), ˈbæɹi.ɚ/ • *n* barieră

base /beɪs/ • *n* bază *f*, fundament; cazarmă

baseball /ˈbeɪs.bɔːl, ˈbeɪs.bɔl/ • *n* baseball

basement /ˈbeɪsmənt/ • *n* subsol *m*

basis /ˈbeɪsɪs/ • *n* bază *f*

basket /ˈbɑːskɪt, ˈbæskɪt/ • *n* coș *m*; baschet

basketball /ˈbɑːs.kɪt.bɔːl, ˈbæs.kɪt.bɔːl/ • *n* baschetbal *n*, baschet *n*; minge de baschet *f*

bass /beɪs/ • *n* biban *m*

bat /bæt/ • *n* liliac *m*; bâtă *f*, baston *n*, ciomag *n*, măciucă *f* • *v* bate

bath /bɑːθ, bæːθ/ • *n* cadă *f*; baie **~room** • *n* baie *f*

battery /ˈbætəɹi/ • *n* baterie *f*, pilă electrică *f*

battle /ˈbætəl, ˈbætl̩/ • *n* bătălie *f*

bay /beɪ/ • *n* golf *m*; nișă *f*; murg *m* **at ~** • *phr* la distanță; în șah, legat

be /biː, bi/ • *v* (*sp* was, *pp* been) fi; exista; egala

beach /biːʃ, biːtʃ/ • *n* plajă *f*

beam /biːm/ • *n* grindă *f*

bean /biːn/ • *n* fasole *f*, bob *m*; păstaie *f*, teacă *f*

bear /beə(ɹ), beəɹ/ • *n* jucător de bursă *m*, speculant *m*; urs *m*, ursoaică *f* • *v* (*sp* bore, *pp* borne) căra, duce, purta, aduce; declara; suporta, tolera; da rod; se îndrepta; suferi

beard /bɪəd, bɪɹd/ • *n* barbă *f* • *v* înfrunta, sfida

beast /biːst/ • *n* bestie, fiară

beat /biːt/ • *v* (*sp* beat, *pp* beaten) bate

beaten (*pp*) ▷ BEAT

beaut|y /ˈbjuːti, ˈbjuɾi/ • *n* frumusețe *f* **~iful** • *adj* frumos *n*, frumoasă *f* **~ifully** • *adv* frumos

beaver /ˈbiːvə, ˈbivɚ/ • *n* castor *m*, biber *m*; păsărică *f*

became (*sp*) ▷ BECOME

because /bɪˈkɒz, bɪˈkɔːz/ • *adv* din cauză că, din cauza • *conj* pentru că, datorită, deoarece

become /bɪˈkʌm, bɪˈkʌm/ • *v* (*sp* became, *pp* become) deveni

bed /bɛd/ • *n* pat **~room** • *n* dormitor *n*, dormitoare

bee /bi, biː/ • *n* albină *f* **~hive** • *n* stup

beef /bif, biːf/ • *n* vită *f*

been (*pp*) ▷ BE

beer /bɪə(ɹ), bɪɹ/ • *n* bere *f*

beetle /ˈbiːtəl/ • *n* gândac *m*
before /bɪˈfɔː, bəˈfɔː/ • *adv* înainte; în avans • *prep* înainte, anterior; în față
beg /bɛg/ • *v* cerși; ruga **~gar** • *n* cerșetor *m*, cerșetoare *f*
began *(sp)* ▷ BEGIN
beget /bɪˈgɛt/ • *v* (*sp* begot, *pp* begotten) procrea
begin /bɪˈgɪn/ • *v* (*sp* began, *pp* begun) începe **~ning** • *n* începere *f*, început *n*, inițiere *f*, debut *n*; start *n*
begot *(sp)* ▷ BEGET
begotten *(pp)* ▷ BEGET
begun *(pp)* ▷ BEGIN
behavior /bɪˈheɪvjɚ, bɪˈheɪvjə/ • *n* comportament *n*; comportare *f*, purtare *f*
behaviour *(British)* ▷ BEHAVIOR
behind /bɪˈhaɪnd, ˈbiːˌhaɪnd/ • *adv* în urmă, în spate; spre spate, îndărăt, spre-napoi • *n* spate *n*, urmă *n* • *prep* după
Beijing • *n* Beijing *n*
being /ˈbiːɪŋ, ˈbiːɪŋ/ • *n* ființă, creatură, făptură; existență, naștere
Belarus • *n* Belarus *f*, Rutenia Albă *f*, Bielorusia *f*
Belgi|um • *n* Belgia *f* **~an** • *adj* belgian • *n* belgian *m*, belgiană *f*, belgiancă *f*
belie|ve /bɪˈliːv/ • *v* crede **~f** • *n* credință, convingere *f*, convicțiune *f*
Belize • *n* Belize
bell /bɛl/ • *n* clopot *n*
belligerent /bəˈlɪdʒ.(ə).ɹənt, bəˈlɪdʒ.ə.ɹənt/ • *adj* beligerant *m*; de război *f*; belicos *m*, certăreț
belly /ˈbɛli/ • *n* burtă, abdomen, pântece, vintre
beloved /bɪˈlʌvd, bɪˈlʌvɪd/ • *adj* iubit *m*, iubită *f* • *n* drag *m*, dragă *f*
below /bɪˈləʊ, bəˈloʊ/ • *prep* sub, dedesubt
belt /bɛlt/ • *n* curea *f*, centură *f*, cordon *n*, brâu *n*
bench /bɛntʃ/ • *n* bancă *f*
benchmark • *n* punct de reper *n*, reper *n*
bend /bɛnd, bɪnd/ • *v* (*sp* bent, *pp* bent) îndoi, curba
beneath /bɪˈniːθ/ • *prep* sub, dedesubt
benefit /ˈbɛn.ə.fɪt/ • *n* avantaj *n*; beneficiu *n*, beneficii
benign /bɪˈnaɪn/ • *adj* blând
Benin • *n* Benin *n*
bent /bɛnt/ • *adj* gârbov, îndoit • *(also)* ▷ BEND
Berlin • *n* Berlin *n*
beseech /bɪˈsiːtʃ/ • *v* (*sp* besought, *pp* besought) implora
beseeched *(sp/pp)* ▷ BESEECH
beside /bɪˈsaɪd, bɪˈsaɪd/ • *prep* lângă, alături
besought *(sp/pp)* ▷ BESEECH
betray /bəˈtɹeɪ/ • *v* trăda; descoperi, afla; a induce în eroare, a îndruma greșit
better /ˈbɛtə, ˈbɛtəɹ/ • *adj* mai bun, mai bine • *v* îmbunătăți • *(also)* ▷ GOOD
between /bɪˈtwiːn, bəˈtwiːn/ • *prep* între
bewildered • *adj* confuz, mirat

Bhutan ● *n* Bhutan *n*
bias /baɪəs/ ● *n* înclinație *f*, preferință *f*
Bible /baɪbəl/ ● *n* Biblie *f*
bicycle /baɪsɪkl/ ● *n* bicicletă *f*
big /bɪg/ ● *adj* mare
bike /baɪk/ ● *n* bicicletă *f*
bill /bɪl/ ● *n* halebardă *f*; cosor *n*; halebardier *m*; cioc *n*, plisc *n*; inventar *n*, listă *f*, notă *f*, act *n*; proiect de lege *n*; plângere *f*; factură *f*, notă de plată *f*; afiș *n*, poster *n*, placardă *f*; bilet de bancă *n* ● *v* anunța
billion /bɪljən/ ● *n* miliard *n*
bind /baɪnd/ ● *v* (*sp* bound, *pp* bound) cupla, conecta, lega
biograph|y /baɪˈɒgɹəfi, baɪˈɑːgɹəfi/ ● *n* biografie *f* **~ical** ● *adj* biografic
biolog|y /baɪˈɒlədʒi, baɪˈɑːlədʒi/ ● *n* biologie *f* **~ical** ● *n* biologic
bird /bɜːd, bɝd/ ● *n* pasăre *f*
birth /bɜːθ, bɝθ/ ● *n* naștere *f*, născare *f*; origine *f*, început *n* **~day** ● *n* aniversare, zi de naștere
biscuit /bɪskɪt/ ● *n* biscuit *m*
bishop /bɪʃəp/ ● *n* episcop *m*; nebun *m*
bit /bɪt/ ● *n* frâu *n*, zăbală *f*; burghiu *n*; bucată; bit *m* ● (*also*) ▷ BITE
bit|e /baɪt, bʌɪt/ ● *n* înghițitură *f*; mușcătură *f* ● *v* (*sp* bit, *pp* bitten) mușca; înțepa **~ing** ● *adj* pișcător *n*, tăios *n*
bitten (*pp*) ▷ BITE
bitter /bɪtə, ˈbɪtəɹ/ ● *adj* amar **~sweet** ● *n* lăsnicior

bizarre /bɪˈzɑː(ɹ), bɪˈzɑɹ/ ● *adj* bizar
black /blæk/ ● *adj* negru ● *n* negru; negresă *f*; neagră *f*
blackbird /blækbɔːd, ˈblæk.bɜd/ ● *n* mierlă *f*
blackboard /blækbɔːd, ˈblækbɔːd/ ● *n* tablă *f*
blackmail ● *n* șantaj *n* ● *v* șantaja
blade /bleɪd/ ● *n* lamă *f*
blame /bleɪm/ ● *v* inculpa, învinui, învinovăți, blama
blank /blæŋk/ ● *adj* inexpresiv *n*, neexpresiv *n*; nescris *n*, curat *n*, necompletat *n* ● *n* loc gol *n*
blanket /blæŋkɪt/ ● *n* pătură *f*, valtrap
blast /blɑːst, blæst/ ● *n* rafală, vijelie; suflare, suflu; explozie *f*
bled (*sp/pp*) ▷ BLEED
bleed /bliːd/ ● *v* (*sp* bled, *pp* bled) sângera
blend /blɛnd/ ● *v* amesteca
bless /blɛs/ ● *v* (*sp* blessed, *pp* blessed) binecuvânta, blagoslovi **~ing** ● *n* binecuvântare *f*, benedicțiune *f*
blessed (*sp/pp*) ▷ BLESS
blest (*sp/pp*) ▷ BLESS
blew (*sp*) ▷ BLOW
blind /blaɪnd/ ● *adj* orb **~ness** ● *n* orbire *f*
blink /blɪŋk/ ● *n* clipire *f*, clipit *n*; clipă *f*, clipită *f* ● *v* clipi
bliss /blɪs/ ● *n* beatitudine *f*, euforie *f*, extaz *n*
blog /blɒg, blɑg/ ● *n* blog *n*
blond /blɒnd, blɑnd/ ● *n* blondă

blood /blʌd, blʊd/ • n sânge n • v însângera **~y** • adj sângeros; crunt

blow /bləʊ, bloʊ/ • n furtună f; suflare f, răsuflare; lovitură f • v (sp blew, pp blown) cânta la un instrument; sufla; fluiera, șuiera; fi purtat; umfla

blown (pp) ▷ BLOW

blue /bluː, bluː/ • adj albastru, azuriu; deprimat m, trist m • n albastru **out of the ~** • phr din senin

blunt /blʌnt/ • adj tocit, neascutit

blush /blʌʃ/ • n împurpurare f, înroșire f, îmbujorare f, roșeață f; fard n, dres n • v împurpura, înroși, îmbujora, roși

board /bɔːd, bɔːrd/ • n scândură f

boast /bəʊst, boʊst/ • v se lăuda

boat /bəʊt, boʊt/ • n barcă f, luntre f, vapor n

bod|y /ˈbɒdi, ˈbɑdi/ • n corp n, trup n; trunchi n, tors n **~ily** • adj trupesc, corporal **~yguard** • n gardă de corp f, bodyguard m **~ybuilder** • n culturist m, culturistă f

boil /bɔɪl/ • n abces n, furuncul n, buboi n • v fierbe

Bolivia • n Bolivia f

bolt /bʊlt, boʊlt/ • n bolț

bomb /bɒm, bɑm/ • n bombă f **~er** • n bombardier n, avion de bombardament n

bond /bɒnd, bʊnd/ • n legătură f; alianță f

bone /boʊn/ • n os

book /bʊk, buːk/ • n carte f • v rezerva

boom /buːm, bum/ • interj bum • n bubuit n, detunătură f; avânt n, prosperitate f

boot /but, buːt/ • n cizmă

border /ˈbɔːdə, ˈbɔːdə/ • n bordură f, margine f, graniță f, frontieră f, cant n

bore (sp) ▷ BEAR

bored /bɔːd, bɔːrd/ • adj plictisit

boring /ˈbɔːrɪŋ/ • adj plictisitor, plicticos, anost, fastidios

born /bɔːn, bɔːrn/ • adj născut • (also) ▷ BEAR

borne (pp) ▷ BEAR

borrow /ˈbɒrəʊ, ˈbɑroʊ/ • v împrumuta

Bosnia • n Bosnia f **~n** • adj bosniac • n bosniac m, bosniacă f

boss /bɒs, bɑs/ • n șef m

both /bəʊθ, boʊθ/ • conj atât ... cât și ... • det ambii m, ambele f, amândoi, amândouă f

bother /ˈbɒðə/ • n agitație f, îngrijorare f; deranj n, incomodare f • v deranja, incomoda, necăji, supăra

Botswana • n Botswana f

bottle /ˈbɒtəl, ˈbɑtəl/ • n sticlă f, butelie f

bottom /ˈbɒtəm, ˈbɑtəm/ • n fund; cur n, șezut, dos; pasiv, zână f

bought (sp/pp) ▷ BUY

bound /baʊnd/ • adj obligat m • (also) ▷ BIND **~ary** • n frontieră f, graniță f, limită f; margine f

bow /baʊ, boʊ/ • n arc f • v apleca, închina

bowel /baʊ.əl/ • *n* intestin gros *n*; pântec *n*, pântece *n*, sân *m*
bowl /bəʊl, boʊl/ • *n* castron *n* **~ing** • *n* bowling, popice
box /bɒks, baks/ • *n* cutie *f*; lojă *f*; cabană *f*, baracă *f*; cimișir *m*
boy /bɔɪ, bɔːə/ • *n* băiat, fiu; tip *m* **~friend** • *n* prieten *m*, iubit *m*, amant *m*; amic *m*
brain /bɹeɪn/ • *n* creier *m*; erudit *m*; intelect *n*
brake /bɹeɪk/ • *n* frână *f* • *v* frâna
branch /bɹɑːntʃ, bɹæntʃ/ • *n* ram *n*, ramură *f*, creangă *f*; ramificare; filială *f*, sucursală *f*; branșă *f* • *v* ramifica; sări
brand /bɹand, bɹænd/ • *n* marcă *f*, efigie *f* • *v* însemna, stigmatiza; marca; întipări, grava; înfiera
brave /bɹeɪv/ • *adj* curajos, brav
Brazil • *n* Brazilia *f*
breach /bɹiːtʃ/ • *n* breșă *f*; încălcare a legii
bread /bɹed/ • *n* pâine *f*
break /bɹeɪk/ • *n* întrerupere *f*, rupere *f*, ruptură *f*, fractură *f*; crăpătură *f*, spațiu, deschidere *f*, spărtură *f*; pauză *f* • *v* (*sp* broke, *pp* broken) rupe, frânge, sfărâma, crăpa **~fast** • *n* mic dejun *n* • *v* lua micul dejun
breast /bɹest/ • *n* piept *n*, sân *m* **~feed** • *v* alăpta
breath /bɹeθ/ • *n* respirație; suflu *m*; halenă *f*, alenă *f* **~e** • *v* respira **~ing** • *n* respirație *f*
bred (*sp/pp*) ▷ BREED

breed /bɹiːd/ • *n* rasă *f*
breeze /bɹiːz/ • *n* adiere *f*, boare *f*, briză *f*; joacă de copii *f*
brick /bɹɪk/ • *n* cărămidă *f*
bride /bɹaɪd/ • *n* nevastă *f*, mireasă *f*
bridge /bɹɪdʒ/ • *n* pod *n*, punte *f*; bridge
brief /bɹiːf/ • *adj* scurt
bright /bɹaɪt/ • *adj* luminos, clar, strălucitor; deștept
bring /bɹɪŋ/ • *v* (*sp* brought, *pp* brought) aduce
British • *adj* britanic; britonic • *n* britanic *m*, britanici; britonic *m*, britonici; engleză britanică *f*
broadcast /ˈbɹɔːdkɑːst, ˈbɹɔːdkæst/ • *n* difuzare *f*, transmisiune *f*; emisiune *f* • *v* difuza, emite; prezenta **~er** • *n* spicher *m*, crainic *m*
broadcast /ˈbɹɔːdkɑːst, ˈbɹɔːdkæst/ • *n* difuzare *f*, transmisiune *f*; emisiune *f* • *v* (*sp* broadcast, *pp* broadcast) difuza, emite; prezenta
broadcasted (*sp/pp*) ▷ BROADCAST
broken /ˈbɹəʊkən/ • *adj* rupt, frânt • (*also*) ▷ BREAK
broker /ˈbɹəʊkə, ˈbɹoʊkɚ/ • *n* agent *m*, samsar *m*
bronze /bɹɒnz, bɹɑnz/ • *adj* bronzat • *n* bronz *n* • *v* bronza
brother /ˈbɹʌðə(ɹ), ˈbɹʌðɚ/ • *n* frate *m* • *v* înfrăți, fraterniza **~hood** • *n* fraternitate *f*, frăție *f* **~-in-law** • *n* cumnat *m*
brought (*sp/pp*) ▷ BRING

brown /braʊn/ • *adj* maro, brun • *n* maro *n*
Brunei • *n* Brunei
brush /brʌʃ/ • *n* perie *f*; periat *n* • *v* peria; vopsi, picta; mătura; șterge
Brussels • *n* Bruxelles
brutal /ˈbruːtəl/ • *adj* brutal
BTW *(abbr)* ▷ BY THE WAY
bubble /ˈbʌb.əl/ • *n* balon *n*, bășică *f*, bulă *f*
bucket /ˈbʌkɪt/ • *n* găleată *f*, căldare *f*
budget /ˈbʌdʒ.ɪt/ • *n* buget *n*
buffer /ˈbʌfə(r), ˈbʌfɚ/ • *n* memorie tampon *f*, memorie intermediară *f*
bug /bʌg/ • *n* gândac, gânganie; microfon *n*
build /bɪld/ • *v (sp* built, *pp* built) clădi
building /ˈbɪldɪŋ/ • *n* clădire *f*, construire *f*, edificare *f*; edificiu *m*, construcție *f*
built *(sp/pp)* ▷ BUILD
bulb /bʌlb/ • *n* bulb *m*
Bulgaria • *n* Bulgaria *f* **~n** • *adj* bulgar, bulgăresc • *n* bulgar *m*, bulgăroaică *f*, bulgară *f*
bulk /bʌlk/ • *adj* masiv, voluminos • *n* masa, vrac
bull /bʊl/ • *n* taur *m* **~fighting** • *n* coridă *f*
bullet /ˈbʊl.ɪt/ • *n* glonț *n*, glonte *n*, halice *n*
bumblebee /ˈbʌmbl̩biː/ • *n* bondar *m*, bărzăun *m*
bump /bʌmp/ • *n* umflătură *f*, proeminență *f*; cucui *n*
bunch /bʌntʃ/ • *n* mănunchi *n*; ciorchine *m*

burden /ˈbɜːdn̩, ˈbɝdn̩/ • *n* sarcină *f*, povară *f*; răspundere *f* • *v* însărcina, împovăra, îngreuna
bureau /ˈbjʊə.rəʊ, ˈbjʊr.oʊ/ • *n* birou *n*
bureaucracy /bjʊəˈrɒkrəsi, bjʊˈrɑːkrəsi/ • *n* birocrație *f*
burn /bɜːn, bɝːn/ • *n* ardere *f*; arsură *f* • *v (sp* burnt, *pp* burnt) arde
burned *(sp/pp)* ▷ BURN
burning /ˈbɜːnɪŋ, ˈbɝːnɪŋ/ • *adj* arzător *n*, ardent *n*, ferbinte • *n* ardere *f*
burnt *(sp/pp)* ▷ BURN
Burundi • *n* Burundi
bur|y /ˈbɛ.ri, ˈbʌ.ri/ • *v* îngropa, înmormânta, înhuma **~ial** • *n* înmormântare *f*, îngropare *f*, înhumare *f*, îngropăciune *f*
bus /bʌs/ • *n* autobuz *n*; magistrală *f*
bush /bʊʃ/ • *n* arbust *m*, tufă, tufiș de arbuști
business /ˈbɪz.nɪs, ˈbɪz.nəs/ • *n* întreprindere *f*; afacere *f* **~man** • *n* om de afaceri *m*, businessman *m*, afacerist *m* **~woman** • *n* femeie de afaceri, afaceristă *f*
bust /bʌst/ • *n* bust *n*
busted *(sp/pp)* ▷ BUST
busy /ˈbɪzi/ • *adj* harnic
but /bʌt, bʊt/ • *conj* dar; însă
butt /bʌt/ • *n* pat *n*, patul puștii *n*; cur *n*, fund *n*; muc *n*, chiștoc *n*; lovitură cu capul *f*, cap *n* • *v* lovi cu capul, împunge, punge
butter /ˈbʌtər, ˈbʌtɚ/ • *n* unt *n*
butterfly /ˈbʌtə(r)flaɪ/ • *n* fluture *m*

button /'bʌtn/ • *n* buton *n*, nasture *m*
buy /baɪ/ • *v* (*sp* bought, *pp* bought) cumpăra **~er** • *n* cumpărător *m*, cumpărătoare *f*, client *m*
by /baɪ/ • *prep* lângă; de; cu
bye /baɪ/ • *interj* pa

C

cabbage /'kæbɪdʒ/ • *n* varză *f*; legumă *f*
cable /'keɪ.bl/ • *n* cablu, frânghie *f*; cabluri, conductor *m*; cablu optic *n*; televiziune prin cablu; telegramă *f*, telegrame • *v* cablare *f*
cactus /'kæktəs/ • *n* (*pl* cacti) cactus *m*
cage /keɪdʒ/ • *n* cuşcă
Cairo • *n* Cairo *m*
cake /keɪk/ • *n* tort, prăjitură *f*, turtă *f*; bucată *f*
calculat|e /'kælkjʊleɪt/ • *v* calcula, socoti **~ion** • *n* calculare *f*, calcul *n*, calculaţie *f* **~or** • *n* calculator, computer *n*, computere; maşină de calculat; calculatoare *f*; tabele
calendar /'kæl.ən.də, 'kæl.ən.dɚ/ • *n* calendar; agendă *f*, program *n*
calf /kɑːf, kæf/ • *n* (*pl* calves) viţel *m*, viţea *f*; pui *m*; pulpă *f*, gambă *f*

call /kɔːl, kɒl/ • *n* chemare; vizită *f* • *v* chema; striga; telefona, suna; vizita
calm /kɑːm, kɑ(l)m/ • *adj* liniştit, calm • *n* linişte *f* • *v* linişti, calma, potoli **~ down** • *v* astâmpăra
calves (*pl*) ▷ CALF
Cambodia • *n* Cambodgia *f*
came (*sp*) ▷ COME
camel /'kæməl/ • *n* cămilă *f*
camera /'kæmərə/ • *n* aparat foto
Cameroon • *n* Camerun *n*
camp /kæmp, æ/ • *n* tabără *f*, lagăr *n*
camping /'kæmpɪŋ/ • *n* camping *n*
campus /'kæmpəs/ • *n* campus, teren universitar
can /kæn, kən/ • *v* (*sp* could, *pp* -) putea
Canad|a • *n* Canada *f* **~ian** • *adj* canadian *n*, canadiană *f* • *n* canadian *m*, canadiancă *f*, canadiană *f* • *n* engleză canadiană *f*
canal /kə'næl, kə'nɛl/ • *n* canal *m*
canary /kə'nɛəri/ • *n* canar *m*
cancel /'kænsl/ • *v* anula
cancer /'kænsə, 'kæ.nsə/ • *n* cancer
candidate /'kæn.dɪdət, 'kæn.dɪ.deɪt/ • *n* candidat *m*
candle /'kændəl/ • *n* lumânare
candy /'kændi/ • *n* bomboană *f*
cannabis /'kænəbɪs/ • *n* cânepă *f*
canvas /'kæn.vəs/ • *n* canava *f*; pânză *f*
cap /kæp/ • *n* şapcă *f*, căciulă *f*

| capability | 18 | celebrate |

capability /ˌkeɪpəˈbɪləti/ • *n* capabilitate *f*

capable /ˈkeɪpəbl̩/ • *adj* capabil *m*, capabilă *f*

capacity /kəˈpæsɪti/ • *n* capacitate *f*

Cape Verde • *n* Capul Verde *n*, Republica Capului Verde *f*

capital /ˈkæp.ɪ.təl/ • *n* capital; capitel *m*

capitalism /ˈkapɪt(ə)lɪz(ə)m, ˈkæpɪtl̩ˌɪzm̩/ • *n* capitalism *n*

capitalist • *adj* capitalist • *n* capitalist *m*, capitalistă *f*

captain /ˈkæp.tɪn, ˈkæp.tən/ • *n* căpitan *m*

car /kɑː, kɑɹ/ • *n* mașină *f*, automobil *n*; vagon; cabină *f*

carbohydrate /ˌkɑːbəʊˈhaɪdɹeɪt, ˌkɑːɹboʊˈhaɪdɹeɪt/ • *n* carbohidrat *m*

carbon /ˈkɑːɹbən/ • *n* carbon *n*; cărbune *m*

card /kɑːd, kɑɹd/ • *n* card *m*, carte *f* • *v* carda, scărmăna, dărăci

care /kɛə, kɛ(ə)ɹ/ • *n* grijă, păs • *v* îngriji **~less** • *adj* nepăsător, neglijent **~ful** • *adj* precaut *m*, prudent *m*, atent, îngrijit, grijuliu **~r** • *n* îngrijitor *m*, îngrijitoare *f* **~taker** • *adj* interimar *m* • *n* portar *m*, gardian *m*, paznic *m*; îngrijitor *m*, îngrijitoare *f*

career /kəˈɹɪɹ, kəˈɹɪə/ • *n* carieră *f*

carp /kɑːp, kɑɹp/ • *n* crap *m*

carpet /ˈkɑːpɪt, ˈkɑɹpɪt/ • *n* covor *n*

carriage /ˈkæɹɪdʒ/ • *n* vagon *n*

carrier /ˈkæ.ɹɪ.ə, ˈkæ.ɹɪ.ɚ/ • *n* semnal purtător *n*

carrot /ˈkæɹ.ət/ • *n* morcov *m*, carotă *f*

carry /ˈkæ.ɹi/ • *v* duce, purta, căra

cart /kɑːt, kɑɹt/ • *n* car *n*, căruță *f*, șaretă

cartoon /kɑːˈtuːn, kɑːˈtuːn/ • *n* caricatură *f*; desen *n*; desen animat *n*

case /keɪs/ • *n* caz *n*, cazuri; ladă

cash /kæʃ/ • *n* numerar *n*, bani lichizi, bani gheață

casino /kæˈsinoʊ/ • *n* cazinou *n*

cast /kɑːst, kæst/ • *n* mulaj *n*

castle /ˈkɑːsəl, ˈkæsəl/ • *n* castel *n* • *v* face rocadă

catch /kætʃ/ • *v* (*sp* caught, *pp* caught) prinde

category /ˈkætəˌɡɔɹi, ˈkætɪɡ(ə)ɹi/ • *n* categorie *f*, categorii

caterpillar /ˈkætəpɪlə(ɹ), ˈkædəɹˌpɪləɹ/ • *n* omidă *f*; șenilă *f*

Catholic • *adj* catolic

cattle /ˈkæt(ə)l/ • *n* bovine, vite

caught (*sp/pp*) ▷ CATCH

cause /kɔːz, kɔz/ • *n* cauză *f* • *v* cauza, pricinui

caustic /ˈkɔːstɪk/ • *n* caustic

caution /ˈkɔːʃ(ə)n, ˈkɑːʃ(ə)n/ • *n* grijă *f*, precauție *f*

cave /keɪv/ • *n* peșteră *f*, cavernă *f*, grotă *f*

cease /siːs/ • *v* înceta, conteni, opri

ceiling /ˈsiːlɪŋ/ • *n* plafon *n*, tavan *n*

celebrat|e /ˈsɛl.ɪ.bɹeɪt/ • *v* celebra; sărbători **~ion** • *n*

celebrare *f*, celebrație *f*,
sărbătorire *f*; festivitate *f*;
sărbătoare *f*, petrecere *f*,
serbare *f*
cell /sɛl/ ● *n* celulă *f*; chilie *f*;
celular *n*, mobil *n*
cellar /ˈsɛlə(ɹ), ˈsɛlɚ/ ● *n* pivniță *f*,
beci *n*
cemetery *(British)* ▷ GRAVEYARD
censor /ˈsɛn.sə, ˈsɛn.sɚ/ ● *n*
cenzor *m* ● *v* cenzura **~ship** ●
n cenzură *f*
cent|er /ˈsɛn.tɚ, ˈsɛn.tə(ɹ)/ ● *n*
mijloc *n*, centru *n* ● *v* centra;
concentra **~ral** ● *adj* central
centre *(British)* ▷ CENTER
century /ˈsɛn.tʃə.ɹi:/ ● *n* secol *n*,
veac *n*; centurie *f*
CEO ● *n* (*abbr* Chief Executive
Officer) DG
ceremony /ˈsɛɹɪməni, ˈsɛɹəmoʊni/
● *n* ceremonie *f*
certain /ˈsɜːtn̩, ˈsɜtn̩/ ● *adj* cert,
anume, sigur ● *det* anumit **~ly**
● *adv* bineînțeles, desigur **~ty**
● *n* certitudine *f*, siguranță *f*
certif|y ● *v* certifica **~icate** ● *n*
certificat *n*
Chad ● *n* Ciad *n*
chain /tʃeɪn/ ● *n* lanț
chair /tʃɛə(ɹ), tʃeɚ/ ● *n* scaun *n*
~man ● *n* președinte *m*,
chairman *m*
challenge /ˈtʃæl.ɪndʒ/ ● *n*
provocare *f* ● *v* provoca
chamber /ˈtʃeɪmbə(ɹ)/ ● *n*
cameră *f*, dormitor *m*
chameleon /kəˈmiːliən/ ● *n*
cameleon *m*
champion /ˈtʃæmpiən/ ● *n*
campion *m*, campioană *f*

~ship ● *n* campionat *m*;
campion *m*, campioană *f*
chance /tʃæns, tʃɑːns/ ● *n* șansă
f, șanse *f*, ocazie *f*; întâmplare
f, accident *n*; probabilitate *f* ●
v risca
chang|e /tʃeɪndʒ/ ● *n* schimb *n*,
schimbare *f*, modificare *f* ● *v*
schimba, transforma;
modifica; înlocui **~ing room** ●
n vestiar *n*; cabină de probă *f*
channel /ˈtʃænəl/ ● *n* canal
chao|s /ˈkeɪ.ɒs, ˈkeɪ.ɑs/ ● *n* haos
~tic ● *adj* haotic
chapter /ˈtʃæptə, ˈtʃæptɚ/ ● *n*
capitol *n*
character /ˈkɛɹəktɚ, ˈkæɹəktɚ/ ● *n*
personaj *n*; caracter *n*
characteri|ze /ˈkɛɹəktəɹaɪz,
ˈkæɹəktəɹaɪz/ ● *v* caracteriza
~stic ● *adj* caracteristic ● *n*
caracteristică
charge /tʃɑːdʒ, tʃɑɹdʒ/ ● *n*
acuzare *f*, inculpare *f*; sarcină
f, încărcătură *f* ● *v* încărca;
acuza, inculpa **~r** ● *n*
încărcător
charm /tʃɑɹm, tʃɑːm/ ● *n* amuletă
f, talisman *n*; farmec, șarm *n*,
grație *f*; breloc *n* ● *v* fermeca,
încânta, fascina; descânta,
vrăji **~ing** ● *adj* șarmant,
fermecător, încântător,
carismatic *m*
chart /tʃɑɹt/ ● *n* hartă maritimă *f*
charter /ˈtʃɑːtə, ˈtʃɑɹɹɚ/ ● *v*
navlosi, afreta
chase /tʃeɪs/ ● *n* urmărire
cheap /tʃiːp, tʃiːp/ ● *adj* ieftin
check /tʃɛk/ ● *n* carou *n*; bifă *f*;
notă de plată *f*, socoteală *f*,

factură *f*; control *n*, verificare *f*, supraveghere *f*; inspecție *f*, examinare *f*; șah *n* • *v* bifa; verifica; controla **~mate** • *interj* șah mat • *n* șah-mat *n*
cheek /tʃiːk/ • *n* obraz, bucă *f* **~y** • *adj* obraznic, impertinent, nerușinat
cheer up • *v* bucura, înveseli, dispune
chees|e /tʃiːz, tʃiz/ • *n* brânză *f*, caș *n*, cașcaval *n* **~y** • *adj* brânzos
chef /ʃɛf/ • *n* bucătar-șef *m*
chemi|stry /ˈkɛm.ɪ.stɹi/ • *n* chimie *f* **~cal** • *adj* chimic
chest /tʃɛst/ • *n* cufăr *n*; comodă; piept *n*, torace *n*
chew /tʃuː, tʃu/ • *n* caramea *f* • *v* mesteca **~ing gum** • *n* gumă de mestecat *f*
chicken /ˈtʃɪkɪn/ • *n* pui, găină *f*
chief /tʃiːf/ • *n* căpetenie *f*, șef *m*
child /tʃaɪld/ • *n* (*pl* children) fiu *m*, fiică *f*, copil *m*, copilă *f* **~hood** • *n* copilărie *f*
children (*pl*) ▷ CHILD
Chile • *n* Chile **~an** • *adj* chilian, cilian • *n* chilian *m*, chiliană *f*, cilian *m*, ciliană *f*
chilly /ˈtʃɪli/ • *adj* friguros *n*
chimpanzee /tʃɪmˈpæn.ziː/ • *n* cimpanzeu *m*
chin /tʃɪn/ • *n* bărbie *f*
Chin|a /tʃʌɪnə/ • *n* China *f* **~ese** • *adj* chinezesc • *n* chineză, limba chineză *f*; chinezi, chinezoaice; chinez *m*, chinezoaică *f*; mâncare chinezească *f*

chip /tʃɪp/ • *n* surcea, așchie, fragment *n*; cip *n*
chivalry /ˈʃɪvəlɹi/ • *n* cavalerie *f*; cavalerism *n*, galanterie *f*
chocolate /ˈtʃɒk(ə)lɪt, ˈtʃɔːk(ə)lət/ • *adj* de ciocolată; ciocolatiu *n* • *n* ciocolată *f*; pralină *f*, bomboană *f*; ciocolatiu *n*
choir /kwaɪə(ɹ), kwaɪɚ/ • *n* cor
choose /tʃuːz/ • *v* (*sp* chose, *pp* chosen) alege; vrea, prefera
chop /tʃɒp/ • *n* cotlet *n*
chose (*sp*) ▷ CHOOSE
chosen (*pp*) ▷ CHOOSE
Christian • *adj* creștin • *n* creștin *m* • *n* Cristian *m*, Cristina *f*, Cristiana *f* **~ity** • *n* creștinism *n*, creștinătate *f*
Christmas • *n* Crăciun *n*, naștere
church /tʃɜːtʃ, tʃɝtʃ/ • *n* biserică *f*; serviciu religios *n*, slujbă, ceremonie religioasă *f*
churlish /ˈtʃɜːlɪʃ, ˈtʃɝːlɪʃ/ • *adj* ursuz
cigarette /ˈsɪ.ɡə.ɹɛt/ • *n* țigară *f*, țigaretă *f*
cinema /ˈsɪn.ə.mə, ˈsɪn.ɪ.mə/ • *n* cinematografie *f*
circ|le /ˈsɜːkəl/ • *n* cerc **~ular** • *adj* circular, de cerc
circuit /ˈsɜː.kɪt, ˈsɝ.kət/ • *n* ciclu *n*, circuit *n*
circulate /ˈsɚ.kju.leɪt/ • *v* circui, a face cercuri
circumstance /ˈsɜːkəmst(ə)ns, ˈsɝː.kəm.stæns/ • *n* circumstanță *f*, împrejurare *f*
citation /saɪˈteɪʃən/ • *n* citare *f*, citat *n*

citizen /ˈsɪtɪzən/ • *n* cetățean **~ship** • *n* cetățenie *f*

city /ˈsɪti, ˈsɪtɪ/ • *n* oraș *n*, cetate *f*, urbe *f*

civiliz|ation /ˌsɪv.ɪ.laɪˈzeɪ.ʃən, ˌsɪv.ə.ləˈzeɪ.ʃən/ • *n* civilizație *f*, cultură *f*; civilizare *f*; civilitate *f* **~ed** • *adj* civilizat *m*, civilizată *f*

clad (*sp/pp*) ▷ CLOTHE

claim /kleɪm/ • *n* pretenție *f*, revendicare *f*, petiție *f*; reclamație *f* • *v* revendica *f*

clarif|y /ˈklærɪfaɪ/ • *v* limpezi, clarifica, purifica **~ication** • *n* clarificare *f*

clarity /ˈklærɪti/ • *n* claritate

class /klɑːs, klæs/ • *n* clasă *f* **~room** • *n* clasă *f*, sală de clasă *f*

classical /ˈklæsəkl/ • *adj* clasic

classif|y /ˈklæsɪfaɪ/ • *v* clasifica **~ication** • *n* clasificare *f*, clasificație *f*

claw /klɔː, klɔ/ • *n* gheară *f*; cleşte *m* • *v* zgâria

clay /kleɪ/ • *n* argilă *f*, lut *n*, hlei *n*

clean /kliːn, klin/ • *adj* curat; pur *m* • *v* curăța, șterge **~er** • *n* om de serviciu *m*, femeie de serviciu *f*; aspirator *n*; detergent *m*; curățătorie *f*

clear /klɪə(r), klɪr/ • *adj* clar, limpede; senin; liber; curat

clerk /klɑːk, klɝk/ • *n* secretar *m*, birocrat *m*, funcționar *m*

clever /ˈklevə/ • *adj* deștept

click /klɪk/ • *n* clic *n*, clicare *n* • *v* clica

client /ˈklaɪənt, ˈklaɪ.ənt/ • *n* client

cliff /klɪf/ • *n* stâncă *f*, faleză *f*, pantă *f*

climate /ˈklaɪmɪt/ • *n* climă *f*

climb /klaɪm/ • *v* urca; sui **~er** • *n* cățărător *m*, cățărătoare *f*, alpinist *m*, alpinistă *f*; plantă agățătoare *f* **~ing** • *n* cățărare *f*

clinic /ˈklɪnɪk/ • *n* clinică *f*

clip /klɪp/ • *n* agrafă *f*

clock /klɒk, klɑk/ • *n* ceas *n*; contor de parcurs *n*; tact *n*, impuls *n* **against the ~** • *phr* contra timp

close /kləʊz, kloʊz/ • *adj* aproape • *v* închide; termina, finisa **~d** • *adj* închis; privat *m*

closure /ˈkləʊ.ʒə(r), ˈkloʊ.ʒɝ/ • *n* închidere *f*

cloth /klɒθ, klɑθ/ • *n* pânză *f*, stofă *f*; cârpă *f* **~es** • *n* haine, îmbrăcăminte, rufe **~ing** • *n* îmbrăcăminte *f*, haină

clothe /kləʊð, kloʊð/ • *v* (*sp* clothed, *pp* clothed) îmbrăca

clothed (*sp/pp*) ▷ CLOTHE

cloud /klaʊd/ • *n* nor; negură • *v* înnora, înnegura, întuneca **~y** • *adj* înnorat, noros

club /klʌb/ • *n* bâtă *f*; club *n*

clumsy /ˈklʌmzi/ • *adj* stângaci, neîndemânatic, greoi; grosolan; butucănos

cluster /ˈklʌstə, ˈklʌstɝ/ • *n* grup *n*, grupă *f*, mănunchi *n*; ciorchine *m*; aglomerație de stele *f*, aglomerare de stele *f*, roi de stele *n*

coach /kəʊtʃ, koʊtʃ/ • *n* trăsură *f*; vagon *n*; antrenor *m*,

antrenoare *f*, coach *m*; autocar *n* • *v* antrena; instrui
coal /kəʊl, koʊl/ • *n* cărbune *m*; tăciune *m*
coast /koʊst, kəʊst/ • *n* coastă, țărm de mare, coborâre la vale, liman, mal, limită, hotar
cocaine /koʊˈkeɪn/ • *n* cocaină *f*
cock /kɒk, kak/ • *n* bărbătuș *m*; cocoș *m*
cockroach • *n* gândac *m*, libarcă *f*
cocktail • *n* cocteil *n*, cocktail *n*
cod /kɒd, kad/ • *n* cod
code /kəʊd, koʊd/ • *n* cod *n*
coffee /ˈkɒ.fi, ˈkɔː.fi/ • *n* cafea *f*; arbore-de-cafea *m*; cafeniu
cognitive /ˈkɒɡnɪtɪv/ • *adj* cognitiv
coin /kɔɪn/ • *n* monedă *f*
coincide /ˌkoʊɪnˈsaɪd/ • *v* coincide **~ntal** • *adj* coincidental *m*
cold /kəʊld, koʊld/ • *adj* rece; înfrigurat • *n* frig; gripă *f*, răceală *f*
collaborat|e /kəˈlæbəreɪt, kəˈlæbəreɪt/ • *v* colabora; a colabora **~ion** • *n* colaborare *f*, colaborări
collapse /kəˈlæps/ • *n* colaps *n*, cădere *f* • *v* prăbuși; prăbușire *f*
colleague /ˈkɑliːɡ/ • *n* coleg *m*, colegă *f*
collect /kəˈlɛkt/ • *v* culege **~or** • *n* colecționar *m* **~ion** • *n* colectare *f*, colecție *f*
college /ˈkɒlɪdʒ, ˈkɑlɪdʒ/ • *n* facultate *f*; institut *n*; colegiu *n*, școală secundară *f*

collision /kəˈlɪʒən/ • *n* ciocnire *f*, coliziune *f*
Colombia • *n* Columbia *f* **~n** • *adj* columbian *m* • *n* columbiană *f*
colon|y /ˈkɒl.əni, ˈkɑləniː/ • *n* colonie *f* **~ial** • *adj* colonial
color /ˈkʌl.ɚ, ˈkʌl.ə(ɹ)/ • *n* culoare *f*; culoare de piele *f* • *v* colora **~ed** • *adj* colorat *n*; plin de culoare *n*
colossal /kəˈlɒsəl/ • *adj* colosal
colour *(British)* ▷ COLOR
column /ˈkɒləm, ˈkɑləm/ • *n* coloană, pilar, columnă, stâlp **~ist** • *n* columnist *m*, editorialist *m*, foiletonist *m*
coma /ˈkəʊmə, ˈkoʊmə/ • *n* comă *f*
combat /ˈkɒmˌbæt, ˈkʌmˌbæt/ • *n* luptă, bătaie *f* • *v* combate **~ive** • *adj* combativ *n* **~ant** • *n* combatant *m*, combatantă *f*
combin|e /kəmˈbaɪn, ˈkɒm.baɪn/ • *n* combinat *n* • *v* îmbina, combina **~ed** • *adj* combinat *m* **~ation** • *n* combinare *f*; combinație *f*; asociație *f*
come /kʌm/ • *v* (*sp* came, *pp* come) veni **~ across sth** • *v* da impresia că, lăsa impresia că; da peste
comedy /ˈkʌm.ə.di/ • *n* comedie *f*
comfort /ˈkʌm.fət, ˈkʌm.fɚt/ • *n* confort; consolare *f* **~able** • *adj* confortabil, comod
comic /ˈkɒmɪk, ˈkɑmɪk/ • *adj* comic, haios, amuzant, caraghios • *n* comic *m*,

comedian *m*, comediană *f*;
benzi desenate
comma /ˈkɒm.ə, ˈkɑm.ə/ • *n*
virgulă *f*
command /kəˈmɑːnd, kəˈmænd/ •
v comanda, ordona, porunci;
controla, stăpâni
commence /kəˈmɛns/ • *v* începe
comment /ˈkɒmɛnt, ˈkɑmɛnt/ • *n*
comentariu *n*
commerc|e /ˈkɑm.ɚs, ˈkɒm.əs/ • *n*
comerţ *n* **~ial** • *adj* comercial
n, comercială *f* • *n* reclamă *f*
commission /kəˈmɪʃən/ • *n*
misiune *f*; comisie *f*
commit /kəˈmɪt/ • *v* comite
committee /kəˈmɪt.i, kɒmɪˈtiː/ • *n*
comitet *n*
commodity /kəˈmɑdəti,
kəˈmɒdəti/ • *n* marfă, articol
de uz, obiect de uz; bun
de consum
common /ˈkɒmən, ˈkɑmən/ • *adj*
comun; obişnuit, uzual
communicat|e /kəˈmjuːnɪkeɪt/ • *v*
cumineca **~ion** • *n*
comunicare *f*; comunicaţie *f*;
veste *n*, ştire *f*, mesaj *n*;
legătură *f*
communis|m /ˈkɒm.ju.nɪzm̩/ • *n*
comunism *n* **~t** • *adj*
comunist • *n* comunist *m*,
comunistă *f*
community /kəˈmjuːnɪti,
k(ə)ˈmjunəti/ • *n* comunitate *f*
Comoros • *n* Comore, Insulele
Comore
companion /kəmˈpænjən/ • *n*
tovarăş *m*
company /ˈkʌmp(ə)ni, ˈkʌmpəni/
• *n* societate *f*, firmă *f*,
companie *f*, întreprindere *f*
compar|e /kəmˈpɛɚ, kəmˈpɛə/ • *v*
compara **~able** • *adj*
comparabil **~ative** • *adj*
comparativ **~ison** • *n*
comparaţie *f*
compassion /kəmˈpæʃ.ən/ • *n*
compasiune *f*
compensat|e /ˈkɒmpənseɪt/ • *v*
compensa **~ion** • *n*
compensare *f*; compensaţie *f*
competit|ion /ˌkɒmpəˈtɪʃən,
ˌkɑːmpəˈtɪʃən/ • *n* competiţie,
concurenţă *f*, concurs *n* **~ive**
• *adj* competitiv;
competiţional **~or** • *n*
competitor *m*, competitoare *f*,
concurent *m*; concurentă *f*
compile /kəmˈpʌɪl, kəmˈpaɪl/ • *v*
alcătui, compila
complain /kəmˈpleɪn/ • *v* plânge;
se plânge, reclama **~t** • *n*
plângere *f*, nemulţumire *f*,
reclamaţie *f*; indispoziţie *f*,
tulburare *f*, dereglare *f*,
deranjament *n*
complement /ˈkɒmpləmənt,
ˈkɑmpləmənt/ • *n*
complementară *f*,
complement *n* **~ary** • *adj*
complementar
complet|e /kəmˈpliːt/ • *adj*
complet • *v* completa,
termina **~ely** • *adv* complet,
completamente; total **~ion** •
n final
complex /kəmˈplɛks, ˈkɒm.plɛks/
• *adj* complex **~ity** • *n*
complexitate *f*
complicate • *v* complica **~d** •
adj complicat *n*, alambicat *n*

comply /kəmˈplaɪ/ • *v* se supune
component /kʌmˈpoʊnənt/ • *n* componentă *f*, component *n*
compos|e /kəmˈpoʊz, kəmˈpəʊz/ • *v* compune **~ed** • *adj* calm, liniștit, netulburat **~er** • *n* autor *m*; compozitor *m*, compozitoare *f* **~ition** • *n* compunere *f*, compoziție *f*, alcătuire *f*
compound /kɒmpaʊnd, ˈkʌmpaʊnd/ • *n* compus *m*
comprehen|d /kɒmprɪˈhɛnd, kʌmprɪˈhɛnd/ • *v* cuprinde; înțelege **~sion** • *n* comprehensiune *f* **~sive** • *adj* cuprinzător, multilateral *m*
compromise /ˈkɒmprəˌmaɪz, ˈkʌmprəˌmaɪz/ • *n* compromis *n*
compulsory • *adj* obligator *m*, care se cere
computer /kəmˈpjuːtə, kəmˈpjutɚ/ • *n* computer *n*, calculator *n*
conceal /kənˈsiːl/ • *v* ascunde
conceited • *adj* înfumurat *m*
conception /kənˈsɛpʃən/ • *n* concepere *f*, zămislire *f*, concepție *f*; concept *n*, imagine *f*, idee *f*, concepții
concentration • *n* concentrație *f*; concentrare *f*
concept /ˈkɒn.sɛpt/ • *n* concept *n*
concern /kənˈsɜːn, kənˈsɜːrn/ • *n* preocupare *f*, îngrijorare *f*, frământare *f*; concern *n*, întreprindere *f* • *v* preocupa; îngrijora **~ed** • *adj* preocupat, îngrijorat

concert /kənˈsɜːt, kənˈsɜːrt/ • *n* concert *n*
concession /kənˈsɛʃən/ • *n* concesiere *f*, încuviințare *f*; concesie *f*; concesiune *f*, teren concesionat *n*; concesie profesională *f*
conclude /kənˈkluːd/ • *v* conchide, încheia, concluziona
concrete /ˈkɒnkriːt, ˌkɒnˈkriːt/ • *adj* concret *n* • *n* beton *n*
condemnation /ˌkɒndɛmˈneɪʃən/ • *n* condamnare *f*
condition /kənˈdɪʃən/ • *n* condiție *f*; stare • *v* condiționa **~al** • *adj* condițional
condom /ˈkɒn.dɒm, ˈkʌn.dəm/ • *n* prezervativ *n*
conduct /ˈkɒndʌkt, ˈkʌndʌkt/ • *n* conducere *f*, dirijare *f*, comandare *f*; strategie *f*; comportament *n*
confer /kənˈfɜː, kənˈfɜːr/ • *v* conferi **~ence** • *n* conferință *f*
confess /kənˈfɛs/ • *v* mărturisi, spovedi **~ion** • *n* confesiune *f*, mărturisire *f*, recunoaștere *f*; spovedire *f*
confidence /ˈkɒnfɪdəns/ • *n* siguranță *f*, siguranță de sine *f*; confidență *f*
configur|e /kənˈfɪɡ(j)ə, kənˈfɪɡ(j)ɚ/ • *v* configura **~ation** • *n* configurație *f*, dispunere *f*, configurare *f*
confirm /kənˈfɜːm, kənˈfɜːrm/ • *v* confirma **~ation** • *n* confirmare *f*
conflict /ˈkɒn.flɪkt, ˈkʌn.flɪkt/ • *n* conflict *n*, ceartă

confus|e /kənˈfjuːz/ ● *v* încurca **~ed** ● *adj* confuz *n*, haotic *n*; încurcat *n* **~ing** ● *adj* confuz *n*, încurcător *n*, zăpăcitor *n*, haotic *n* **~ion** ● *n* confuzie *f*

Congo ● *n* Congo, Congo-Brazzaville, Republica Congo *f*; Congo-Kinshasa, Republica Democrată Congo *f*

congratulat|e /kənˈɡrædʒʊˌleɪt/ ● *v* ferici, ura, felicita **~ions** ● *interj* felicitări

congregation /ˌkɒŋɡrɪˈɡeɪʃən/ ● *n* congregaţie *f*, adunare de fideli, organizaţie fondată religios *f*

conjunction /kənˈdʒʌŋkʃən/ ● *n* unire *f*, legare *f*, conjuncţie *f*

connect /kəˈnɛkt/ ● *v* lega, îmbina, conecta, conexa; cupla **~ed** ● *adj* conectat *n*, legat *n*, unit *n* **~ive** ● *n* conectiv *n* **~ion** ● *n* conectare *f*, legare *f*, unire *f*, îmbinare *f*, conexare *f*; legătură *f*, conexiune *f*, joncţiune *f*; relaţie *f*; corespondenţă *f*; înrudire *f*

conquer /ˈkɒŋkə, ˈkɑŋkər/ ● *v* cuceri, învinge

consci|ous /ˈkɒnʃəs, ˈkɒnʃəs/ ● *adj* conştient **~ence** ● *n* conştiinţă *f* **~ousness** ● *n* conştiinţă *f*

consecutive /kɒnˈsɛkjʊtɪv/ ● *adj* consecutiv *n*, succesiv *n*

consequence /ˈkɒnsɪkwɛns, ˈkɑnsɪkwɛns/ ● *n* consecinţă, urmare *f*

conservati|on /ˌkɒnsə(r)ˈveɪʃən/ ● *n* conservare; prezervare *f*, apărare *f* **~ve** ● *adj* conservator; precaut, prudent; republican ● *n* conservator *m*, conservatoare *f*

consider /kənˈsɪdə, kənˈsɪdər/ ● *v* considera **~ably** ● *adv* considerabil, semnificativ, în mod considerabil **~ation** ● *n* considerare *f*; motiv *n*, considerent *f*; consideraţie *f*, respect *n*; recompensă *f*

consist /kənˈsɪst/ ● *v* consta, consista **~ent** ● *adj* consecvent **~ency** ● *n* consistenţă *f*; consecvenţă *f*

consolidation ● *n* consolidare *f*

conspiracy /kənˈspɪrəsi/ ● *n* conspiraţie *f*

constant /ˈkɒnstənt, ˈkɑnstənt/ ● *adj* constant *n*, constantă *f*, neschimbat *n*; stabil *m* **~ly** ● *adv* constant, în mod constant

constituen|t ● *n* constituent *m*, component *n* **~cy** ● *n* circumscripţie electorală *f*

constitution /ˌkɒnstɪˈtjuːʃən, ˌkɑnstɪˈtuʃən/ ● *n* constituţie *f* **~al** ● *adj* constituţional

constraint /kənˈstreɪnt/ ● *n* constrângere *f*, obligaţie *f*

construct /ˈkɒnˌstrʌkt, ˈkɑnˌstrʌkt/ ● *v* construi *f* **~ion** ● *n* construire *f*, clădire *f*; construcţie; structură *f*, operă *f*, operă artistică

consulta|nt /kənˈsʌltənt/ ● *n* consultant *m*, consultantă *f* **~tion** ● *n* consultare *f*,

consultație *f*
consum|e /kənˈsjuːm, kənˈsuːm/ • *v* consuma; se consuma **~ption** • *n* consum *n*
contact /ˈkɒntækt, ˈkɑntækt/ • *n* contact *n*, atingere *f*; legătură *f* • *v* contacta
contain /kənˈteɪn/ • *v* conține **~er** • *n* container *n*, recipient *m*, cutie *f*, butelie *f*
contemplate /ˈkɑn.təm.ˌpleɪt/ • *v* cugeta, contempla, chibzui
contemporary • *adj* contemporan • *n* contemporan *m*
content /kɒnˈtɛnt, ˈkɑnˌtɛnt/ • *adj* mulțumit • *n* conținut *n* • *v* mulțumi
contest /kɒnˈtɛst, ˈkɑnˌtɛst/ • *n* controversă *f*, dispută *f*, dezbatere *f*; concurs *n*, competiție *f*, întrecere *f*
context /ˈkɒntɛkst, ˈkɑːntɛkst/ • *n* context *n*
continent /ˈkɒntɪnənt, ˈkɑntɪnənt/ • *n* continent *n*
continu|e /kənˈtɪnjuː/ • *v* continua **~ous** • *adj* continuu *n*, neîntrerupt *n*
continued /kənˈtɪnjuːd/ • *adj* continuu, neîntrerupt, neîncetat
contract /ˈkɒntrækt, ˈkɑntrækt/ • *n* contract • *v* a încheia un contract cu **~or** • *n* antreprenor *m*, constructor *m*; contractant *m*, contractantă *f* **~ion** • *n* contracție *f*
contradict|ory /ˌkɒntrəˈdɪkt(ə)ɹi, ˌkɑntrəˈdɪktəɹi/ • *adj* contradictoriu, contrar • *n* contradicție *f*, contrazicere *f* **~ion** • *n* contradicție *f*, contrazicere
contrary /ˈkɒntrəri, ˈkɑntrɛri/ • *adj* contrar *n*, opus *n* **on the ~** • *phr* din contră
contrast /ˈkɒntrɑːst, ˈkɑnt(ʃ)ræst/ • *n* contrast *n*
contribution /ˌkɒntrɪˈbjuːʃən, ˌkɑntrɪˈbjuːʃən/ • *n* contribuție *f*; donație *f*; contribuire
control /kənˈtroʊl, kənˈt(ʃ)roʊl/ • *n* control *n*, autoritate *f*; grup de control *n*, grup de comparație *n*; comandă *f*; mecanism de siguranță *n*; autocontrol *n*; element de control *n*, element de comandă *n* • *v* comanda, controla **~ling** • *adj* controlor *n* **under ~** • *phr* sub control
controvers|y /ˈkɒntrəvɜːsi, ˈkɑntrəˌvɜrsi/ • *n* controversă *f*, dispută *f*, discuție *f* **~ial** • *adj* controversabil *n*, controversat *n*, discutabil *n*, polemizat *n*
convenient /kənˈviːniənt, kənˈvɪnjənt/ • *adj* comod
convention /kənˈvɛnʃən/ • *n* convenție *f*, întrunire *f*; tratat *n* **~al** • *adj* convențional *m*, convențională *f*
conversation /ˌkɒn.vəˈseɪʃən, ˌkɑːn.vɚˈseɪʃən/ • *n* conversație *f*, convorbire *f*
conver|t /ˈkɒn.vɜːt, ˈkɑnˌvɜt/ • *n* convertit *m*, convertită *f* • *v* converti, transforma **~sion** • *n* transformare *f*, conversiune *f*, conversie *f*, prefacere *f*, convertire *f*

convey /kənˈveɪ/ • *v* transporta, căra; transmite; transfera

conviction /kənˈvɪkʃən/ • *n* convingere, credință

convinc|e /kənˈvɪns/ • *v* convinge **~ing** • *adj* convingător

cook /kʊk, kuk/ • *n* bucătar *m*, bucătăreasă *f* • *v* găti; prepara; coace; încinge **~er** • *n* aragaz *n*

cool /kuːl/ • *adj* friguros

cooperat|e /koʊˈɒpəreɪt/ • *v* coopera **~ion** • *n* cooperare *f*, conlucrare, cooperație *f*; cooperativă *f*

coordinat|e /koʊˈɔːdənət, koʊˈɔːdɪneɪt/ • *n* coordonată *f*, coordonate • *v* coordona **~ion** • *n* coordonare *f*

cope /koʊp/ • *v* înfrunta, împăca, confrunta

copper /ˈkɒp.ə, ˈkʊp.ə/ • *adj* arămiu • *n* cupru *m*, aramă *f*

copy /ˈkɒpi, ˈkɑpi/ • *n* copie *f*; duplicat *n* • *v* copia; imita **~right** • *n* drept de autor *n*

cord /kɔːd, kɔːd/ • *n* cordon, coardă *f*; cablu *n*

core /kɔː, kɔɹ/ • *n* miez *n*; esență *f*

corn /kɔːn, kɔɹn/ • *n* cereală *f*

corner /ˈkɔːnə, ˈkɔːnə(ɹ)/ • *n* ungher, colț **~stone** • *n* piatră de temelie *f*

corporat|e /ˈkɔːp(ə)rət, ˈkɔɹpəɹət/ • *adj* corporatist **~ion** • *n* societate pe acțiuni *f*

correct /kəˈɹɛkt/ • *adj* corect • *v* corecta **~ion** • *n* corecție *f*, corectare *f* **~ly** • *adv* corect, în mod corect

correlation /ˌkɒɹəˈleɪʃən, ˌkɒɹəˈleɪʃən/ • *n* corelație *f*

corresponding /ˌkɒɹəˈspɒndɪŋ, ˌkɒɹəˈspɒndɪŋ/ • *adj* corespunzător *n*, corespondent *n*

corridor /ˈkɒɹɪˌdɔː(ɹ), ˈkɒɹeɹdɔɹ/ • *n* culoar *f*, coridor *m*; coridor aerian *n*

corrupt /kəˈɹʌpt/ • *adj* corupt *m*, coruptă *f* • *v* corupe **~ion** • *n* corupție *f*

cost /kɒst, ˈkɔst/ • *n* cost • *v* (*sp* cost, *pp* cost) costa, prețui **~ly** • *adj* costisitor, scump

Costa Rica • *n* Costa Rica *f*

costume /ˈkɒs.tjuːm, ˈkɑs.t(j)uːm/ • *n* costum *n*

cotton /ˈkɒt.n̩, ˈkɒt.n̩/ • *adj* de bumbac • *n* bumbac *m*

could (*sp*) ▷ CAN

counsel|ing • *n* consiliere *f*, sfătuire *f*, povățuire *f*, consultanță *f* **~or** • *n* consilier *m*, consilieră *f*, sfătuitor *m*, sfătuitoare *f*, consultant *m*, consultantă *f*

counsel /ˈkaʊn.səl/ • *n* consultanță *f*, sfat, povață, sfătuire, consultație *f*; expertiză *f* • *v* consilia, sfătui, povățui; recomanda

count /kaʊnt/ • *n* socoti; numărare *f*; numărătoare *f*; conte *m* • *v* număra

counter /ˈkaʊntə, ˈkaʊntə/ • *n* contor, numărătoare *f*; numărător **~part** • *n* contrapiesă *f*; duplicat *n*

| countless | 28 | cross |

countless • *adj* nenumărabil, de nenumărat

country /ˈkʌntɹi, ˈkɛntɹi/ • *adj* rural, țara • *n* țară *f*, pământ; națiune, stat *n*, patrie *f*; sat *n* **~side** • *n* sat *n*

county /ˈkaʊnti/ • *n* comitat *n*; județ

couple /ˈkʌpəl/ • *n* pereche *f*, cuplu *n*; câțiva, câteva • *v* cupla, împerechea, împreuna

courage /ˈkʌɹɪdʒ/ • *n* curaj *n* **~ous** • *adj* curajos

course /kɔːs, kɔːɹs/ • *n* curs

court /kɔːt, kɔɹt/ • *n* curte; tribunal *n*

cousin /ˈkʌz.n̩, ˈkʌz.ɪn/ • *n* văr *m*, vară *f*, verișor *m*, verișoară *f*

cover /ˈkʌvɚ, ˈkʌvə/ • *v* acoperi **~age** • *n* acoperire *f* **~ed** • *adj* acoperit

cow /kaʊ/ • *n* vacă *f*; femelă

coward /ˈkaʊəd, ˈkaʊɚd/ • *n* laș *m*, lașă *f* **~ly** • *adj* laș, fricos, mișel • *adv* laș *n*

crab /kɹæb/ • *n* crab *m*

crack /kɹæk/ • *n* crăpătură *f*, fisură *f* • *v* crăpa

craft /kɹɑːft, kɹæft/ • *v* a face de mână; construi **~sman** • *n* meșteșugar *m*, artizan

crash /kɹæʃ/ • *n* coliziune auto *f*, accident *n*; crah *n*

crawl /kɹɔːl, kɹɒl/ • *v* târî

crazy /ˈkɹeɪzi/ • *adj* nebun *m*, înnebunit, tulburat; necontrolat • *n* nebun *m*, nebună *f*, sonat *m*, sonată *f*

cream /kɹiːm/ • *n* smântână *f*; crem; cremă *f*

create /kɹiːˈeɪt/ • *v* crea **~ion** • *n* creație *f*; creare *f*

creative /kɹiˈeɪtɪv/ • *adj* creativ *n*, creator *n*, inventiv *n* **~ity** • *n* creativitate *f*

creature /ˈkɹiːtʃə, ˈkɹiːtʃɚ/ • *n* creatură, ființă, făptură *f*

credible /ˈkɹɛdəbl̩/ • *adj* credibil, plauzibil, demn de încredere **~ility** • *n* credibilitate *f*

credit /ˈkɹɛdɪt/ • *n* credit

credulous /ˈkɹɛdjələs/ • *adj* credul

crew /kɹuː/ • *n* echipaj *n* • (*also*) ▷ CROW

crime /kɹaɪm/ • *n* infracțiune, crimă *f*; criminalitate *f*; delicvență *f* **~inal** • *adj* infracțional, criminal *m* • *n* infractor *m*, infractoare *f*

crisis /ˈkɹaɪsɪs/ • *n* (*pl* crises) moment crucial *n*, toi *n*; criză *f*

criterion /kɹaɪˈtɪəɹi.ən/ • *n* criteriu *n*

critic /ˈkɹɪt.ɪk/ • *n* critic *m*, critică *f*; oponent *m*, oponentă *f*, opozant *m*, opozantă *f*

critically • *adv* critic, în mod critic

criticize /ˈkɹɪtɪsaɪz/ • *v* critica **~sm** • *n* critică *f*

Croatia • *n* Croația *f* **~n** • *adj* croat • *n* croat *m*, croată *f*

crooked /ˈkɹʊkt/ • *adj* strâmb

crop /kɹɒp, kɹɑp/ • *n* cultură *f*; recoltă *f*; cravașă *f*; păr scurt; gușă • *v* recolta, culege, cultiva; tunde; decupa, tăia

cross /kɹɒs, kɹɔs/ • *n* cruce • *v* cruci, închina

crow /kɪəʊ, kɪoʊ/ • *n* cioară *f*
crowd /kɪaʊd/ • *n* mulțime *f*, masă de oameni *f*, gloată, aglomerație *f*; grămadă *f*, maldăr *n*; prostime *f* **~ed** • *adj* arhiplin *n*, înțesat *n*, ticsit *n*, aglomerat *n*
crowed (*sp/pp*) ▷ CROW
crown /kɪaʊn/ • *n* coroană *f*, cunună *f*; creștet *n*, sinciput *n* • *v* încorona, încununa
crucial /kɪuːʃəl/ • *adj* crucial, decisiv; cruciform
cruel /kɪuːəl/ • *adj* crud, crunt, cumplit **~ty** • *n* cruzime *f*
crush /kɪʌʃ/ • *v* strivi; măcina, pulveriza **~ing** • *adj* copleșitor • *n* strivire *f*, turtire *f*, zdrobire *f*
cry /kɪaɪ/ • *n* plânset *n*; țipăt *n*; strigăt *n*, urlet *n* • *v* plânge
crystal /kɪɪstəl/ • *n* cristal
Cuba • *n* Cuba *f* **~n** • *adj* cubanez, cuban • *n* cubanez *m*, cubaneză *f*
cuckoo /kʊkuː, ˈkuːkuː/ • *n* cuc
cuddle /kʌd.l/ • *n* îmbrățișare *f*
cult /kʌlt/ • *n* cult *n*
cultivation /ˌkʌltɪˈveɪʃən/ • *n* cultivare *m*, cultură agricolă *f*, cultivație *f*; cultură *f*; instruire *f*
cultur|e /ˈkʌltʃɚ, ˈkʌltʃə/ • *n* cultură *f* • *v* cultiva; culturaliza **~ed** • *adj* cultivat *m*, cultivată *f* **~al** • *adj* cultural
cup /kʌp/ • *n* ceașcă *f*; cupă *f* **~board** • *n* dulap *m*
cure /kjʊə(ɪ), kjʊɪ/ • *n* tratament • *v* vindeca, însănătoși, tămădui

curio|us /ˈkjʊəɹi.əs, ˈkjɜi.əs/ • *adj* curios *n*; straniu *m*, ciudat *n*, bizar *n*, neobișnuit *n* **~sity** • *n* curiozitate *f*
curly /kɜli, ˈkɜːli/ • *adj* creț
currency /ˈkʌɹ.ən.si/ • *n* valută *f*
current /ˈkʌɹənt/ • *n* curent *m*, șuvoi *n*, flux *n*; curs *n*, mers *n*, manieră *f*
curtain /kɜːtn̩, ˈkɜ́tn̩/ • *n* perdea *f*, draperie *f*, perdele; cortină *f*
curve /kɜːv, kɜ́v/ • *n* curbă *f*, curbe; linie curbă *f*, linie curbată *f* **~d** • *adj* curbat
custody /ˈkʌstədiː/ • *n* custodie *f*; păstrare *f*; reținere *f*, arest *f*
custom /ˈkʌstəm/ • *n* obicei *n*; tradiție *f*, obișnuință *f*; vamă *f*, acciză *f*
cut /kʌt/ • *adj* tăiat • *n* tăiere *f*; tăietură *f*; incizie *f* • *v* (*sp* cut, *pp* cut) diminua, reduce; tăia **~ting** • *n* decupare *f*, tăiere *f*
cute /kjuːt/ • *adj* drăguț, drăgălaș
cycle /ˈsaɪkəl/ • *n* ciclu *n*, rotație *f*
cycling /ˈsaɪk(ə)lɪŋ/ • *n* ciclism *n*
cynical • *adj* cinic
Cypr|us • *n* Cipru *n* **~iot** • *adj* cipriot • *n* cipriot *m*, cipriotă *f*
Czech • *adj* ceh • *n* ceh *m*, cehă *f*, cehoaică *f* **~ Republic** • *n* Republica Cehă *f*, Cehia *f*

D

dad /dæd/ • *n* tată *m*

dairy /ˈdeəri/ • *adj* lactat • *n* untărie *f*; lăptărie *f*; lactate

dam /dæm/ • *n* baraj *n*

damag|e /ˈdæmɪdʒ/ • *n* avarie *f*, daună *f*, pagubă *f*, deteriorare *f*; stricăciune *f*, pagube, daune • *v* defecta, strica, deteriora, avaria **~ing** • *adj* dăunător

damn /dæm/ • *n* la naiba!

damp /dæmp/ • *adj* umed

dance /dæns, dɑːns/ • *n* dans • *v* dansa, juca **~r** • *n* dansator *m*; dansatoare *f*

danger /ˈdeɪndʒə(r), ˈdeɪndʒɚ/ • *n* pericol, primejdie *f* **~ous** • *adj* periculos

Danish • *adj* danez • *n* daneză *f*

dare /deə(r), deɚ/ • *v* îndrăzni, încumeta, cuteza

dark /dɑːk, dɑːk/ • *adj* murg, închis, întunecat • *n* întuneric **~ness** • *n* întuneric, întunecime *f*; întristare *f*, tristețe *f*; negreală *f*

data /ˈdeɪtə, ˈdætə/ • *n* date **~base** • *n* bancă de date *f*, bază de date *f*

date /deɪt/ • *n* curmală *f*, finic; dată *f*; întâlnire • *v* data

daughter /ˈdɔːtə(r), ˈdɔːtɚ/ • *n* fiică *f*

dawn /dɔːn, dɔːn/ • *n* zori, auroră *f*, alba *f*; răsărit *n*

da|y /deɪ/ • *n* zi *f* **~ily** • *adj* zilnic, cotidian • *n* ziar *n*

dead /ded/ • *adj* mort **~ly** • *adj* ucigător, mortal, letal • *adv* fatalmente, mortal **~line** • *n* timp limită

deaf /def, diːf/ • *adj* surd **~ening** • *adj* asurzitor

dealer /ˈdiːlə(r)/ • *n* dealer *m*, vânzător *m*

dear /dɪɪ, dɪə/ • *adj* drag; scump *n*; stimate; dragă

death /deθ/ • *n* moarte *f*; moartea *f*

debate /dɪˈbeɪt/ • *n* discuție *f*, dezbatere *f*; polemică *f*, controversă *f*

debt /det/ • *n* datorie *f*

decade /ˈdekeɪd/ • *n* deceniu *n*; decadă *f*

deceive /dɪˈsiːv/ • *v* înșela, amăgi

December • *n* decembrie, undrea

decency /ˈdiːsənsi/ • *n* cuviință, cădere, decență

decide /dɪˈsaɪd/ • *v* decide; convinge

decision /dɪˈsɪʒən/ • *n* decizie *f*, hotărâre *f*; fermitate *f*; sentință *f*, verdict *n*

declaration /ˌdekləˈreɪʃən/ • *n* declarație *f*; declarare *f*

declension /dɪˈklenʃən/ • *n* declinare *f*, declinație *f*

decorat|e /ˈdekəreɪt/ • *v* decora, orna **~ion** • *n* decorare *f*, împodobire *f*, înfrumusețare *f*; decorație *f*, ornament *n*, ornamentație *f*

decrease /dɪˈkriːs, ˈdiːkriːs/ • *v* descrește, scădea

dedication /ˌdedɪˈkeɪʃən/ • *n* dedicație *f*

deed /diːd/ • *n* faptă

deep /diːp/ • *adj* adânc, adâncă, adânci, profund • *adv* adânc

deer /dɪə, dɪɹ/ • *n* cerb *m*, ciută *f*, căprioară

defeat /dɪˈfiːt/ • *n* înfrângere *f*, neizbândă *f* • *v* învinge, înfrânge, bate

defective /dɪˈfɛktɪv/ • *adj* defect, defectuos; defectiv

defence *(British)* ▷ DEFENSE

defen|d /dɪˈfɛnd, dɛˈfɛnd/ • *v* apăra **~der** • *n* fundaş *m*, apărător *m* **~se** • *n* apărare *f* **~sive** • *adj* defensiv *m* • *n* apărare, defensivă *f*

deficien|t /dɪˈfɪʃənt/ • *adj* deficient; insuficient **~cy** • *n* deficienţă *f*, lipsă *f*, insuficienţă *f*

deficit /ˈdɛfɪsɪt, ˈdɛfəsɪt/ • *n* deficit *n*

definition /ˌdɛfɪˈnɪʃ(ə)n/ • *n* definire *f*, definiţie *f*; grad de definire *n*; forţă de definire *f*

defy /dɪˈfaɪ/ • *v* sfida

degree /dɪˈɡɹiː/ • *n* grad *n*, grade; proporţie *f*, proporţii; grad academic *n*, diplomă academică *f*

delay /dɪˈleɪ/ • *n* întârziere *f* • *v* întârzia, amâna

delegat|e /ˈdɛlɪɡət, ˈdɛlɪˌɡeɪt/ • *n* delegat *m* **~ion** • *n* delegaţie *f*

delete /dɪˈliːt/ • *v* şterge

deliberat|e /dɪˈlɪbəɹət, dəˈlɪbəɹət/ • *adj* deliberat, intenţionat, voit • *v* delibera, consfătui **~ely** • *adv* deliberat, intenţionat **~ion** • *n* deliberare *f*

delicate /ˈdɛlɪkət/ • *adj* delicat

• *n* adâncime *f*, adânc *n* **~ly**
• *adv* adânc; profund

delicious /dɪˈlɪʃəs, dəˈlɪʃəs/ • *adj* delicios, gustos

delight /dəˈlaɪt/ • *n* deliciu *n*, desfătare *f*, plăcere *f*, juisare *f*

delightful /dəˈlaɪtˌfəl/ • *adj* delicios

deliver /dɪˈlɪvə(ɹ), dɪˈlɪvɚ/ • *v* livra **~y** • *n* livrare

demand /dɪˈmɑːnd, dɪˈmænd/ • *n* cerere • *v* cere

democra|cy /dɪˈmɒkɹəsi, dɪˈmɑkɹəsi/ • *n* democraţie *f* **~tic** • *adj* democratic

demographic /ˌdɛməˈɡɹæfɪk/ • *adj* demografic

demolish /dəˈmɒl.ɪʃ/ • *v* dărâma

demon /ˈdiː.mən/ • *n* demon *m*; drac *m* **~ic** • *adj* demonic, demoniac

demonstrat|e /ˈdɛmənstɹeɪt/ • *v* demonstra **~ive** • *adj* demonstrativ *m* **~ion** • *n* demonstraţie *f*, demonstrare *f*

Denmark • *n* Danemarca *f*

density /ˈdɛn.sɪ.ti, ˈdɛn.sə.ti/ • *n* densitate *f*

dentist /ˈdɛntɪst/ • *n* dentist *m*, dentistă *f*

departure /dɪˈpɑːtjə(ɹ)/ • *n* plecare *f*

department /dɪˈpɑːtm(ə)nt, dəˈpɑɹtmənt/ • *n* sector *n*, departament *n*

depend /dɪˈpɛnd/ • *v* depinde **~ent** • *adj* dependent *n* **~ence** • *n* dependenţă *f*; subjugare *f*, subordonare *f*

depict /dɪˈpɪkt/ • *v* înfăţişa, descrie, picta, ilustra, reprezenta **~ion** • *n* reprezentare *f*

deploy /dɪˈplɔɪ/ • *v* desfăşura; desface; instala

deposit /dɪˈpɒzɪt, dɪˈpazɪt/ • *n* depozit *n*, depunere *f*, zăcământ *n* • *v* a depozita, depune; a lăsa în îngrijire

depress|ed /dɪˈpɹɛst/ • *adj* deprimat *m*, nefericit *m*, depresionat *m* **~ion** • *n* depresiune *f*; deprimare *f*

depth /dɛpθ/ • *n* adâncime, profunzime

deputy /ˈdɛpjəti/ • *n* delegat *m*, reprezentant *m*, deputat *m*

deriv|e /dəˈɹaɪv/ • *v* deriva **~ative** • *n* derivat *m*, derivată *f* **~ation** • *n* derivaţie *f*; derivare *f*

descend /dɪˈsɛnd/ • *v* coborî; descinde, proveni

descri|be /dəˈskɹaɪb/ • *v* descrie **~ptive** • *adj* descriptiv *n* **~ption** • *n* descripţie, descriere

desert /dɪˈzɜː(ɹ)t, dɪˈzɚɹt/ • *n* deşert, pustiu **~er** • *n* dezertor *m*

deserve /dɪˈzɜːv, dɪˈzɝv/ • *v* merita

design /dɪˈzaɪn/ • *n* design *n* **~er** • *n* designer *m*

designate /ˈdɛzɪɡ.nət, ˈdɛzɪɡ.neɪt/ • *v* desemna, indica, designa; numi, denumi

desir|e /dɪˈzaɪə, dɪˈzaɪɹ/ • *n* dorinţă *f*, deziderat *n* • *v* dori **~able** • *adj* de dorit *f*, dezirabil *m*

desk /dɛsk/ • *n* birou *n*

despair /dɪˈspɛə(ɹ), dɪˈspɛəɹ/ • *n* desperare *f* • *v* despera

desperation /ˌdɛspəˈɹeɪʃən/ • *n* desperare *f*

dessert /dɪˈzɜːt, dɪˈzɝt/ • *n* desert *n*

destination /dɛstɪˈneɪʃən/ • *n* destinare *f*; destinaţie *f*

destiny /ˈdɛstɪni/ • *n* soartă, destin *n*

destr|oy /dɪˈstɹɔɪ/ • *v* distruge, nimici **~uction** • *n* distrugere *f* **~uctive** • *adj* distructiv *n*, distrugător *n*

detailed • *adj* detaliat, amănunţit

detain /dɪˈteɪn/ • *v* a reţine

detect /dɪˈtɛkt/ • *v* detecta **~ive** • *n* detectiv *m*

deter /dɪˈtɜː(ɹ)/ • *v* împiedica, opri; descuraja, deconsilia

determination /dɪˌtɜːmɪˈneɪʃən/ • *n* determinare *f*; delimitare *f*; fermitate *f*

devastat|e /ˈdɛvəsteɪt/ • *v* devasta **~ion** • *n* devastare

develop /dɪˈvɛ.ləp, ˈdɛv.ləp/ • *v* dezvolta **~er** • *n* creator *m*; constructor *m*; developator *m*, revelator *m*; developer *m*, programator *m* **~ment** • *n* dezvoltare *f*

deviant /ˈdiː.vi.ənt/ • *adj* deviant, deviator *m*

device /dəˈvaɪs/ • *n* aparat *n*, piesă *f*, dispozitiv *n*, element, componentă *f*, unitate *f*

devil /ˈdɛvəl, ˈdɛvɪl/ • *n* drac, michiduţă, diavol, satan *m*

devise • *v* urzi

devotion /dɪˈvəʊʃən, dɪˈvoʊʃən/ • *n* devotament *n*, devotare *f*, devoțiune *f*; dedicare *f*

diabetes /ˌdaɪəˈbiːtiːz/ • *n* diabet

diagnos|e /ˈdaɪəgnəʊz, ˌdaɪəgˈnoʊs/ • *v* diagnostica **~is** • *n* diagnoză, diagnostic

diagram /ˈdaɪ.ə.ɡɹæm/ • *n* diagramă *f*

dialogue /ˈdaɪəlɒɡ, ˈdaɪəlɔɡ/ • *n* dialog, conversație *f* • *v* dialoga

diamond /ˈdaɪ(ə)mənd/ • *n* diamant *n*

diary /ˈdaɪəɹi/ • *n* jurnal intim

dictate /ˈdɪk.teɪt, ˌdɪkˈteɪt/ • *v* dicta

dictator /dɪkˈteɪtə(ɹ), ˈdɪktətɚ/ • *n* dictator *m* **~ship** • *n* dictatură *f*, guvernare dictatorială *f*

dictionary /ˈdɪkʃ(ə)n(ə)ɹi, ˈdɪkʃənɛɹi/ • *n* dicționar *n*

did *(sp)* ▷ DO

die /daɪ/ • *n* zar *m* • *v* muri

differen|t /ˈdɪf.ɹənt/ • *adj* diferit, deosebit **~ce** • *n* diferență *f* **~tiate** • *v* diferenția **~tiation** • *n* diferențiere

difficult /ˈdɪfɪkəlt/ • *adj* greu, dificil, anevoios, complicat **~y** • *n* dificultate; piedică, obstacol *n*

dig /dɪɡ/ • *v (sp* dug, *pp* dug) săpa, excava

digit /ˈdɪdʒɪt/ • *n* deget *n*; cifră *f* **~al** • *adj* digital *m*; digitală *f*; numeric *m* **~ize** • *v* digitaliza

digni|ty /ˈdɪɡnɪti/ • *n* demnitate *f* **~fied** • *adj* demn, respectabil, impozant

dilemma /daɪˈlɛmə/ • *n* dilemă *f*

diligent /ˈdɪlɪdʒənt/ • *adj* harnic, diligent

dimension /daɪˈmɛnʃən, daɪˈmɛnʃn/ • *n* dimensiune *f*, dimensiuni • *v* dimensiona

diminish /dɪˈmɪnɪʃ/ • *v* micșora, diminua, reduce

din|e /daɪn/ • *v* cina **~ner** • *n* cină *f*, masă de seară *f*; nutreț *n*; prânz *n*, banchet *n*, dineu *n*

diploma|t /ˈdɪ.plə.mæt/ • *n* diplomat *m* **~cy** • *n* diplomație *f*

direct /d(a)ɪˈɹɛkt/ • *adj* direct **~ion** • *n* direcție *f*; conducere *f*; regie *f* **~ly** • *adv* direct **~or** • *n* director *m*, directoare *f*, regizor *m*

dirt /dɜːt, dɜːt/ • *n* pământ *n*; mizerie *f*, murdărie *n* **~y** • *adj* murdar; necuviincios, obscen, indecent • *v* spurca, murdări

disabled /dɪsˈeɪbəld/ • *adj* dezactivat *m*

disadvantage /ˌdɪsədˈvɑːntɪdʒ, ˌdɪsədˈvæntɪdʒ/ • *n* dezavantaj *n*

disagreement /ˌdɪsəˈɡɹiːmənt/ • *n* ceartă *f*, discuție *f*; dezacord *n*

disappear /ˌdɪsəˈpɪə, ˌdɪsəˈpɪɹ/ • *v* dispărea **~ance** • *n* dispariție

disappoint|ed /ˌdɪsəˈpɔɪntɪd/ • *adj* dezamăgit **~ment** • *n* dezamăgire *f*, decepție *f*

disaster /dɪˈzæs.tɚ, dɪˈzɑː.stə(ɹ)/ • *n* nenorocire, dezastru *n*, catastrofă *f*, flagel, calamitate

disc *(British)* ▷ DISK

discard /dɪsˈkɑːd, dɪsˈkɑɪd/ • *v* arunca

discharge /dɪsˈtʃɑːdʒ, ˈdɪstʃɑːdʒ/ • *v* descărca

discipline /ˈdɪ.sə.plɪn/ • *n* disciplină *f*

disclos|e /dɪsˈkləʊz/ • *v* dezvălui, expune; revela, divulga **~ure** • *n* revelație *f*, dezvăluire *f*, expunere *f*

discount /dɪsˈkaʊnt, ˈdɪskaʊnt/ • *n* rabat *n*, reducere de preț *f*

discourage /dɪsˈkʌrɪdʒ/ • *v* descuraja

discourse /ˈdɪskɔː(ɹ)s, dɪsˈkɔː(ɹ)s/ • *n* discurs *n*; conversație *f*

discover /dɪsˈkʌvə, dɪsˈkʊvə/ • *v* descoperi **~y** • *n* descoperire *f*

discret|e /dɪsˈkɹiːt/ • *adj* distinct **~ion** • *n* discreție *f*, rezervă *f*; libertate de decizie *f*

discrimination /dɪskɹɪmɪˈneɪʃən/ • *n* discriminare *f*, diferențiere

discuss /dɪsˈkʌs/ • *v* discuta **~ion** • *n* discuție *f*, discutare *f*, dezbatere *f*

disease /dɪˈziːz, dɪˈziz/ • *n* boală *f*, maladie *f*

disguise /dɪsˈɡaɪz, dɪsˈkaɪz/ • *n* deghizare *f*, mascare *f*, acoperire *f* • *v* deghiza, masca

dishonest /dɪˈsɒnɪst, dɪˈsɑnɪst/ • *adj* necinstit

disk /dɪsk/ • *n* disc *n*; placă de gramofon *f*

dislike /dɪsˈlaɪk/ • *n* aversiune *f*, antipatie *f* • *v* displăcea, nu-i plăcea, dezagrea

dismiss /dɪsˈmɪs, dɪzˈmɪs/ • *v* a destitui, a concedia, a revoca, a demite; alunga **~al** • *n* demitere *f*, concediere *f*; revocare *f*, respingere *f*

displacement /dɪsˈpleɪsmənt/ • *n* deplasament, dezlocuire, dislocare

display /dɪsˈpleɪ/ • *n* spectacol *f*, expoziție *f*, reprezentație *f*; display *n*, ecran *n*, monitor *n*

dispute /dɪsˈpjuːt/ • *n* dispută *f*

dissolution /ˌdɪsəˈl(j)uːʃən/ • *n* dizolvare *f*; disoluție *f*, descompunere *f*

distan|t /ˈdɪstənt/ • *adj* departe **~ce** • *n* distanță *f* • *v* distanța

distinct /dɪsˈtɪŋkt/ • *adj* distinct **~ion** • *n* distincție *f*, deosebire *f*, diferență *f*, distingere *f*; distingibilitate *f* **~ive** • *adj* distinctiv

distinguish /dɪsˈtɪŋɡwɪʃ/ • *v* distinge, recunoaște **~ed** • *adj* distinct *m*

distortion /dɪsˈtɔːʃən/ • *n* distorsiune *f*

distress /dɪˈstɹɛs/ • *n* suferință *f*; primejdie *f*, pericol *n* • *v* deranja

distribut|e /diˈstɹɪbjuːt, dɪˈstɹɪbjut/ • *v* distribui, împărți, repartiza; livra; clasifica **~ion** • *n* distribuire; parte distribuită *f*, distribuție *f*; împărțire *f*, aranjament *n*

district /ˈdɪstɹɪkt/ • *n* district, raion, județ *n*; regiune *f*

disturb /dɪsˈtɜːb/ • *v* deranja **~ance** • *n* deranjare *f*, tulburare *f*, perturbare *f*;

deranj *n*, încomodare *f*; perturbație *f*, deranjament *n*

dive /daɪv/ • *n* plonjare *f*; scufundare *f*; alunecare *f* • *v* plonja

divi|de /dɪˈvaɪd/ • *v* despărți, divide, diviza, împărți; se diviza **~dend** • *n* deîmpărțit *n* **~sion** • *n* divizare *f*, împărțire *f*; diviziune *f*, parte *f*; impartire *f*; divizie *f*

divorce /dɪˈvɔːs, dɪˈvɔːrs/ • *n* divorț *n*, despărțire *f* • *v* divorța, despărți

DNA • *n* (*abbr* DeoxyriboNucleic Acid) ADN *m*

do /duː, du/ • *v* (*sp* did, *pp* done) face

doctor /ˈdɒktə, ˈdɑktər/ • *n* doctor *f* • *v* îngriji, doctori, trata; falsifica **~ate** • *n* doctorat *n*

doctrine /ˈdɒktrɪn, ˈdɑktrɪn/ • *n* doctrină *f*

document /ˈdɒkjʊmənt, ˈdɑkjəmənt/ • *n* document *n* • *v* documenta **~ation** • *n* documentație

documentary /ˌdɒk.jəˈmen.tri, ˌdɑːkjəˈmentər.i/ • *adj* documentar *m* • *n* documentar *m*

dog /dɒɡ, dɔɡ/ • *n* câine, cîine, câini

doll /dɒl, dɑl/ • *n* păpușă *f*

dollar /ˈdɒlə, ˈdɑlər/ • *n* dolar *m*

dolphin /ˈdɒlfɪn, ˈdɑlfɪn/ • *n* delfin *m*

domain /dəʊˈmeɪn, doʊˈmeɪn/ • *n* domeniu *n*

domesticate /dəˈmɛstɪkeɪt, dəˈmɛstɪkət/ • *v* domestici

domina|te /ˈdɒməˌneɪt, ˈdɑːməˌneɪt/ • *v* domina **~nce** • *n* dominanță *f*, domnie *f* **~nt** • *adj* dominant *n*, dominantă *f*; predominant, preponderent

don|ate /dəʊˈneɪt, ˈdoʊneɪt/ • *v* dona **~ation** • *n* donație *f*, donații **~or** • *n* donator *m*

done (*pp*) ▷ DO

door /dɔː, dɔɹ/ • *n* ușă *f*, uși **~man** • *n* portar *m*

dot /dɒt, dɑt/ • *n* punct *n*

double /ˈdʌb.əl/ • *adj* dublu *n*; dublat *n* • *v* dubla, îndoi

doubt /daʊt, dʌʊt/ • *n* dubiu, îndoială • *v* se îndoi, avea dubii **~ful** • *adj* dubios, îndoielnic

dough /dəʊ, doʊ/ • *n* aluat *n*, cocă *f*; mălai *m*

dove /dʌv/ • *n* porumbel *m*

down /daʊn/ • *adj* căzut, deprimat • *adv* jos, în jos, spre-n jos; la sud • *n* puf *n* **~load** • *n* descărcare *f* • *v* descărca

dozen /ˈdʌzn̩/ • *n* duzină *f*

draft /drɑːft, dræft/ • *n* recrutare, înrolare *f*; ciorna *f*, schiță *f*; concept *n*, plan *n*; pescaj *n*; suflare, tiraj *f*, curent de aer *m*; înghițitură *f*, gură *f*; cec; tras *n*, tragere *f*

dragon /ˈdræɡən/ • *n* balaur *m*, dragon, zmeu **~fly** • *n* libelulă *f*

drain /dreɪn/ • *n* conductă *f*, canal de scurgere *n* • *v* goli; scurge; asana **~age** • *n* drenaj *n*, drenare *f*

drama /drɑ:mə, 'drɑmə/ • *n* dramă *f* **~tic** • *adj* dramatic **~tically** • *adv* dramatic

drank (*sp*) ▷ DRINK

draw /drɔ:, drɔ/ • *n* egalitate *f*, remiză *f*; tragere *f* • *v* (*sp* drew, *pp* drawn) atrage; trage; desena **~ing** • *n* desen *n*; desenare *f*, desenat *n*; tragere *f*

drawer /drɔ:(r), drɔr/ • *n* sertar *n*; desenator *m*, desenatoare *f*; trăgător *m*; barman *m*

drawn (*pp*) ▷ DRAW

dread /drɛd/ • *n* frică *f*, teamă *f*, temere *f*; sperietoare *f* • *v* teme

dream /dri:m, drim/ • *n* vis *n* • *v* (*sp* dreamt, *pp* dreamt) visa; imagina

dreamed (*sp/pp*) ▷ DREAM

dreamt (*sp/pp*) ▷ DREAM

dress /drɛs/ • *n* rochie *f*, rochii; haină • *v* îmbrăca **~ing** • *n* imbracat **~ing gown** • *n* halat *n* **~ing room** • *n* cabină de schimb *f*, cabină vestimentară *f*, vestiar *n*

drew (*sp*) ▷ DRAW

drill /drɪl/ • *n* burghiu *n*, sfredel *n* • *v* găuri

drink /drɪŋk/ • *n* băutură *f* • *v* (*sp* drank, *pp* drunk) bea

drive /draɪv/ • *v* (*sp* drove, *pp* driven) mâna; conduce, ghida **~r** • *n* conducător *m*; şofer *m*, conducător auto *m*; pilot *m*

driven (*pp*) ▷ DRIVE

drop /drɒp, drɑp/ • *n* picătură *f*; cădere *f*, prăbuşire *f*; drajeu *n*, bomboană *f* • *v* scăpa

drought /draʊt/ • *n* secetă, uscăciune *f*

drove (*sp*) ▷ DRIVE

drown /draʊn/ • *v* îneca

drug /drʌg/ • *n* narcotică *f*

drum /drʌm/ • *n* tobă *f* **~mer** • *n* baterist *m*, bateristă *f*, drummer *m*; vânzător ambulant *m*

drunk /drʌŋk/ • *adj* beat, băut, îmbătat • *n* alcoolic *m*, beţiv *m*, beţivă *f*, beţivan *m*, beţivană *f* • (*also*) ▷ DRINK

dry /draɪ/ • *adj* uscat, sec; deshidratat *n*, arid *n* • *v* usca; zvânta, zbici

duck /dʌk/ • *n* raţă *f*, răţoi *m* • *v* ghemui

dug (*sp/pp*) ▷ DIG

dull /dʌl/ • *adj* tocit, bont; banal

duration /djʊˈreɪʃn, dəˈreɪʃn/ • *n* durată *f*

dust /dʌst/ • *n* praf *n*, pulbere *f*, colb *n* • *v* şterge praful, curăţa praful; scutura

Dutch • *adj* olandez *m*, olandeză *f*, neerlandez • *n* neerlandeză *f*; olandez *m*, olandezi, olandeze

duty /ˈdju:ti, du:ti/ • *n* datorie *f*; sarcină; taxă *f*, impozit *n*

dwell /dwɛl/ • *v* (*sp* dwelt, *pp* dwelt) trăi

dwelled (*sp/pp*) ▷ DWELL

dwelt (*sp/pp*) ▷ DWELL

dying /ˈdaɪɪŋ/ • *adj* muribund, pe moarte; de moarte

E

each /i:tʃ, itʃ/ • *det* fiecare; pe
eager /ˈigɚ, ˈiːɡə/ • *adj* doritor, amator, avid, dornic, nerăbdător
eagle /ˈiːɡəl/ • *n* acvilă *f*, aceră, vultur, pajură
ear /ɪə, ɪɹ/ • *n* ureche *f*; informator *m*, ciripitor *m*; spic • *v* ara
early /ˈɜli, ˈɜːli/ • *adj* devreme, timpuriu • *adv* devreme
earn /ɜːn, ɜn/ • *v* câștiga **~est** • *adj* înfocat, arzător, aprins; hotărât, decis, ferm; serios • *n* acont *n*, arvună *f*, avans *n*
earth /ɜːθ, ɜθ/ • *n* pământ *n*, sol *n* **~quake** • *n* cutremur *n*
ease /iːz, iz/ • *n* dexteritate *f*, facilitate *f*; confort *n*; liniște *f*, pace *f*; ușurința *f*, ușurare *f*; repaus *n* • *v* alina, ușura; liniști; micșora, potoli, reduce
east /iːst/ • *n* est *n*, orient *n*, răsărit *n* **~ern** • *adj* estic *n*, oriental *n*, de est, răsăritean *m*
easy /ˈiːzi, ˈizi/ • *adj* ușor
eat /iːt, it/ • *v* (*sp* ate, *pp* eaten) mânca; îngrijora, roade **~er** • *n* mâncător
eaten (*pp*) ▷ EAT
echo /ˈɛkəʊ, ˈɛkoʊ/ • *n* (*pl* echoes) ecou *n* • *v* răsuna
ecolog|y /ɛˈkɒlədʒi, iːˈkɑːlə.dʒi/ • *n* ecologie *f* **~ical** • *adj* ecologic *n*

econom|y /ɪˈkɒn.ə.mi, ɪˈkɑn.ə.mi/ • *n* economie *f* **~ic** • *adj* economic *m*, economică *f* **~ically** • *adv* economic, economicește **~ics** • *n* economie, știința economiei *f*
ecosystem /ˈiːkəʊˌsɪstəm, ˈiːkoʊˌsɪstəm/ • *n* ecosistem *n*
Ecuador • *n* Ecuador *n*
edge /ɛdʒ/ • *n* margine *f*; tăiș, ascuțiș
Edinburgh • *n* Edinburgh
edit /ˈɛdɪt/ • *n* modificare *f*, corectare *f*, redactare *f* • *v* edita, modifica, schimba **~ion** • *n* ediție *f* **~or** • *n* editor *m*, editoare *f*, redactor *m*, redactoare *f*; monteză *f*; montator *f*; montor *m*, montoare *f*
educat|e /ˈɛdʒəkeɪt, ˈɛdjʊkeɪt/ • *v* educa, instrui **~ion** • *n* educație *f*, educare *f*; învățământ *n*
eel /iːl/ • *n* anghilă *f*, țipar *m*
eerie /ˈɪɹi, ˈɪəɹi/ • *adj* straniu, superstițios
effect /ɪˈfɛkt, əˈfɛkt/ • *n* efect; efect sonor **~ive** • *adj* efectiv *m*, eficient *m*, efectent *m*; eficace *f*; plin de efect **~iveness** • *n* eficacitate *f*, eficiență *f*
efficien|t /ɪˈfɪʃənt, əˈfɪʃənt/ • *adj* eficient **~cy** • *n* eficiență *f*
effort /ˈɛfət, ˈɛfɚt/ • *n* efort *n*, solicitare *f*
egg /ɛɡ, eɪɡ/ • *n* ou *n*; ovul *n*; cucui *n*
egoist • *n* egoist *m*

Egypt • *n* Egipt *n* **~ian** • *adj* egiptean *m* • *n* egiptean *m*, egipteană *f*, egipteancă *f*

eight /eɪt/ • *num* opt **~een** • *num* optsprezece **~h** • *adj* optulea • *n* cel al optulea *m*, cea a opta *f*; optime *f*; **~y** • *num* optzeci

either /'aɪð.ə(ɹ), aɪ/ • *adv* nici • *det* fiecare, amândoi

El Salvador • *n* El Salvador *n*

elbow /'ɛl.bəʊ, 'ɛl.boʊ/ • *n* cot *n*

elder /'ɛldə, 'ɛldə/ • *n* soc *m* **~ly** • *adj* vârsta a treia, bătrân *n*, bătrână *f*, bătrâni, vârstnici

elect /ɪ'lɛkt/ • *v* alege, hotărî **~ion** • *n* alegere, elecțiune *f*; selecție, desemnare *f*

electric /ɪ'lɛktɹɪk/ • *adj* electric; electronic *m* **~al** • *adj* electric **~ity** • *n* electricitate *f*

electronic /ˌɛl.ɛkˈtɹɒn.ɪk, ɪˌlɛkˈtɹɑn.ɪk/ • *adj* electronic; de Internet **~s** • *n* electronică *f*

element /'ɛl.ɪ.mənt/ • *n* element *n*; particulă, părticică *f*; piesă *f*; elemente **~ary** • *adj* elementar *n*, fundamental *n*

elephant /'ɛləfənt/ • *n* elefant *m*

eleven /ɪ'lɛv.ən/ • *num* unsprezece, unșpe

eligib|le /'ɛlɪdʒəb(ə)l/ • *adj* eligibil *n* **~ility** • *n* eligibilitate *f*

elimination • *n* eliminare *f*

elite /ˈiːliːt/ • *n* elită *f*

email /'iːmeɪl/ • *n* e-mail *n*, poștă electronică *f*, electronic curier *m*; e-mail mesaj *n*; adresă e-mail *f*

embark /ɪmˈbɑː(ɹ)k/ • *v* a se îmbarca

embarrassment /ɪmˈbæɹəsmənt/ • *n* jenă *f*

embassy /'ɛmbəsi/ • *n* ambasadă *f*

embrace /ɪmˈbɹeɪs/ • *n* îmbrățișare *f* • *v* îmbrățișa

emerge /iˈmɜdʒ/ • *v* apărea, emerge **~ncy** • *n* urgență *f*

emi|t /iˈmɪt/ • *v* emite **~ssion** • *n* emisiune *f*, emisie *f*

emotion /ɪˈmoʊʃən, ɪˈməʊʃən/ • *n* emoție **~al** • *adj* emoțional; emoționabil

emperor /ˈɛmpəɹə, ˈɛmpəɹə/ • *n* împărat *m*

emphasi|s /ˈɛmfəsɪs/ • *n* (*pl* emphases) emfază *f* **~ze** • *v* puncta, accentua, releva

empire /ˈɛmpaɪə, ˈɛmˌpaɪɹ/ • *n* imperiu *n*, împărăție *f*

empirical /ɪmˈpɪɹɪkəl/ • *adj* empiric

employ /ɪmˈplɔɪ/ • *v* angaja **~ee** • *n* angajat *m*, angajată *f* **~er** • *n* angajator *m*

empress /ˈɛmpɹəs/ • *n* împărăteasă *f*

empty /ˈɛmpti/ • *adj* vid, gol, deșert, golit *n* • *v* goli, descărca, deșerta, liber *n*

enable /ɪˈneɪbəl/ • *v* activa

enchant /ɛnˈtʃænt, ɛnˈtʃɑnt/ • *v* fermeca, încânta **~ing** • *adj* încântător *m*, încântătoare *f*, încântant

enclosure /ɛnˈkloʊʒəɹ, ɪnˈkləʊʒə/ • *n* împrejmuire *f*

encounter /ɪnˈkaʊntə, ɪnˈkaʊntə/ • *v* întâlni

encourage /ɪnˈkʌrɪdʒ, ɪnˈkɜːrɪdʒ/ • v încuraja, îmbărbăta, însufleți ~**ment** • n încurajare f; stimulare f

end /ɛnd/ • n sfârșit, terminație, capăt • v sfârși, termina ~ **up** • v termina; sfârși ~**ing** • n sfârșit n, încheiere f, final n ~**less** • adj fără sfârșit, nesfârșit. m, interminabil m

endeavor /ɪnˈdɛv.ə, ɛnˈdɛv.ər/ • n tentativă f, strădanie • v strădui

endur|e /ɪnˈdjʊə(r), ɪnˈd(j)ʊr/ v îndura, răbda; tolera, îngădui, suporta; dura ~**ance** • n rezistență f; răbdare f

enemy /ˈɛnəmi/ • adj inamic, dușman • n dușman m, inamic m, vrăjmaș m

energ|y /ˈɛnədʒi, ˈɛnərdʒi/ • n energie f ~**etic** • adj energetic

enforce /ɪnˈfɔːs/ • v întări; obliga

engagement /ɪnˈɡeɪdʒ.mənt/ • n angajament n; logodire f, logodnă f

engine /ˈɛndʒɪn/ • n motor n ~**er** • n inginer m, inginerăf; mecanic f ~**ering** • n inginerie f; sala mașinilor f

English • adj englez; engleză • n englez m, englezoaică f, engleză f • n engleză f, limba engleză f

enjoy /ɪnˈdʒɔɪ, ɛnˈdʒɔɪ/ • v savura, a se bucura de, a se distra

enlighten • v ilumina; lămuri ~**ment** • n iluminism n, luminism n

enormous /ɪˈnɔː(r)məs/ • adj enorm, uriaș, gigant n

enough /ɪˈnʌf/ • adv destul, suficient, de ajuns

enslave • v aservi, robi, înrobi

ensure /ɪnˈʃʊə, ɪnˈʃʊr/ • v asigura

enter /ˈɛntə(r), ˈɛntər/ • v intra

entertain /ˌɛntəˈteɪn, ˌɛntərˈteɪn/ • v distra ~**ment** • n divertisment n, distracție f, petrecere f; spectacol n

enthusias|m /ɪnˈθjuːziæz(ə)m, -θuː-/ • n entuziasm n ~**t** • n entuziast m

entire /ɪnˈtaɪə, ɪnˈtaɪər/ • adj întreg ~**ly** • adv în întregime, totalmente, cu totul

entrance /ˈɛn.trəns/ • n intrare f

entrepreneur /ˌɒn.trə.prəˈnɜː, ˌɑn.t(ʃ)rə.prəˈnʊər/ • n antreprenor m, antreprenoare f

entry /ˈɛntri, ˈɛntri/ • n intrare f; acces n

envelope /ˈɛn.və.ləʊp, ˈɛn.və.loʊp/ • n plic n; învelitură f, înveliș n; sac m, pungă f; anvelopă f, înfășurătoare f

environment /ɪnˈvaɪrə(n)mənt/ • n mediu n, ambient n, mediu ambiant n; ecosistem n; climat n, ambianță f; sistem de operare n

envision • v întrevedea

env|y /ˈɛnvi/ • n invidie f • v invidia ~**ious** • adj invidios, pizmaș

epidemic /ˌɛpɪˈdɛmɪk/ • adj epidemic m • n epidemie f, epidemii

equal /ˈiːkwəl/ • *adj* egal **~ity** • *n* egalitate **~ly** • *adv* egal, în mod egal

equation /ɪˈkweɪʒən/ • *n* ecuație *f*

equipment /ɪˈkwɪpmənt/ • *n* echipare *f*, echipament *n*

equity /ˈɛk.wɪ.ti/ • *n* capital propriu *n*; imparțialitate *f*, echitate *f*, nepărtinire *f*

equivalent /ɪˈkwɪvələnt/ • *adj* echivalent *m*, echivalentă *f*

era /ˈɪə.ɹə, ˈɛɹ.ə/ • *n* eră *f*, epocă *f*, perioadă *f*

erecti|on /ɪˈɹɛkʃən/ • *n* erecție *f* **~le dysfunction** • *n* disfuncție erectilă

Eritrea • *n* Eritreea *f*

error /ˈɛɹə(ɹ), ˈɛɹɚ/ • *n* eroare *f*

eruption /ɪˈɹʌpʃən/ • *n* erupere *f*, erupție *f*

escape /ɪˈskeɪp/ • *n* scăpare, fugă • *v* a se elibera, scăpa; eluda

especially /ɪˈspɛʃ(ə)li, ɛkˈspɛʃ(ə)li/ • *adv* mai ales; în special, în mod special

essential /ɪˈsɛn.ʃəl/ • *adj* necesar *n*; esențial *n*, important *n*, importantă *f*, esențială *f*; de bază, fundamental **~ly** • *adv* esențial, în esență

establish /ɪˈstæb.lɪʃ/ • *v* stabili **~ment** • *n* stabilire *f*, așezare *f*, instalare *f*, instituire *f*; stabiliment *n*, întreprindere *f*, așezământ *n*; instituție *f*, colonie *f*

estimat|e /ˈɛstɪmɪt, ˈɛstɪˌmɛɪt/ • *n* estimare *f*; antecalculație *f*, antecalcul *n* **~ion** • *n* estimare

Estonia • *n* Estonia *f* **~n** • *adj* eston *m*, estonă *f*, estoni, estone, estonian • *n* estonian *m*, estoniană *f*

eternity /ɪˈtɜː.nə.ti, ɪˈtɜːnɪti/ • *n* eternitate *f*, veșnicie *f*

ethical /ˈɛθɪkəl/ • *adj* etic

Ethiopia • *n* Etiopia *f*

EU *(abbr)* ▷ EUROPEAN UNION

euro /ˈjʊəɹəʊ, ˈjʊɹoʊ/ • *n* euro *m*

Europe • *n* Europa *f* **~an** • *adj* european • *n* european *m*, europeană *f*

European Union • *n* Uniunea Europeană *f*

even /ˈiːvən, ˈiːvən/ • *adj* plat; egal; par *m*, pară *f* • *adv* chiar, exact; și

evening /ˈiːvnɪŋ, ˈiːvnɪŋ/ • *n* seară *f*

event /ɪˈvɛnt/ • *n* eveniment *n* **~ually** • *adv* în fine, la urma urmei

every /ˈɛv.(ə.)ɹi/ • *det* fiecare **~body** • *pron* fiecine, toată lumea, oricine, toți oamenii *m* **~day** • *adj* de fiecare zi, cotidian *n* **~one** • *pron* oricine, toți, fiecare **~thing** • *pron* tot

evident /ˈɛ.vɪ.dənt/ • *adj* evident

evil /ˈiːvɪl, ˈiːvəl/ • *adj* rău, răutăcios, hain, câinos; depravat, decăzut, desfrânat • *n* rău, răutate *f*

evolution /ˌiːvəˈluːʃ(ə)n, ˌɛvəˈluʃ(ə)n/ • *n* evoluție *f* **~ary** • *adj* evoluțional *n*, evoluțial *n*, evoluționar *n*

evolve • *v* evolua
exaggerat|e /ɛgˈzæ.dʒə.ɹeɪt/ • *v* exagera **~ion** • *n* exagerare
exam ▷ EXAMINATION
examination /ɪgˌzæmɪˈneɪʃən/ • *n* examinare *f*, examen *n*; examen medical *n*, consult medical *n*
example /ɪgˈzɑːmpl, əgˈzæːmpul/ • *n* exemplu *n* **for ~** *phr* de exemplu, spre exemplu
exceed /ɪkˈsiːd/ • *v* depăși, întrece; exceda, covârși **~ingly** • *adv* extrem *n*
excellent /ˈɛksələnt/ • *adj* excelent *m*, excelentă *f*
exception /əkˈsɛpʃən/ • *n* excepție *f*
excess /əkˈsɛs/ • *n* exces *n*, exagerare *f*, abuz *n*; prisos *n*; franșiză *f* **~ive** • *adj* excesiv, excesivă *f*
exchange /ɛksˈtʃeɪndʒ/ • *n* schimb *n*, troc • *v* schimba
excite /ɛgzaɪt/ • *v* excita **~d** • *adj* entuziasmat, înflăcărat, emoționat, exaltat; excitat **~ment** • *n* excitare *f*, excitație *f*
excla|im /ɛkˈskleɪm/ • *v* exclama **~mation** • *n* exclamare *f*, exclamație *f* **~mation mark** • *n* semn de exclamare
exclu|de /ɪksˈkluːd/ • *v* exclude **~sion** • *n* excludere *f*, eliminare *f*
excuse /ɪkˈskjuːz, ɪksˈkjuːz/ • *v* scuza
execut|e /ˈɛksɪˌkjuːt/ • *v* executa **~ion** • *n* execuție *f*

executive /ɪgˈzɛkjʊtɪv/ • *adj* executiv • *n* director *m*; executiv *n*, organ executiv *n*
exercise /ˈɛk.sə.saɪz, ˈɛk.sɚ.saɪz/ • *n* exercițiu *n*
exert • *v* forța; exercita
exhaust|ed /ɪgˈzɔstɪd, ɪgˈzɔːstɪd/ • *adj* epuizat *n*, vlăguit *n*, secătuit *n*, obosit *n*, istovit *n* **~ion** • *n* epuizare *f*; extenuare *f*
exhibit /ɪgˈzɪbɪt, ɪgˈzɪbət/ • *v* expoza, arăta **~ion** • *n* expoziție *f*
exile /ˈɛgˌzaɪl/ • *n* exil *n*, exilare *f*; exilat *m* • *v* exila
exist /ɪgˈzɪst/ • *v* exista **~ing** • *adj* existent *m* **~ence** • *n* existență *f*
exit /ˈɛgzɪt/ • *n* ieșire; moarte • *v* ieși; muri
exotic /ɪgˈzɒtɪk, ɪgˈzɑtɪk/ • *adj* exotic
expand /ɛkˈspænd/ • *v* mări, expanda, crește; factoriza
expectation /ɛkspɛkˈteɪʃən/ • *n* așteptare *f*, anticipare *f*; expectativă *f*, anticipație *f*, așteptat *n*
expedient /ɪkˈspiːdiənt/ • *adj* expeditiv
expensive /ɪkˈspɛnsɪv/ • *adj* scump, costisitor
experience /ɪkˈspɪɹ.i.əns, ɪkˈspɪə.ɹɪəns/ • *n* experienta, experiență *f* • *v* păți **~d** • *adj* experimentat *n*, încercat *n*
experimental /ɪkspɛɹəˈmɛntəl/ • *adj* experimental
expert /ˈɛkspɚt/ • *adj* expert, de expert • *n* expert *m* **~ise** • *n*

expertiză *f*, competență *f*
expla|in /ɪkˈspleɪn/ • *v* explica **~nation** • *n* explicare *f*; explicație *f*
explicit /ɪkˈsplɪsɪt/ • *adj* explicit, clar; vulgar
explosion /ɪkˈspləʊ.ʒən, ɛkˈsploʊ.ʒən/ • *n* explozie *f*; detunătură
exploit /ˈɛksplɔɪt, ɪksˈplɔɪt/ • *n* faptă de vitejie *f*, faptă eroică *f* • *v* exploata, a abuza **~ation** • *n* exploatare *f*, exploatație *f*
exploration /ˌɛkspləˈreɪʃən/ • *n* explorare *f*
export /ˈɛks.pɔːt, ˈɛks.pɔːrt/ • *n* export, marfă exportată *f*, bun exportat; exportare *f* **~er** • *n* exportator *n*, exportatoare *f*
expos|e /ɪkˈspəʊz, ɪkˈspoʊz/ • *v* expune **~ure** • *n* expunere, prezentare; poziție, înfățișare; dezgolire
express /ɛkˈspɹɛs/ • *n* expres *n* • *v* exprima **~ive** • *adj* expresiv *n*, plin de expresie *n* **~ion** • *n* expresie
exten|sion /ɪkˈstɛnʃən/ • *n* extindere *f*, extensiune *f*; întindere *f*; extensie *f*; prefix telefonic *n*; extensie de fișier *f* **~t** • *n* mărime, întindere; volum
external /ɛksˈtɜːnəl, ɛksˈtɜːnəl/ • *adj* extern
extract /ˈɛkstɹækt, ɪksˈtɹækt/ • *n* extract *n*; extras **~ion** • *n* extragere *f*
extraordinary /ɪksˈtɹɔː(ɹ)dɪˌnəɹɪ/ • *adj* extraordinar, ieșit din comun *n*, neobișnuit *n*

extremely /ɪksˈtɹiːmli/ • *adv* în mod extrem
eye /aɪ/ • *n* ochi *m* **~brow** • *n* sprânceană *f*, arcadă *f* **~lash** • *n* geană *f* **~lid** • *n* pleoapă *f* **~sight** • *n* vedere *f*, văz *n*

F

fabric /ˈfæb.ɹɪk/ • *n* structură *f*; țesătură *f*, material țesut *n*, textile
fabulous /ˈfæbjʊləs/ • *adj* mitic, legendar, incredibil; fabulos; extraordinar, foarte bun, extrem de bun
face /feɪs/ • *n* față *f* • *v* înfrunta, confrunta
facilitat|e /fəˈsɪlɪteɪt/ • *v* facilita, ușura, înlesni **~ion** • *n* ușurare *f*, facilitare *f*, încurajare *f*
facility /fəˈsɪlɪti/ • *n* facilitate *f*
fact /fækt/ • *n* fapt *f*; faptă *f* **in ~** • *phr* de fapt
faction /ˈfæk.ʃən/ • *n* facțiune, fracțiune *f*; dezbinare *f*, rivalitate *f*, vrajbă *f*
factory /ˈfæktəɹi/ • *n* fabrică *f*, uzină *f*
factual /ˈfæk(t)ʃuəl/ • *adj* efectiv, faptic
faculty /ˈfæ.kəl.ti/ • *n* facultate *f*; putință *f*, abilitate *f*, capacitate *f*
fade /feɪd/ • *v* apune

fail /feɪl/ • *v* a rata; a se strica; a strica **~ure** • *n* eșec *n*

faith /feɪθ/ • *n* credință *f*

falcon /ˈfɔː(l)kən, ˈfælkən/ • *n* șoim *m*

fall /fɔːl, fɔl/ • *n* cădere *f* • *v* (*sp* fell, *pp* fallen) cădea

fallen (*pp*) ▷ FALL

false /fɔːls, fɔls/ • *adj* fals, neadevăr; artificial, contrafăcut

fam|e /feɪm/ • *n* faimă **~ous** • *adj* celebru, faimos

famil|ly /ˈfæm(ɪ)li, ˈfæm(ə)li/ • *n* familie; familiar **~iar** • *adj* familiar

famine /ˈfæmɪn/ • *n* foamete *n*

fan /fæn/ • *n* evantai *n*; ventilator *n*; fan *m*, fană *f*, admirator *m*, admiratoare *f* • *v* vântura

fantastic /fænˈtæstɪk/ • *adj* fantastic

fantasy /ˈfæntəsi/ • *n* fantezie *f*

far /fɑː, fɑɪ/ • *adj* departe, îndepărtat; extrem • *adv* departe

fare /fɛə(ɪ), feɚ/ • *n* tarif *n*, bilet *n* • *v* călători

farm /fɑːɪm, fɑːm/ • *n* fermă, gospodărie agricolă *f* **~er** • *n* fermier *m*

fashion /ˈfæʃən/ • *n* modă *f*; manieră *f*, mod *n*

fast /fɑːst, fæst/ • *adj* rapid, iute, grăbit, repede • *v* ajuna, posti

fasten /ˈfɑːsən, ˈfæsən/ • *v* fixa, atașa

fastidious /fæˈstɪdɪ.əs/ • *adj* minuțios; cusurgiu *m*, mofturos *m*

fat /fæt/ • *adj* gras; gros • *n* grăsime

fate /feɪt/ • *n* soartă, destin

father /ˈfɑː.ðə(ɪ), ˈfɑː.ðɚ/ • *n* tată *m*; părinte *m* • *v* procrea; zămisli, crea, da naștere, produce **~-in-law** • *n* socru *m*

fatigue /fəˈtiːg/ • *n* extenuare *f*, oboseală *f*; corvadă *f* • *v* extenua

fault /fɔːlt, fɔlt/ • *n* hibă *f*; vină *f*, greșeală *f*, culpă *f*

favor /ˈfeɪvɚ, ˈfeɪvə/ • *n* favoare *f*

favour (*British*) ▷ FAVOR

favourable /ˈfeɪv(ə)ɹəbəl/ • *adj* favorabil

favourite /ˈfeɪv.ɹɪt/ • *adj* favorit *m*, favorită *f*

fear /fɪə, fɪəɪ/ • *n* frică *f*, teamă *f*; fobie; spaimă *f* • *v* teme

feat /fiːt/ • *n* ispravă *f*

feather /ˈfɛð.ə(ɪ), ˈfɛð.ɚ/ • *n* fulg *n*, pană *f*

feature /ˈfiːtʃə, ˈfɪtʃɚ/ • *n* caracteristică, particularitate, proprietate; foileton, reportaj

February • *n* februarie *m*, făurar

fed (*sp/pp*) ▷ FEED

federal /ˈfɛdəɹəl/ • *adj* federal, federativ

fee /fiː/ • *n* taxă *f*, tarif *n*

feed /fiːd/ • *n* strânsură, nutreț • *v* (*sp* fed, *pp* fed) hrăni **~back** • *n* reacție *f*; efect retroactiv *n*, conexiune inversă *f*

feel /fiːl/ • *v* (*sp* felt, *pp* felt) simți **~ing** • *adj* sentimental • *n* sentiment *n*, sentimente, simțământ *n*

feet (*pl*) ▷ FOOT

fell (*sp*) ▷ FALL

felt *(sp/pp)* ▷ FEEL
female /ˈfiːmeɪl/ ● *adj* feminin, femeiesc, muieresc ● *n* femelă *f*
feminine /ˈfemɪnɪn/ ● *adj* feminin, femeiesc
fence /fens/ ● *n* gard *n*, îngrăditură *f* ● *v* îngrădi, înconjura, împrejmui; scrima
festival /ˈfestəvəl/ ● *n* festival *n*
fever /ˈfiːvə, ˈfiːvər/ ● *n* temperatură *f*, febră *f*
few /fjuː, fjuː/ ● *det* puțin, puțini, puține
fibre /ˈfaɪ.bə(r)/ ● *n* fibră *f*
field /fiːld, fild/ ● *n* câmp *n*, zonă de memorie *f*; câmp de bătaie *n*; domeniu *n*, teren, sferă *f*; corp *n*; câmp de joc *n*; depozit de minerale, câmp mineral
fierce /fɪəs, fɪrs/ ● *adj* feroce, fioros
fiery /ˈfaɪəri/ ● *adj* focos; aprins, ardent, incandescent; pătimaș, înflăcărat
fift|een /fɪfˈtiːn, fɪfˈtiːn/ ● *num* cincisprezece, cinșpe **~h** ● *adj* cincilea ● *n* cel al cincilea *m*, cea a cincea *f* **~y** ● *num* cincizeci, cinzeci
fight /faɪt/ ● *n* luptă *f*, bătaie *f* ● *v* (*sp* fought, *pp* fought) lupta, bate; combate; a **~er** ● *n* combatant *m*, luptător *m*, combatantă *f*; războinic *m*, războinică *f*; persoană combativă *f*, persoană bătăioasă *f*; avion de luptă *n*, avion de vânătoare *n*; luptătoare *f*

figure /ˈfɪɡjə, ˈfɪɡə/ ● *n* figură *f*; siluetă *f*; formă *f*
Fiji ● *n* Fiji *m*
file /faɪl/ ● *n* fișier *n*, dosar *n*; coloană *f*; pilă *f*
fill /fɪl/ ● *v* umple, împlini; plomba **~ sth up** ● *v* umple, împlini
filmmaker ● *n* cineast *m*, cineastă *f*
filter /ˈfɪltə, ˈfɪltər/ ● *n* filtru *n* ● *v* filtra, strecura
filth /fɪlθ/ ● *n* murdărie *f*
financial /faɪˈnænʃəl/ ● *adj* financiar
finch /fɪntʃ/ ● *n* cinteză *f*, fringilidă *f*, fringilid *n*
find /faɪnd/ ● *n* descoperire *f*; găsire *f*, găsit *n* ● *v* (*sp* found, *pp* found) găsi **~ out** ● *v* descoperi, afla
fine /faɪn, fæːn/ ● *n* amendă *f*
finger /ˈfɪŋɡə, ˈfɪŋɡə/ ● *n* deget *n* **~nail** ● *n* unghie *f*
finish /ˈfɪnɪʃ/ ● *n* sfârșit, final *n*; lac *n* ● *v* termina
Fin|land ● *n* Finlanda *f* **~nish** ● *adj* finlandez ● *n* limba finlandeză *f*, finlandeză *f*
fire /ˈfaɪ.ə(r), ˈfaɪ.ə(r)/ ● *n* foc *n*; incendiu *n*; sobă *f* **~arm** ● *n* armă de foc *f* **~fighter** ● *n* pompier *m* **~work** ● *n* artificiu *n*, foc de artificiu *n*
first /fɜːst, fɜːst/ ● *adj* prim ● *adv* întâi ● *n* primul, întâiul *n* **~ly** ● *adv* prim, întâi
fish /fɪʃ, fəʃ/ ● *n* (*pl* fish) pește *m*; pescuit *n*, pescuire *f* ● *v* pescui **~erman** ● *n* pescar *m*,

pescărească f **~ing** • n pescuire; pescărie f

fist /fɪst/ • n pumn

fit /fɪt/ • v încăpea

five /faɪv, fäːv/ • n cinci; bancnotă de cinci • *num* cinci

flag /flæg, fleɪg/ • n flag n; iris m; dală f, lespede f; drapel n, steag n, stindard n, flamură f • v marca; debilita, slăbi; pava; semnaliza; semnala

flamboyant /flæmˈbɔɪənt, flæmˈbɔɪ(j)ənt/ • *adj* flamboiant, extravagant

flame /fleɪm/ • n flacără f, pară f, văpaie f; iubit m, iubită f • v înflăcăra

flat /flæt/ • *adj* plan, șes, neted, plat; monoton n, monotonă f

flea /fliː/ • n purice m

fled (sp/pp) ▷ FLEE

flee /fliː/ • v (sp fled, pp fled) scăpa, evada, fugi; a se evapora, dispărea

fleet /fliːt/ • n flotă f, flotilă f

flesh /fleʃ/ • n carne f

flew (sp) ▷ FLY

flexib|le /ˈflɛk.sɪ.bəl/ • *adj* flexibil **~ility** • n flexibilitate f

flight /flaɪt/ • n zbor n, zburare f; fugă

fling /flɪŋ/ • v (sp flung, pp flung) arunca

flip /flɪp/ • v întoarce, răsturna

float /fləʊt, floʊt/ • n plută f, plutitor n • v pluti

flood /flʌd/ • n inundație f • v revărsa; inunda

floor /flɔː, flɔɪ/ • n podea f, planșeu n

flour /flaʊə, ˈflaʊɚ/ • n făină f

flourish /ˈflʌ.ɪ.ɪʃ, ˈflɜː.ɪ.ɪʃ/ • v înflori; prospera

flow /fləʊ, floʊ/ • n curgere f; flux n • v curge

flower • n floare f • v înflori

flown (pp) ▷ FLY

flu /fluː, fluː/ • n gripă

fluid /ˈfluːɪd/ • *adj* fluid • n fluid n

flung (sp/pp) ▷ FLING

fly /flaɪ/ • n muscă f; momeală f; fermoar n • v (sp flew, pp flown) zbura

fog /fɒg, fɑg/ • n ceață f, abureală f; negură f • v încețoșat; încețoșa; înnegura **~gy** • *adj* încețat m

fold /fəʊld, foʊld/ • v îndoi, plia **~er** • n dosar n; folder n, director n

follow /ˈfɒləʊ, ˈfɑloʊ/ • v urma, urmări

food /fuːd, fud/ • n aliment n, mâncare f, hrană f; alimentare f, nutriție f

fool /fuːl/ • n prost m; bufon m • v păcăli, prosti

foolish /ˈfuː.lɪʃ/ • *adj* prost, tont, nerod

foot /fʊt/ • n (pl feet) picior n **~ball** • n fotbal n; fotbal australian n; rugby în XIII n, rugbi în XIII n; minge f, minge de fotbal f, balon n; joc de fotbal n **on ~** *phr* pe jos

for /fɔː(ɹ), fɔɹ/ • *conj* pentru că, căci • *prep* pentru

forbad (sp) ▷ FORBID

forbade (sp) ▷ FORBID

forbid /fə(ɹ)ˈbɪd/ • v (sp forbad, pp forbid) interzice, nega

forbidden (pp) ▷ FORBID

force /fɔːs, fo:s/ • *n* forță *f* • *v* forța, supune, violenta

forehead /'fɒɪɪd, 'fɔɪed/ • *n* frunte *f*

foreign /'fɒɪɪn, 'fɔɪen/ • *adj* străin **~er** • *n* străin *m*

forest /'fɒɪɪst, 'fɔɪɪst/ • *n* pădure *f*, codru *m*, silvă *f*; mulțime *f* • *v* împăduri

forge /fɔːdʒ, fɔɪdʒ/ • *n* forjă *f*, fierărie *f*, forjărie *f* • *v* forja, făuri

forget /fə'get, fə'get/ • *v* (*sp* forgot, *pp* forgotten) uita **~ful** • *adj* uituc *m*

forgive /fə(ɪ)'gɪv, fə'gɪv/ • *v* ierta **~ness** • *n* iertare *f*, scuză *f*, pardon *n*

forgot (*sp*) ▷ FORGET

forgotten (*pp*) ▷ FORGET

fork /fɔːɪk/ • *n* furcă *f*; furculiță *f*; bifurcație

form /fɔːm, fɔɪm/ • *n* formă *f*; formular *n* • *v* forma

formal /'fɔɪməl, 'fɔːməl/ • *adj* formal *n*; oficial *n*

format /fɔː(ɪ)'mæt, 'fɔːɪ.mæt/ • *n* format *n*

formula /'fɔːmjʊ.lə, 'fɔɪ.mjə.lə/ • *n* formulă *f*; formulă chimică *f*

formulaț|e • *v* formula **~ion** • *n* formulare

forsake /fɔɪ'seɪk/ • *v* (*sp* forsook, *pp* forsaken) abandona, renunța, lepăda, părăsi, lăsa

forsaken (*pp*) ▷ FORSAKE

forsook (*sp*) ▷ FORSAKE

fortnight /'fɔːt.naɪt, 'fɔɪt.naɪt/ • *adv* două săptămâni

fortune /'fɔːtʃuːn, 'fɔɪtʃən/ • *n* soartă *n*; noroc *m*; avere *f*

forty /'fɔɪti/ • *num* patruzeci

forward /'fɔːwəd, 'fɔɪ.wəd/ • *adj* înainte

fossil /'fɒsəl, 'fɑːsəl/ • *n* fosilă *f*

fought (*sp/pp*) ▷ FIGHT

found /faʊnd/ • *v* întemeia, fonda; funda, înființa • (*also*) ▷ FIND **~ation** • *n* fondare *f*, întemeiere *f*, înființare *f*, fundamentare *f*, fundație *f*, temelie *f*; fundament *n*, temei *n*; bază *f*; fond *n*; așezământ *n*; fond de ten *n* **~er** • *n* fondator *m*, întemeietor *m*

four /fɔː, fo(:)ɪ/ • *num* patru **~teen** • *num* paisprezece, paișpe **~th** • *adj* patrulea • *n* cel al patrulea *m*, cea a patra *f*; viteza a patra *f*

fox /fɒks, fɑks/ • *n* vulpe *f*

fraction /'fræk.ʃən/ • *n* fracție; fracțiune *f*

fragile /'frædʒaɪl, 'frædʒəl/ • *adj* fragil

fragment /'frægmənt, fræg'ment/ • *n* bucată *f*, fragment *n*, fărâmă *f*, crâmpei *n* • *v* fragmenta **~ation** • *n* fragmentare *f*

frame /freɪm/ • *n* cadru *n*, ramă *f*, structură *f*; schelet *n*, osatură *f* • *v* încadra, înrăma

framework /'freɪmwɜːk, 'freɪmwɝk/ • *n* ramă *f*, structură *m*, schelet *n*, cadru *n*

France • *n* Franța *f*

fraud /frɔːd, frɑd/ • *n* înșelăciune *f*

free /fri:/ • *adj* liber, slobod; neîmpiedicat; nelegat; neocupat; gratuit • *v* elibera **~dom** • *n* libertate *f*, slobod *f* **for ~** • *phr* gratis, pe gratis

freeze /fri:z/ • *v* (*sp* froze, *pp* frozen) îngheța; congela

French /frɛntʃ/ • *adj* francez • *n* franceză, limba franceză *f*, frânțuzește; francezi

frequen|t /ˈfri:.kwənt/ • *adj* frecvent **~tly** • *adv* în mod frecvent, frecvent, deseori **~cy** • *n* frecvență *f*; desime *f*

fresh /frɛʃ/ • *adj* proaspăt

Friday • *adv* vineri, vinerea • *n* vineri *f*

fridge ▷ REFRIGERATOR

friend /frɛnd, frɪnd/ • *n* amic *m*, amică *f*, prieten *m*, prietenă *f*; iubit **~ly** • *adj* prietenos, amical • *adv* prietenește, amical **~ship** • *n* prietenie *f*, amiciție *f*

frighten /ˈfraɪtn̩/ • *v* speria, înspăimânta **~ed** • *adj* temător *m*, speriat *m*

frog /frɒg, frɑg/ • *n* broască *f*, brotac *m*

from /frɒm, frʌm/ • *prep* de

frown /fraʊn/ • *n* încruntare *f* • *v* încrunta

froze (*sp*) ▷ FREEZE

frozen /ˈfrəʊzən/ • *adj* înghețat (*also*) ▷ FREEZE

fruit /fru:t, frut/ • *n* fruct *n*, poamă *f*, rod *n*

frustration /frʌsˈtreɪʃən/ • *n* frustrare *f*, frustrație *f*

fry /fraɪ/ • *n* cartofi prăjiți, cartofi pai; peștișor *m*, caracudă *f* • *v* frige, prăji

fuck /fʌk, fʊk/ • *interj* futu-i!, la naiba!, la dracu! • *n* futai, futere • *v* fute; băga **~ing** • *adv* pula • *n* futere *f*

fuel /ˈfju:əl/ • *n* combustibil *m*, carburant *m*

fulfill /fʊlˈfɪl/ • *v* împlini; satisface **~ment** • *n* îndeplinire *f*, satisfacere *f*, satisfacție *f*

full /fʊl/ • *adj* plin; complet, terminat; întreg, total; săturat, sătul • *v* umple

fun /fʌn, fʊn/ • *adj* distractiv, vesel *n*, plăcut *n* • *n* distracție *f*, amuzament *n*, divertisment *n*, plăcere *f* **~ny** • *adj* caraghios, amuzant *m*

function /ˈfʌŋ(k)ʃən, ˈfʌŋkʃən/ • *n* funcție *f* • *v* funcționa **~al** • *adj* funcțional

fundamental • *adj* fundamental *n*, de bază • *n* fundament *n*

funeral /ˈfju:nərəl, ˈfjunərəl/ • *n* înmormântare *f*, îngropare *f*, înhumare *f*, mormântare *f*

fur /fɜ:(r), fɜr/ • *n* blană *f*

furious /ˈfjʊə.rɪəs, ˈfjʊr.i.əs/ • *adj* furios

furniture /ˈfɜ:nɪtʃə, ˈfɜrnɪtʃər/ • *n* mobilă *f*

furry /ˈfɜ:ri, ˈfɜri/ • *adj* păros, blănos

further /ˈfɜ:(r)ðə(r)/ • *adv* mai departe

fusion /ˈfju:.ʒən/ • *n* fuziune *f*

future /ˈfju:tʃə, ˈfju:tʃər/ • *adj* viitor

G

Gabon • *n* Gabon *n*
gain /geɪn/ • *v* primi, câștiga
galaxy /ˈgaləksi, ˈgæləksi/ • *n* galaxie *f*, galaxii
gallery /ˈgæləɹi/ • *n* galerie *f*
Gambia • *n* Gambia *f*
game /geɪm/ • *n* joc *n*
gang /gæŋ/ • *n* bandă *f*
garage /ˈgæɹɑː(d)ʒ, ˈgæɹɪdʒ/ • *n* garaj *n*; autoservice *n*
garbage /ˈgɑɹbɪdʒ, ˈgɑːbɪdʒ/ • *n* gunoi *n*
garden /ˈgɑɹdn̩, ˈgɑːdn̩/ • *n* grădină *f*; parc *n*, grădina publică *f*; curte *f*; iarbă *f* • *v* face grădinărie, grădinări **~er** • *n* grădinar *m*, grădinăreasă *f* **~ing** • *n* grădinărit
garlic /ˈgɑːlɪk, ˈgɑɹlɪk/ • *n* usturoi *m*, ai
gas /gæs/ • *n* gaz *n*, gaze; benzină
gasoline /ˈgæs.ə.lin/ • *n* benzină *f*
gate /geɪt/ • *n* poartă *f*
gather /ˈgæðɚ, ˈgæðə/ • *v* aduna, culege, colecta; conchide
gave *(sp)* ▷ GIVE
gay /geɪ/ • *adj* gay • *n* homosexual *m*, homo *m*, poponar *m*
gazelle /gəˈzɛl/ • *n* gazelă *f*
gear /gɪə(ɹ), gɪɚ/ • *n* roată dințată *f*; cutie de viteze *f*, schimbător de viteză *n*
geese *(pl)* ▷ GOOSE

gender /ˈdʒɛndə, ˈdʒɛndɚ/ • *n* gen *n*; sex
gene /dʒiːn/ • *n* genă *f*
general /ˈdʒɛnɪəl, ˈdʒɛnʒɪəl/ • *adj* general *m*, comun *m*
generate /ˈdʒɛn.əɹ.eɪt, ˈdʒɛn.ə.ɹeɪt/ • *v* genera; procrea, zămisli, reproduce, da naștere; produce, crea
generation /ˌdʒɛnəˈɹeɪʃən/ • *n* generare *f*; procreare *f*; generație *f*
generous /ˈdʒɛn(ə)ɹəs/ • *adj* generos, mărinimos; darnic
genetic /dʒəˈnɛtɪk/ • *adj* genetic
genius /ˈdʒiːn.jəs, ˈdʒiː.nɪəs/ • *n* geniu *n*; genialitate *f*
genocide /ˈdʒɛnəsaɪd/ • *n* genocid *n*
gentleman /ˈdʒɛn.təl.mən, ˈdʒɛɹ̃.əl.mən/ • *n* domn *m*, gentlemen *m*; domnilor!, domnii mei!; bărbați, domni
geograph|y /dʒɪˈɒgɹəfi, dʒiˈɑgɹəfi/ • *n* geografie *f* **~ic** • *adj* geografic
geometry /dʒiˈɒmətɹi, dʒiːˈɒmɪtɹi/ • *n* geometrie *f*
Georgia • *n* Georgia *f*; Georgeta *f*
gerbil /ˈdʒɜːbl̩, ˈdʒɜːbl̩/ • *n* gerbil *m*
German • *adj* german • *n* german *m*, germancă *f*, neamț *m*, nemțoaică *f*; germană *f*; germanic; nemțește, nemțească *f*, limba germană *f* **~y** • *n* Germania *f*
gesture /ˈdʒɛstʃə, ˈdʒɛs.tʃɚ/ • *n* gest *n*
get /gɛt/ • *v* (*sp* got, *pp* got) primi **~ up** • *v* scula, ridica

Ghana • *n* Ghana *f*
ghastly /ˈgɑːs(t).li, ˈgæs(t).li/ • *adj* oribil, groaznic; lamentabil
ghost /gəʊst, goʊst/ • *n* fantomă *f*, fantasmă *f*, spectru *n*, spirit *n*, stafie *f*, duh *n*, apariție *f*, nălucă *f*, iazmă *f*
giant /ˈdʒaɪ.ənt/ • *adj* uriaș • *n* gigant
gift /gɪft/ • *n* cadou *n*, dar *n* • *v* dărui
gigantic /dʒaɪˈgæntɪk/ • *adj* uriaș, gigantic
gild /gɪld/ • *v* (*sp* gilded, *pp* gilded) auri
gilded (*sp/pp*) ▷ GILD
gilt (*sp/pp*) ▷ GILD
giraffe /dʒɪˈrɑːf, dʒəˈræf/ • *n* girafă *f*
girl /gɜːl, gɜɫl/ • *n* fată *f*, copilă *f* **~friend** • *n* prietenă *f*; amică *f*
give /gɪv/ • *v* (*sp* gave, *pp* given) da **~ sth back** • *v* înapoia, reda, a da înapoi **~ way** • *v* ceda; ceda trecerea
given (*pp*) ▷ GIVE
glad /glæd/ • *adj* bucuros, vesel
glamorous /ˈglæmərəs/ • *adj* fermecător
glass /glɑːs, glæs/ • *n* sticlă *f*; pahar *n*
glasses ▷ SPECTACLES
glimpse /glɪmps/ • *v* întrezări, zări
globe /gləʊb, gloʊb/ • *n* glob *n*, Pământ *n*
glor|y /ˈglɔːri, ˈglo(ː)ri/ • *n* glorie *f*, slavă *f* **~ious** • *adj* glorios
glove /glʌv/ • *n* mănușă *f*

glue /gluː/ • *n* clei *n*, lipici *n* • *v* lipi, încleia
gnaw /nɔː/ • *v* (*sp* gnawed, *pp* gnawed) roade
gnawed (*sp/pp*) ▷ GNAW
gnawn (*pp*) ▷ GNAW
go /gəʊ, goʊ/ • *n* tentativă *f* • *v* (*sp* went, *pp* gone) merge, duce; dispărea; distruge **~ out** • *v* ieși
goal /gəʊl, goʊl/ • *n* scop, obiectiv; poartă *f*; gol
goat /gəʊt, goʊt/ • *n* capră *f*, țap *m*
God /gɒd, gɑd/ • *n* Dumnezeu *m*, dumnezeu *m*
god /gɒd, gɑd/ • *n* zeu *m*, dumnezeu *m*; idol *m*
gold /gəʊld, goʊld/ • *adj* de aur; auriu **~en** • *adj* de aur, din aur, aurit; auriu; prosper; favorabil, norocos **~fish** • *n* peștișor auriu
golf /gɒlf, gɒf/ • *n* golf *n* **~er** • *n* jucător de golf *m*, jucătoare de golf *f*
gone (*pp*) ▷ GO
good /gʊd, gʊ(d)/ • *adj* bun *m*, bună *f* • *n* bine, bun *n* **~ afternoon** • *phr* bună ziua **~ evening** • *n* bună seara **~ morning** • *interj* bună dimineața **~bye** • *interj* la revedere, pa, adio **~ness** • *n* bunătate **~s** • *n* marfă *f*
goose /guːs/ • *n* (*pl* geese) gâscă *f*, gânsac *m*
gorgeous /ˈgɔːdʒəs, ˈgɔɪdʒəs/ • *adj* magnific *n*, splendid *n*, superb *m*
got (*sp*) ▷ GET

gotten *(pp)* ▷ GET
govern /ˈgʌvɚn, ˈgʌvən/ • *v* guverna; regla, reglementa, regulariza; conduce, dirija, cârmui **~ance** • *n* guvernare *f* **~ment** • *n* guvern *m* **~or** • *n* guvernator *m*, guvernant *m*; regulator *m*
grab /gɹæb/ • *v* apuca
grac|e /gɹeɪs/ • *n* rugăciune de mulțumire *f*; grație *f*, eleganță *f*; termen de grație *n*; har *n* • *v* onora, împodobi **~ious** • *adj* indulgent, îngăduitor
grade /gɹeɪd/ • *n* clasă *f*
gradually /ˈgɹædʒuəli/ • *adv* treptat, în mod gradat, progresiv, în mod treptat
grain /gɹeɪn/ • *n* grăunte; bob
grand|son /ˈgɹæn(d)sʌn/ • *n* nepot **~daughter** • *n* nepoată **~father** • *n* bunic *m*, tataie *m*, tata mare *m*; străbunic *m*, strămoș *m*, strămoși, străbun *m* **~mother** • *n* bunică *f*, mamaie *f*, mama mare *f*
grape /gɹeɪp/ • *n* strugure *m*; viță de vie **~fruit** • *n* grepfrut *m*
graphic /ˈgɹæfɪk/ • *n* grafică *f*
grass /gɹɑːs, gɹæs/ • *n* iarbă *f* **~hopper** • *n* lăcustă *f*
grateful /ˈgɹeɪtfəl/ • *adj* recunoscător *m*
grave /gɹeɪv/ • *adj* grav • *n* mormânt *n* **~yard** • *n* cimitir *n*, țintirim *n*
gravity /ˈgɹævɪti/ • *n* gravitate *f*; greutate *f*
gray /gɹeɪ/ • *adj* brumăriu, cenușiu, sur • *n* gri

grease /gɹiːs, gɹiːs/ • *n* grăsime *f* • *v* unge
great /gɹeɪt/ • *adj* mare; superb *n*, minunat *n*, foarte bun *n*
Gree|ce • *n* Grecia *f* **~k** • *adj* grec, grecesc, greacă *f* • *n* grec *m*, grecoaică *f*
greed /gɹiːd/ • *n* aviditate *f*, lăcomie *f*, avariție *f*
green /gɹiːn, gɹɪn/ • *adj* verde **~house** • *n* seră *f*
greet /gɹiːt/ • *v* saluta, întâmpina **~ing** • *n* salut *n*, salutare *f*
gregarious /gɹɪˈgɛəɹ.ɪ.əs, gɹɪˈgɛɹ.i.əs/ • *adj* sociabil; gregar
Grenada • *n* Grenada *f*
grew *(sp)* ▷ GROW
grid /gɹɪd/ • *n* grilă *f*; rețea *f*
grief /gɹiːf/ • *n* tristețe *f*, întristare *f*, mâhnire *f*
grind /gɹaɪnd/ • *v* (*sp* ground, *pp* ground) măcina, pisa
grit /gɹɪt/ • *v* scrâșni
grocer|y /ˈgɹoʊsəɹi, ˈgɹoʊs(ə)ɹi/ • *n* alimentară *f* **~ies** • *n* alimente, provizii
gross /gɹoʊs, gɹoːs/ • *adj* brut; scârbos, dezgustător
grotesque /gɹoʊˈtɛsk, gɹoʊˈtɛsk/ • *adj* grotesc *n*
ground /gɹaʊnd/ • *n* sol *n*, pământ; împământare *f*; potențial zero *n* • (*also*) ▷ GRIND
group /gɹuːp/ • *n* grup *n*; grupă *f* • *v* grupa
grow /gɹoʊ, gɹoː/ • *v* (*sp* grew, *pp* grown) crește
grown *(pp)* ▷ GROW

gruesome • *adj* groaznic *m*
guarantee /ˌgærənˈtiː/ • *n* garanție *f*; garant *m*, chezaș *m* • *v* garanta
guard /gɑːd, gɑɪd/ • *n* gardă, paznic *m*, gardian *m*, păzitor *m*; protecție *f*, apărătoare *f*; apărător *m* • *v* feri, proteja, păzi, apăra **~ian** • *n* gardian *m*, paznic *m*, strajă *f*, străjer *m*, păzitor *m*
Guatemala • *n* Guatemala *f*
guerrilla /gəˈrɪlə/ • *n* partizan *m*; gherilă *f*
guess /gɛs/ • *v* bănui; presupune
guest /gɛst/ • *n* oaspete *m*, musafir *m*
guid|e /gaɪd/ • *n* ghid *m* **~ance** • *n* direcționare *f*, ghidare *f*
guilt /gɪlt/ • *n* păcat *n*, vină *f* **~y** • *adj* vinovat
Guinea • *n* Guineea *f*
guinea pig /ˈgɪni pɪg/ • *n* cobai *m*
guitar /gɪˈtɑː(ɹ), gɪˈtɑɪ/ • *n* ghitară *f*, chitară *f*
gun /gʌn/ • *n* pistol *n*, revolver *n*; pușcă *f*; tun *n* **~powder** • *n* praf de pușcă *n*
guy /gaɪ/ • *n* tip *m*
Guyana • *n* Guyana *f*
gymnast /ˈdʒɪm.næst/ • *n* gimnast *m*, gimnastă *f* **~ics** • *n* gimnastică *f*
gynecolog|y /ˌgaɪnɪˈkɒlədʒi, ˌgaɪnəˈkɑlədʒi/ • *n* ginecologie *f* **~ical** • *adj* ginecologic *m*

H

habit /ˈhæbɪt, ˈhæbət/ • *n* obicei *m*, habitudine *f* **~ual** • *adj* de obicei
habitat /ˈhæbɪtæt/ • *n* habitat
had *(sp/pp)* ▷ HAVE
haddock /ˈhædək/ • *n* eglefin *m*
hail /heɪl/ • *n* grindină • *v* grindina; saluta
hair /hɛə/ • *n* păr *m*; fir de păr *n* **~y** • *adj* păros **~dresser** • *n* frizer *m*, coafor *m*
Haiti • *n* Haiti
half /hɑːf, hæf/ • *adj* semi-, emi-, jumate, jumătate • *n* (*pl* halves) jumătate *f* **~ time** • *n* pauză *f*
halibut /ˈhæ.li.bət/ • *n* cambulă *f*, limbă-de-cal *f*, calcan-sfânt *m*
hall /hɔːl, hɒl/ • *n* sală *f*
hallucinogenic /ˌhæluːsɪnədʒənɪk, həˌlusənəˈdʒɛnɪk/ • *adj* halucinogen
halves *(pl)* ▷ HALF
hamster /ˈhæm(p)stə/ • *n* hamster, hârciog
hand /hænd/ • *n* mână *f*; ac indicator, limbă; parte, latură; îndemânare, abilitate, dibăcie **~bag** • *n* geantă *f* **~ful** • *n* pumn *n*, mănunchi *n* **~y** • *adj* îndemânatic; la îndemână **~writing** • *n* scriere de mână, scris de mână
handle /ˈhæn.dl/ • *n* mâner *n*; clanță *f*

handsome /ˈhæn.səm/ • *adj* abil; frumos, arătos, chipeș

hang /hæŋ, æ/ • *v* (*sp* hung, *pp* hung) atârna; agăța; spânzura **~up** • *v* agăța, atârna; închide **~over** • *n* mahmureală *f*

happen /ˈhæpən/ • *v* întâmpla, petrece **~ing** • *n* întâmplare *f*

happ|y /ˈhæpiː, ˈhæpi/ • *adj* fericit, bucuros; norocos; mulțumit, satisfăcut; priceput **~iness** • *n* bucurie *f*, fericire *f*

harassment /həˈræsmənt/ • *n* distrugere *f*, pustiire; deranj *n*, imoportunare *f*

harbor /ˈhɑːbər, ˈhɑːbə/ • *n* adăpost *n*, refugiu *n*; port *n* • *v* adăposti

hard /hɑːd, hɑːd/ • *adj* tare, dur; greu; vârtos, sever *m* **~ly** • *adv* abia

hardware /ˈhɑːdˌwɛə, ˈhɑːdˌwɛɪ/ • *n* echipament *n*, componente fizice, componente materiale; hardware *n*, aparatură *f*, aparataj *n*

hare /hɛər/ • *n* iepure-de-câmp *m*

harm /hɑːm, hɑːm/ • *v* vătăma, strica, dăuna **~ful** • *adj* nociv, prejudiciabil, dăunător, vătămător, păgubitor, stricător **~less** • *adj* nevătămător, inofensiv

harmon|y /ˈhɑːməni, ˈhɑːməni/ • *n* armonie *f* **~ious** • *adj* armonic *m*; armonios *m*

harsh /hɑːʃ, hɑːʃ/ • *adj* aspru; sever

harvest /ˈhɑːɪ.vəst, ˈhɑːvɪst/ • *n* recoltă *f*, cules, rod, strânsură *f*, secériș • *v* recolta, secera, strânge, culege

hat /hæt/ • *n* pălărie *f*

hat|e /heɪt/ • *v* urî **~red** • *n* ură *f*

have /hæv, həv/ • *v* (*sp* had, *pp* had) avea **~ to** • *v* trebui

hawk /hɔːk, hɔk/ • *n* uliu *m*; mala *f* • *v* vinde

hay /heɪ/ • *n* fân *n* • *v* a întoarce finul, a cosi finul

hazard /ˈhæzəd, ˈhazəd/ • *n* hazard *n*, întâmplare *f*

he /hiː, hi/ • *det* dumnealui, el

head /hɛd/ • *n* cap *n*; șef *m*, lider *m*, căpetenie *f* • *v* comanda **~ache** • *n* durere de cap **~line** • *n* titlu *n* **~phones** • *n* cască *f* **~quarters** • *n* cartier general *n*; sediu *n*, centrală *f*

heal /hiːl/ • *v* vindeca

health /hɛlθ/ • *n* sănătate *f* **~y** • *adj* sănătos; zdravăn

hear /hɪə(ɹ), hɪɪ/ • *v* (*sp* heard, *pp* heard) auzi; asculta **~ing** • *n* auz *n*, auzit *n*

heard (*sp/pp*) ▷ HEAR

heart /hɑːt, hɑɪt/ • *n* inimă *f*, cord *n*; suflet; cupă *f*; centru *n*, mijloc *n*

heat /hiːt/ • *n* căldură *f*; rut *n* **~ed** • *adj* aprins; încălzit

heaven /ˈhɛvən/ • *n* cer; rai

heavy /ˈhɛ.vi, ˈhɛ.vi/ • *adj* greu; grav, serios

hedgehog /ˈhɛdʒhɒɡ/ • *n* arici

heel /hiːl/ • *n* călcâi

height /haɪt/ • *n* înălțime *f*; culme

heir /ɛəɪ/ • *n* moștenitor *m*; succesor *m*

held (*sp/pp*) ▷ HOLD

helicopter /ˈhelɪˌkɒptə(ɹ), ˈhel.ɪˌkɒp.tə(ɹ)/ • *n* elicopter *n*

hell /hɛl/ • *n* iad *n*, gheenă *f*, infern *n*

hello /həˈləʊ, hɛˈloʊ/ • *interj* salut, bună, noroc, bună ziua, servus; alo, haló; aloo; ia uite

helmet /ˈhɛlmɪt/ • *n* cască *f*, coif *m*

help /hɛlp/ • *interj* săriţi, ajutor • *n* ajutor *n*, asistenţă *f*; ajutoare *f* • *v* ajuta, asista **~ful** • *adj* util, ajutător *m* **~less** • *adj* neajutorat *m*

hence /hɛns/ • *adv* de aici; aşadar

her /hɜː(ɹ), hɝ/ • *det* său, ei **~s** • *pron* ei *f*, său *m*, sa *f*, săi, sale **~self** • *pron* se; ea însăşi

here /hɪə(ɹ), hɪɹ/ • *adv* aici, aci; încoace

heritage • *n* tradiţie *f*

hero /ˈhɪɹoʊ, ˈhɪəɹəʊ/ • *n* (*pl* heroes) erou *m*, eroină *f* **~ic** • *adj* eroic **~ine** • *n* eroină *f*

hesitat|e /ˈhɛzɪteɪt/ • *v* ezita, şovăi, pregeta, codi **~ion** • *n* ezitare *f*, şovăială *f*

hew /hjuː/ • *v* (*sp* hewed, *pp* hewed) ciopli, sculpta

hewed (*sp*/*pp*) ▷ HEW

hewn (*pp*) ▷ HEW

hey /heɪ/ • *interj* hei; hop

hi /haɪ/ • *interj* bună, salut

hid (*sp*) ▷ HIDE

hidden /ˈhɪd(ə)n/ • *adj* ascuns • (*also*) ▷ HIDE

hide /haɪd/ • *n* blană *f* • *v* (*sp* hid, *pp* hidden) ascunde

hierarch|y /ˈhaɪ.ə.ɹɑː(ɹ).ki/ • *n* ierarhie *f* **~ical** • *adj* ierarhic *n*

high /haɪ/ • *adj* înalt *m*, înălţat *n*, ridicat *n*; mare; înaltă *f*; drogat **~way** • *n* autostradă *f*, şosea

hilarious /hɪˈlɛəɹiəs, hɪˈlɛɹiəs/ • *adj* ilar *n*, ilariant *n*

hill /hɪl/ • *n* deal *f*, colină *f*

him /hɪm/ • *pron* lui, îi; el, îl **~self** • *pron* se; el însuşi *m*

hip /hɪp/ • *n* şold

hire /haɪə, haɪɹ/ • *v* angaja

his /hɪz, hɝz/ • *det* său *m*, sa *f*, săi, sale, lui • *pron* lui *m*

hiss /hɪs/ • *n* sâsâit *n* • *v* şuiera

histor|y /ˈhɪst(ə)ɹi/ • *n* istorie; povestire *f* **~ic** • *adj* istoric **~ical** • *adj* istoric *n*, istorică *f*, istorici **~ically** • *adv* istoriceşte **~ian** • *n* istoric *m*, istoriograf *m*, istorică *f*

hit /hɪt/ • *adj* lovitură *f*; şlagăr *n*; nimerire • *v* (*sp* hit, *pp* hit) lovi, bate

hobby /ˈhɒ.bi, ˈhɑ.bi/ • *n* hobby *n*

hockey /ˈhɒki/ • *n* hochei

hold /həʊld, hoʊld/ • *n* cală *f*, hambar *n* • *v* (*sp* held, *pp* held) ţine; conţine **~ sb/sth up** • *v* întârzia; înfrunta, stăvili; jefui, prăda **~ing** • *n* posesie *f*

hole /həʊl, hoʊl/ • *n* gaură

holiday /ˈhɒlɪdeɪ, ˈhɑləˌdeɪ/ • *n* sărbătoare *f*

hollow /ˈhɒl.əʊ, ˈhɑ.loʊ/ • *n* scorbură *f*, scobitură *f*, adâncitură *f*

holy /ˈhəʊli, ˈhoʊli/ • *adj* sfânt *n*, sfântă *f*

home /(h)əʊm, hoʊm/ • *adv* acasă • *n* casă *f* **~land** • *n* patrie *f* **~less** • *adj* fără casă,

fără adăpost, vagabond **~work** • *n* temă *f*
Honduras • *n* Honduras *n*
honest /ˈɒnɪst, ˈɔːnɪst/ • *adj* cinstit, onest **~y** • *n* onestitate; pana-zburătorului *f*
honey /ˈhʌni/ • *adj* mieriu • *n* miere *f*; iubit *m*, iubită *f*, drag *m*, dragă *f*; mieriu **~moon** • *n* lună de miere *f*
honor /ˈɑːnər, ˈɒnə/ • *n* respect *n*; onoare *f*, demnitate *f*; cinste; privilegiu *n* • *v* onora, cinsti
honorable /ˈɒnərəbl, ˈɑːnərəbl/ • *adj* onorabil
honour *(British)* ▷ HONOR
hoof /hʊf/ • *n* (*pl* hooves) copită *f*
hook /hʊk, huːk/ • *n* cârlig *n* • *v* agăța **~er** • *n* talonar
hooves (*pl*) ▷ HOOF
hope /həʊp, hoʊp/ • *n* speranță *f*, nădejde *f* • *v* spera, nădăjdui **~lessness** • *n* desperare *f*, desperație *f*
horizon /həˈraɪzən/ • *n* orizont *n*, orizonturi, zare *f*, zariște *f* **~tal** • *adj* orizontal • *n* orizontală *f*
horn /hɔːn, hɔɪn/ • *n* corn; cornuri; claxon
horrible /ˈhɒrəbəl, ˈhɔɪrəbəl/ • *adj* oribil, groaznic, îngrozitor • *n* înfiorare *f*, înfricoșare *f*, groază *f*
horrify /ˈhɒrɪfaɪ, ˈhɔɪrəfaɪ/ • *v* înfiora, îngrozi, oripila
horror movie • *n* film de groază *n*

horse /hɔːs, hɔɪs/ • *n* cal; cabalin; cavaler; capră; cal alb *m*, căluț *m* **~man** • *n* călăreț *m*; cavaler *m*
hospitality /ˌhɑspɪˈtæləti, ˌhɒspɪˈtæləti/ • *n* ospitalitate *f*
hospital /ˈhɒspɪtḷ, ˈhɑspɪtḷ/ • *n* spital *n*
host /həʊst, hoʊst/ • *n* gazdă *f*, amfitrion *m*; moderator *m*, moderatoare *f*, prezentator *m*
hostage /ˈhɒstɪdʒ/ • *n* ostatic *m*, ostatică *f*
hostil|e /ˈhɒstaɪl, ˈhɑstəl/ • *adj* ostil **~ity** • *n* ostilitate *f*, dușmănie *f*
hot /hɒt, hɑt/ • *adj* cald, fierbinte; febril; iute, picant; bun
hotel /həʊˈtel, hoʊˈtɛl/ • *n* hotel *m*
hour /ˈaʊə(r), ˈaʊər/ • *n* oră *f*, ceas *n*
house /haʊs, hʌʊs/ • *n* casă *f*; cameră; dinastie, familie dinastică **~hold** • *adj* casnic, menajer, familial; domestic • *n* familie *f*, casă *f*, menaj *n*
how /haʊ, hæŏ/ • *adv* cât; cum; ce
however /haʊˈɛvə, haʊˈɛvər/ • *adv* totuși
howl /haʊl/ • *v* urla, rage
hug /hʌɡ/ • *n* îmbrățișare *f* • *v* îmbrățișa
huge /hjuːdʒ, juːdʒ/ • *adj* uriaș, enorm, imens, gigantic
huh /hʌ, hə/ • *interj* a
human /ˈ(h)juːmən, ˈ(h)jumən/ • *adj* omenesc, uman **~e** • *adj* omenos, uman **~ly** • *adv* omenește **~itarian** • *adj*

humble /ˈhʌmbəl, ˈʌmbəl/ • *adj* umil • *v* umili

humo|ur /ˈhjuːmə(r), ˈhjuːmɚ/ • *n* umor *n* **~rous** • *adj* umoristic, hazliu

hundred /ˈhʌndrəd, ˈhʌndɚd/ • *n* bancnotă de o sută *f* • *num* sută *f*

hung (*sp/pp*) ▷ HANG

Hungar|y • *n* Ungaria *f* **~ian** • *adj* ungar, maghiar, unguresc *m* • *n* ungur *m*, maghiar *m*, unguroaică *f*, maghiară *f*

hunger /ˈhʌŋɡə, ˈhʌŋɡɚ/ • *n* foame *f*

hungry /ˈhʌŋ.ɡri/ • *adj* flămând

hunt /hʌnt/ • *n* vânătoare • *v* vâna **~er** • *n* vânător *m*

hurricane /ˈhʌrɪkən, ˈhʌrɪˌkeɪn/ • *n* uragan *n*

hurt /hɜːt, hɜt/ • *v* (*sp* hurt, *pp* hurt) durea; răni, vătăma

husband /ˈhʌzbənd/ • *n* soț *m* • *v* păstra, conserva

hydrogen /ˈhaɪdrədʒ(ə)n, ˈhaɪdrədʒən/ • *n* hidrogen *n*

hyena /haɪˈiːnə/ • *n* hienă *f*, hiene

hypothe|sis /haɪˈpɒθɪsɪs/ • *n* (*pl* hypotheses) ipoteză *f*; prezumție *f* **~tical** • *adj* ipotetic *n*

I

I • *pron* eu

ice /aɪs, ʌɪs/ • *n* gheață; gheață carbonică *f*; înghețată *f* • *v* răci; îngheța, congela; glasa **~ cream** • *n* înghețată *f*

Iceland • *n* Islanda *f*

icon /ˈaɪ.kɒn, ˈaɪ.kɑːn/ • *n* icoană *f*; iconiță *f*

idea /aɪˈdɪə, aɪˈdiːə/ • *n* idee *f*; părere *f*; bănuială *f* **~l** • *n* ideal *n* **~listic** • *adj* idealist **~lism** • *n* idealism *n*

identity /aɪˈdɛntəti/ • *n* identitate *f*

ideolog|y /ˌaɪ.diˈɒl.ə.dʒi/ • *n* ideologie *f*, ideologii **~ical** • *adj* ideologic

idiot /ˈɪd.i.(j)ɪt/ • *n* idiot *m*, idioată *f*, idioți, idioate

if /ɪf/ • *conj* dacă

ignoran|ce /ˈɪɡnərəns/ • *n* ignoranță *f* **~t** • *adj* ignorant *n*, ignorantă *f*

iguana /ɪˈɡjuːɑːnə, ɪˈɡwɑːnə/ • *n* iguană *f*

ill /ɪl/ • *adj* bolnav, abătut **~ness** • *n* boală *f*

illegal /ɪˈliːɡəl, rˈliːɡəl/ • *adj* ilegal, nelegal *n* **~ly** • *adv* ilegal *m*, nelegal *m*

illegitimate /ˌɪlɪˈdʒɪtɪmət, ˌələˈdʒɛtəmət/ • *adj* ilegitim *m*, nelegal *m*

illiterate /ɪˈlɪtərət/ • *adj* analfabet *m*, analfabetă *f*

illogical • *adj* ilogic *n*, nelogic *n*

illusion /ɪˈl(j)uːʒ(ə)n, ɪˈl(j)uːzj(ə)n/ • *n* iluzie *f*

illustrate /ˈɪləstreɪt/ • *v* ilustra

image /ˈɪmɪdʒ/ • *n* imagine *f*, poză *f*

imagin|e /ɪˈmædʒ.ɪn/ • *v* imagina, închipui **~ary** • *adj* imaginar, închipuit **~ation** • *n* imaginație *f*, fantezie *f*, forță de imaginare *f*; închipuire *f*, imaginare *f*, iluzionare *f*; imagine *f*

immaturity /ˌɪməˈtʃʊːrti/ • *n* imaturitate *f*

immediate /ɪˈmiː.di.ɪt, ɪˈmiː.dɪət/ • *adj* imediat **~ly** • *adv* imediat, fără întârziere, numaidecât, de îndată, îndată

immense /ɪˈmɛns/ • *adj* imens, uriaș

immigra|nt /ˈɪmɪɡrənt/ • *n* imigrant *m* **~tion** • *n* imigrație *f*, imigrare *f*

imminent /ˈɪmɪnənt/ • *adj* iminent *m*

immune system • *n* sistem imunitar

impact /ˈɪmpækt, ɪmˈpækt/ • *n* șoc *n*, impact *n*, coliziune *f*

impartial /ɪmˈpɑːrʃəl/ • *adj* imparțial, nepărtinitor *m* **~ity** • *n* imparțialitate, nepărtinitate *f*, obiectivitate *f*

impatience /ɪmˈpeɪʃəns/ • *n* nerăbdare *f*, impaciență *f*

import /ˈɪm.pɔːt, ɪmˈpɔːt/ • *n* import *n* • *v* importa

importan|t /ɪmˈpɔːtənt, ɪmˈpɔːrtənt/ • *adj* important **~ce** • *n* importanță *f*, însemnătate *f*

impose /ɪmˈpoʊz, ɪmˈpəʊz/ • *v* impune; a se impune, dicta

impossib|le /ɪmˈpɒsɪbəl/ • *adj* imposibil **~ility** • *n* imposibilitate *f*

impressi|ve /ɪmˈprɛsɪv/ • *adj* impresionant, mișcător; atrăgător **~on** • *n* imprimare *f*; impresie; aparență

imprison /ɪmˈprɪzən/ • *v* întemnița, încarcera **~ment** • *n* întemnițare, încarcerare

improve /ɪmˈpruːv/ • *v* îmbunătăți; a se îmbunătăți **~ment** • *n* îmbunătățire *f*

impuls|e /ˈɪmpʌls/ • *n* impuls *n* **~ive** • *adj* impulsiv

in /ɪn, ən/ • *prep* în **~ love** • *phr* îndragostit; îndragostit de

inability /ˌɪnəˈbɪlɪti/ • *n* incapacitate *f*, incapabilitate *f*, neputință *f*

inadequate • *adj* inadecvat *n*, neadecvat *n*, inadecvată *f*, neadecvată *f*, nepotrivit *n*

inappropriate /ˌɪnəˈproʊpriːət, ˌɪnəˈprəʊpriːət/ • *adj* inadecvat, necorespunzător, impropriu *n*, inoportun *n*, nepotrivit *n*

inch /ɪntʃ/ • *n* țol *m*

incident /ˈɪn.sɪ.dənt/ • *adj* incidental; incident • *n* incident *n*, caz *n*; episod *n*, mic incident, minor incident *n*; deranjament *n*

inclination /ˌɪn.klɪˈneɪ.ʃən/ • *n* înclinare *f*; înclinație *f*, pantă *f*, povârniș *n*; tendință *f*

including /ɪnˈkluːdɪŋ/ • *prep* inclusiv

income /ˈɪn.kʌm/ • *n* venit *n*

incompetent • *adj* incompetent

inconsiderate /ˌɪnkənˈsɪdərɪt/ • *adj* nesimțit

inconsisten|t /ˌɪnkənˈsɪstənt/ • *adj* neconsistent, inconsistent

~cy • *n* inconsistență
incorrect /ˌɪnkəˈrɛkt/ • *adj* incorect
increase /ɪnˈkriːs, ˈɪnkriːs/ • *n* creștere *f*, sporire *f*, mărire *f* • *v* crește, mări, spori, urca
incredible /ɪnˈkrɛdəbəl/ • *adj* incredibil
indeed /ɪnˈdiːd/ • *adv* într-adevăr
independen|t /ˌɪndɪˈpɛndənt/ • *adj* independent, liber **~ce** • *n* independență *f*
index /ˈɪndɛks/ • *n (pl indices)* a cresta *f*, index
India • *n* India *f* **~n** • *adj* indian; amerindian • *n* indian, indianca *f*; amerindian *m*, indian american *m*, indiancă *f*, amerindiancă *f*
indicator /ˈɪn.dɪ.keɪ.tə(r)/ • *n* indicator *m*; semnalizator *n*
indices *(pl)* ▷ INDEX
indigenous /ɪnˈdɪdʒənəs, ɪnˈdɪdʒənəs/ • *adj* indigen *n*, autohton *n*
individual /ˌɪndɪˈvɪdʒu.əl, ˌɪndɪˈvɪdʒuəl/ • *adj* individual • *n* individ **~ism** • *n* individualism *n*
indolence /ˈɪndələns/ • *n* indolență *f*, lene *f*
Indonesia • *n* Indonezia *f* **~n** • *adj* indonezian *m* • *n* indoneziancă *f*, indonezieni, indoneziencie; indoneziană *f*
indulgen|t /ɪnˈdʌldʒənt/ • *adj* indulgent *n*, indulgență *f* **~ce** • *n* îngăduire *f*, tolerare *f*; indulgență *f*
industrious /ɪnˈdʌstri.əs/ • *adj* industrios, harnic, laborios

industr|y /ˈɪndəstri/ • *n* industrie, branșă industrială **~ial** • *adj* industrial, de industrie; industrializat *m*
inequality /ˌɪnɪˈkwɒlɪti/ • *n* inegalitate; inecuație *f*
inevitabl|e /ɪnˈɛvɪtəbəl/ • *adj* inevitabil *n*, neocolibil *n* **~y** • *adv* inevitabil, în mod inevitabil
infamous /ˈɪnfəməs/ • *adj* infam, nerușinat, ticălos
infant /ˈɪn.fənt/ • *n* bebeluș *m*
infantry /ˈɪnfəntri/ • *n* infanterie *f*; regiment de infanterie *n*
infect /ɪnˈfɛkt/ • *v* infecta, contamina; contagia **~ious** • *adj* infecțios *n* **~ion** • *n* infectare; infecție
infer /ɪnˈfɜː, ɪnˈfɜː/ • *v* motiva, deduce, infera
inferior /ɪnˈfɪ(ə)riər, ɪnˈfɪəriə/ • *adj* inferior
inflation /ɪnˈfleɪʃən/ • *n* inflație *f*
influence /ˈɪn.fl(j)u.əns/ • *n* influență *f*; influențare *f*; influențător *n*; inducție *f* • *v* influența, înrâuri
informati|ve /ɪnˈfɔːmətɪv/ • *adj* informativ *m*, informator *m* **~on** • *n* informație *f*
infrastructure /ˈɪnfrəˌstrʌk(t)ʃər/ • *n* infrastructură *f*
ingredient /ɪnˈɡriːdi.ənt/ • *n* ingredient
inhabitant /ɪnˈhæ.bɪ.tənt/ • *n* locuitor *m*, locuitoare *f*
inherit /ɪnˈhɛrɪt/ • *v* moșteni **~ance** • *n* moștenire *f*
inhibit • *v* inhiba **~ion** • *n* inhibare *f*, inhibiție *f*

initiative /ɪˈnɪʃətɪv/ • *n* iniţiativă *f*
inject /ɪnˈdʒɛkt/ • *v* injecta **~ion** • *n* injecţie *f*
injury /ˈɪn.dʒə.ɹi/ • *n* rană *f*
injustice /ɪnˈdʒʌs.tɪs/ • *n* nedreptate *f*, injustiţie *f*, strâmbătate *f*
ink /ɪŋk/ • *n* cerneală *f*
inner /ˈɪnɚ, ˈɪnə/ • *adj* intern, interior, lăuntric
innocent /ˈɪnəsn̩t/ • *adj* inocent *m*; nevinovat *m*
input /ˈɪmpʊt/ • *n* intrare *f*, intrări
inquire /ɪnˈkwaɪɹ, ɪnˈkwaɪə/ • *v* investiga, cerceta
insan|e /ɪnˈseɪn/ • *adj* nebun, alienat, dement, dezechilibrat psihic; demenţial, înnebunitor; himeric, nebunesc, delirant **~ity** • *n* nebunie *f*, insanitate *f*, demenţă *f*, alienaţie mintală *f*, alienare mintală *f*
insect /ˈɪnsɛkt/ • *n* insectă *f* **~icide** • *n* insecticid *n*
insert /ɪnˈsɜːt, ɪnˈsɜ̃t/ • *v* insera, băga **~ion** • *n* inserţie *f*, inserare *f*
inside /ɪnˈsaɪd/ • *adv* înăuntru
insist /ɪnˈsɪst/ • *v* insista **~ence** • *n* insistenţă *f*
inspect|ion /ɪnˈspɛkʃən/ • *n* inspecţionare *f*, controlare *f*, inspectare *f* **~or** • *n* inspector *m*, inspectoare *f*; inspector de poliţie *m*, ofiţer de poliţie *m*
inspir|e /ɪnˈspaɪɹ, ɪnˈspaɪə(ɹ)/ • *v* inspira **~ation** • *n* inspiraţie
installation /ɪnstəˈleɪʃən/ • *n* instalaţie *f*, instalare *f*

instance /ˈɪnstəns/ • *n* caz *n*, exemplu *n*; întâmplare *f*, circumstanţă *f*, incident *n*, ocazie *f*; instanţă *f*
instant /ˈɪnstənt/ • *n* moment *n*, clipă *f*; instant **~ly** • *adv* instant
instead /ɪnˈstɛd/ • *adv* în loc de
institut|e /ˈɪnstɪt(j)uːt/ • *n* institut *n* **~ion** • *n* instituţie *f*
instruct|ion /ɪnˈstɹʌkʃən/ • *n* instruire *f*, învăţare *f*, învăţământ *n*; instrucţiune *f*, indicaţie *f*, învăţătură *f*, îndrumare *f* **~or** • *n* instructor *m*, instructoare *f*
instrument /ˈɪnstɹəmənt/ • *n* instrument *n*; aparat *n* **~al** • *adj* instrumental
insufficient • *adj* insuficient *n*, neîndestulător *n*, nesuficient *n*
insult /ɪnˈsʌlt, ˈɪn.sʌlt/ • *n* insultă *f*, jignire *f*, injurie *f* • *v* jigni, insulta **~ing** • *adj* insultător, ofensator
insurance /ɪn.ˈʃɔː.ɹɪns/ • *n* asigurare *f*
intact /ɪnˈtækt/ • *adj* intact
integr|al /ˈɪntɪɡɹəl, ˈɪntəɡɹəl/ • *adj* integral • *n* integrală *f* **~ity** • *n* integritate *f*
integrat|e • *v* integra **~ed** • *adj* integrat *n* **~ion** • *n* integrare *f*
intellectual /ˌɪntəˈlɛk(t)ʃʊəl/ • *adj* intelectual *n* • *n* intelectual *m*, intelectuală *f*
intelligen|t /ɪnˈtɛlɪdʒənt/ • *adj* inteligent *n*, deştept **~ce** • *n* inteligenţă *f*, judecată *f*
intention /ɪnˈtɛnʃən/ • *n* intenţie *f* **~ally** • *adv* intenţionat,

premeditat *m*

intens|e /ɪnˈtɛns/ • *adj* intens **~ify** • *v* intensifica **~ity** • *n* intensitate *f*

interaction /ˌɪntərˈækʃən/ • *n* interacțiune *f*, interacționare *f*

interest /ˈɪntərɪst, ˈɪntərəst/ • *n* dobândă *f*; interes *n*, interes material *n*; preocupare *f* • *v* interesa **~ed** • *adj* interesat *m* **~ing** • *adj* interesant

interface /ˈɪntəfeɪs, ˈɪntərˌfeɪs/ • *n* interfață; suprafață de separare

interference /ˌɪntərˈfɪːrɪns, ˌɪntəˈfɪːrəns/ • *n* interferență *f*

interior /ɪnˈtɪːrɪə, ɪnˈtɪərɪə/ • *adj* intern, interior

interjection /ˌɪn.tərˈdʒɛk.ʃən, ˌɪn.tərˈdʒɛk.ʃən/ • *n* interjecție *f*

international /ˌɪntərˈnæʃ(ə)n(ə)l, ˌɪntərˈnæʃ(ə)n(ə)l/ • *adj* internațional

interpret /ɪnˈtɜː.prɪt, ɪnˈtɜː.prɪt/ • *v* interpreta; traduce **~ation** • *n* interpretare *f*; semnificație *f* **~er** • *n* interpret *m*, interpretă *f*, translator *m*, translatoare *f*, traducător *m*, traducătoare *f*; comentator *m*, interpretator *m*; interpretor *n*

interrupt /ˌɪntəˈrʌpt, ˌɪntəˈrʌpt/ • *v* întrerupe **~ion** • *n* întrerupere *f*

interval /ˈɪntəvəl, ˈɪntəvəl/ • *n* interval *n*, distanță *f*

interventionism • *n* intervenționism *n*

interview /ˈɪntəvjuː, ˈɪntəvjuː/ • *n* interviu *n*; interviu de prezentare *n* • *v* interviewa

intima|te /ˈɪn.tɪ.mət, ˈɪn.tɪ.meɪt/ • *adj* intim; personal **~cy** • *n* intimitate *f*

intolerance • *n* intoleranță *f*

introduc|e /ˌɪntrəˈdus, ˌɪntrəˈdjuːs/ • *v* prezenta **~tion** • *n* introducere *f*; prezentare *f*

inva|der /ɪnˈveɪ.də(ɪ)/ • *n* invadator **~sion** • *n* invazie *f*

invent /ɪnˈvɛnt/ • *v* scorni, născoci, inventa **~ive** • *adj* de invenție, invenţial; inventiv **~ion** • *n* invenție *f*, invenții

investor /ɪnˈvɛstə/ • *n* investitor *m*, investitoare *f*

investigat|e /ɪnˈvɛs.tɪ.geɪt/ • *v* investiga **~ion** • *n* investigație *f* **~or** • *n* investigator *m*

invisible /ɪnˈvɪzəb(ə)l/ • *adj* invizibil *m*; ascuns *m*

invite /ɪnˈvaɪt/ • *v* invita

Iran • *n* Iran *n* **~ian** • *adj* iranian • *n* iranian *m*, iraniană *f*

Iraq • *n* Irak *n* **~i** • *adj* irakian • *n* irakian *m*, irakiană *f*

Ir|eland • *n* Irlanda *f* **~ish** • *adj* irlandez • *n* irlandeză *f*; irlandez

iron /ˈaɪən, ˈaɪən/ • *adj* de fier • *n* fier *n*; fier de călcat *m* • *v* călca

iron|y /ˈaɪə.rən.i, ˈaɪ.rə.ni/ • *adj* feros *n* • *n* ironie *f* **~ic** • *adj* ironic **~ically** • *adv* ironic

irrelevant • *adj* nerelevant *m*, irelevant *m*

irresistible /ˌɪrɪˈzɪstəb|/ • *adj* irezistibil *n*

irritat|e /ˈɪrɪteɪt/ • *v* irita, enerva, agasa, sâcâi **~ion** • *n* iritare *f*;

iritație *f*
Islam ● *n* islam **~ic** ● *adj* islamic *n*, islamică *f*
island /ˈaɪlənd/ ● *n* insulă *f*
isolate /ˈaɪsəleɪt, ˈaɪsəlɑt/ ● *v* izola **~d** ● *adj* izolat *n*
Israel ● *n* Israel *n* **~i** ● *adj* israelian ● *n* israelian *m*, israeliană *f*
issue /ˈɪsjuː, ˈɪʃ(j)u/ ● *n* emisiune *f*; problemă *f*
Istanbul ● *n* Istanbul
it /ɪt, ət/ ● *pron* el
Ital|y ● *n* Italia *f* **~ian** ● *adj* italian, italienesc; italic ● *n* italian *m*, italiancă *f*, italiană *f*
item /ˈaɪtəm/ ● *n* articol *n*, exemplar *n*, bucată *f*; punct de agendă *n*

J

jackdaw /ˈdʒækˌdɔː, ˈdʒækˌdɑ/ ● *n* stăncuță *f*
jacket /ˈdʒækɪt, ˈdʒækɪt/ ● *n* geacă *f*
jail /dʒeɪl/ ● *n* închisoare *f*, temniță *f*, pușcărie *f*
jam /dʒæm, ˈdʒæːm/ ● *n* gem *n*, marmeladă *f* ● *v* bruia
Jamaica ● *n* Jamaica *f* **~n** ● *adj* jamaican ● *n* jamaican *m*, jamaicană *f*
January ● *n* ianuarie *m*, gerar, cărindar

Japan ● *n* Japonia *f* **~ese** ● *adj* japonez ● *n* japonez *m*, japoneză *f*; limba japoneză *f*
jar /dʒɑː, dʒɑɪ/ ● *n* vas *n*, castron *n*, blid *n*
jaw /dʒɔː, dʒɔ/ ● *n* mandibulă *f*, mandibule, falcă, maxilar
jay /dʒeɪ/ ● *n* gaiță *f*
jazz /dʒæz/ ● *n* jazz *n*
jealous /ˈdʒɛləs/ ● *adj* gelos **~y** ● *n* gelozie *f*
jeans /dʒiːnz/ ● *n* blugi
jellyfish /ˈdʒɛliˌfɪʃ/ ● *n* meduză *f*
jet /dʒɛt/ ● *adj* cu reacție ● *n* jet *n*; duză *f*, ajutaj *n*; motor cu reacție *n*; jiclor *n*; jais *n*, gagat *n*
Jew ● *n* evreu *m*, evreică *f*, jidan *m*, jidancă *f* **~ish** ● *adj* evreiesc
jewel /ˈdʒuːəl, ˈdʒul/ ● *n* nestemată *f*, nestemate, pietre scumpe; bijuterie *f*, bijuterii, giuvaeruri **~er** ● *n* bijutier *m*, giuvaergiu *m*
join /dʒɔɪn/ ● *v* alătura, împreuna, uni
joint /dʒɔɪnt/ ● *n* articulație *f* **~ly** ● *adv* împreună
joke /dʒəʊk, dʒoʊk/ ● *n* banc *n*, glumă *f* ● *v* glumi
Jordan ● *n* Iordania *f*; Iordan *n*
journal /ˈdʒɜːnəl/ ● *n* ziar
journalis|t /ˈdʒɜːnəlɪst, ˈdʒɜːnəlɪst/ ● *n* ziarist *m*, ziaristă *f*, gazetar *m*, gazetară *f*, jurnalist *m*, jurnalistă *f*; reporter *m*, reporteră *f* **~m** ● *n* jurnalism
journey /ˈdʒɜːni, ˈdʒɜːniː/ ● *n* voiaj *n*, călătorie *f* ● *v* călători

joy /dʒɔɪ/ • *n* fericire *f*, bucurie *f*, jovialitate *f*, veselie *f*, voioșie **~ous** • *adj* vesel, voios, jovial

judg|e /dʒʌdʒ/ • *n* judecător *m*, judecătoare *f*; arbitru *f* • *v* judeca **~ment** • *n* judecare *f*, judecată *f*

juice /dʒuːs, dʒus/ • *n* suc *n*

July • *n* iulie *m*, cuptor

jump /dʒʌmp/ • *v* sări, sălta; tresări

junction /ˈdʒʌŋkʃən/ • *n* joncțiune

June • *n* iunie, cireșar

jungle /ˈdʒʌŋɡəl/ • *n* junglă *f*

Jupiter • *n* Jupiter *m*

jurisdiction • *n* jurisdicție *f*

jury /ˈdʒʊəri/ • *n* juriu *n*

just /dʒʌst/ • *adv* doar, numai; tocmai; întocmai

justice /ˈdʒʌs.tɪs/ • *n* justiție *f*, dreptate *f*, justețe *f*; judecător *m*

justif|y /ˈdʒʌstɪfaɪ/ • *v* justifica **~ication** • *n* justificare *f*, justificație *f*

K

Kazakhstan • *n* Kazahstan *n*

keep /kiːp/ • *v* (*sp* kept, *pp* kept) păstra, ține

Kenya • *n* Kenya *f*

kept (*sp/pp*) ▷ KEEP

kestrel /ˈkestrəl/ • *n* vindereu *m*, vânturel *m*

key /kiː, kɪ/ • *n* cheie *f*; legendă; tastă *f*; clapă *f*; manipulator *n* **~board** • *n* tastatură *f*, claviatură *f* **~ring** • *n* breloc *n* **~word** • *n* cuvânt-cheie *n*

kick /kɪk/ • *v* lovi

kid /kɪd/ • *n* ied *m*

kidney /ˈkɪdni/ • *n* rinichi *m*

kill /kɪl/ • *v* omorî, ucide; opri, stopa, anula **~er** • *n* ucigaș, ucigașă *f*, asasin *m*

kilometre /ˈkɪləˌmiːtə, kəˈlɒmɪtəʳ/ • *n* kilometru *m*

kind /kaɪnd/ • *adj* bun, amabil • *n* fel, gen **~ness** • *n* bunătate, amabilitate *f*, bunăvoință *f*

king /kɪŋ, ŋ/ • *n* rege *m*; popă • *v* încorona **~dom** • *n* regat *n*; regn *n*

Kiribati • *n* Kiribati

kiss /kɪs/ • *n* sărut *n*, pupic *n* • *v* săruta, pupa; se săruta

kitchen /ˈkɪtʃən/ • *n* bucătărie *f*

knee /niː, ni/ • *n* genunchi

kneel /niːl/ • *v* (*sp* knelt, *pp* knelt) îngenunchea

kneeled (*sp/pp*) ▷ KNEEL

knelt (*sp/pp*) ▷ KNEEL

knew (*sp*) ▷ KNOW

knife /naɪf/ • *n* (*pl* knives) cuțit *n* • *v* a da o lovitură de cuțit

knit /nɪt/ • *v* (*sp* knitted, *pp* knitted) tricota, împleti, croșeta

knitted ▷ KNIT

knives (*pl*) ▷ KNIFE

knock /nɒk, nɑk/ • *v* ciocăni

know /nəʊ, noʊ/ • *v* (*sp* knew, *pp* known) ști; cunoaște

knowledge /ˈnɒlɪdʒ, ˈnɑlɪdʒ/ ● *n* cunoaștere *f*, știre *f*; cunoștințe, știință *f*

known *(pp)* ▷ KNOW

Korea ● *n* Coreea *f* **~n** ● *adj* coreean ● *n* coreeană *f*; coreean *m*, coreeancă *f*

Kosovo ● *n* Kosovo **~an** ● *adj* kosovar ● *n* kosovar *m*, kosovară *f*

Kuwait ● *n* Kuwait, Kuweit *n* **~i** ● *adj* kuwaitian ● *n* kuwaitian *m*, kuwaitiană *f*

Kyrgyzstan ● *n* Kârgâzstan *n*

L

label /ˈleɪbəl/ ● *v* eticheta; categorisi

laboratory /ˈlæbrətɔri, ləˈbɒrət(ə)ri:/ ● *n* laborator *m*

labour /ˈleɪ.bə, ˈleɪ.bər/ ● *n* muncă *f*; muncitori, lucrători

lack /lak, læk/ ● *n* lipsă *f*

lad /læd, lɒd/ ● *n* băiat *m*

ladder /ˈladə, ˈlædər/ ● *n* scară

lady /ˈleɪdi/ ● *n* doamnă *f*; lady *f*; dame, femei

laid *(sp/pp)* ▷ LAY

lain *(pp)* ▷ LIE

lake /leɪk/ ● *n* lac *n*

lamb /lam/ ● *n* miel *m*, mioară *f*, mia *f*; miélușel *m*

lame /leɪm/ ● *adj* șchiop *m*, olog *m*; handicapat *m*, schiopatand; jalnic *m*, slab *m*, lipsit de gust *m*; anost *m*, plictisitor *m*, șters *m*

lamp /læmp/ ● *n* lampă *f*, lampă electrică *f*; lămpi

land /lænd/ ● *n* uscat *n*, pământ *n*; teren *n*; țară *f* ● *v* a ateriza **~ing** ● *n* aterizare **~lord** ● *n* gazdă *f*

landmark /ˈlændmɑːrk/ ● *n* punct de reper *n*, punct de orientare *n*

landscape /ˈlandskeɪp/ ● *n* peisaj *n*

lane /leɪn/ ● *n* uliță *f*

language /ˈlæŋgwɪdʒ, æ/ ● *n* limbă *f*; vorbire *f*, limbaj *n*; jargon *n*

Laos ● *n* Laos *n*

lap /læp/ ● *v* îmbuca **~top** ● *n* computer portabil *n*, laptop *n*, notebook *n*, calculator portabil *n*

large /lɑːdʒ, lɑːrdʒ/ ● *adj* mare

larva /ˈlɑː.və, ˈlɑːr.və/ ● *n* larvă *f*

laser /ˈleɪz.ə(r), ˈleɪzər/ ● *n* laser *n*

last /lɑːst, læst/ ● *adj* ultim ● *n* formă *f* ● *v* dura

late /leɪt/ ● *adj* târziu ● *adv* târziu **~st** ● *adj* ultim, cel mai din urmă

Latin ● *adj* latină, latin; roman; latino-american ● *n* limbă latină *f*, latină *f*; latin *m*, roman *m*, romană *f*

Latvia ● *n* Letonia *f* **~n** ● *adj* leton ● *n* letonă *f*; leton *m*

laugh /lɑːf, lɑːf/ ● *n* râs, râset ● *v* râde **~ter** ● *n* râs *n*, râset

laundry /ˈlɔːn.dri, ˈlɑn.dri/ ● *n* spălare *f*, spălat *n*; spălătorie *f*, cameră de spălat *f*; rufe, lucruri de spălat, rufă *f*

law /lɔː, lɒ/ • *n* lege *f* **~ful** • *adj* legal *m* **~yer** • *n* avocat *m*, avocată *f* **~suit** • *n* caz judiciar *n*, proces, cauză *f*

lawn /lɔːn, lɒn/ • *n* peluză *f*

lay /leɪ/ • *v* (*sp* laid, *pp* laid) culca; oua • (*also*) ▷ LIE

layer /leɪə, 'leɪ.ɚ/ • *n* strat, așternut, acoperământ *n*

layout /'leɪ.aʊt/ • *n* plan *n*

lazy /'leɪzi/ • *adj* leneș, puturos, indolent, trândav

lead /lɛd/ • *n* plumb *n* • *v* (*sp* led, *pp* led) conduce **~er** • *n* conducător, lider *m*, șef *m*

leaf /liːf/ • *n* (*pl* leaves) frunză *f*; folie *f*; foaie *f*

league /liːɡ/ • *n* alianță *f*, coaliție *f*, ligă; leghe • *v* a se alia, a se coaliza **out of one's ~** • *phr* a nu fi de nasul cuiva

lean /liːn/ • *adj* subțire, slab • *v* (*sp* leant, *pp* leant) inclina, rezema; ține

leaned (*sp/pp*) ▷ LEAN

leant (*sp/pp*) ▷ LEAN

leap /liːp/ • *n* săltare *f*, salt *n* • *v* (*sp* leapt, *pp* leapt) sări, sălta

leaped (*sp/pp*) ▷ LEAP

leapt (*sp/pp*) ▷ LEAP

learn /lɜːn, lɜrn/ • *v* (*sp* learnt, *pp* learnt) învăța; studiu; afla

learned (*sp/pp*) ▷ LEARN

learning /'lɜːnɪŋ, 'lɜːrnɪŋ/ • *n* instruire *f*, învățare *f*; învățătură *f*

learnt (*sp/pp*) ▷ LEARN

at least • *phr* cel puțin, măcar

leather /'lɛðə, 'lɛðɚ/ • *n* piele *f*, piele de animal *f*

leave /liːv/ • *v* (*sp* left, *pp* left) lăsa; pleca

leaves (*pl*) ▷ LEAF

Leban|on • *n* Liban *m* **~ese** • *adj* libanez • *n* libanez *m*, libaneză *f*

led (*sp/pp*) ▷ LEAD

left /lɛft/ • *adj* stâng • *adv* la stânga • *n* stânga *f*; stângă *f* • *v* rămas **~-handed** • *n* stângaci • (*also*) ▷ LEAVE

leg /lɛɡ, leɪɡ/ • *n* gambă *f*, picior *n*

legacy /'lɛɡəsi, 'leɪɡəsi/ • *n* moștenire *f*

legal /'liː.ɡəl, 'liːɡəl/ • *adj* legal; juridic **~ly** • *adv* legal; juridic, juridicește **~ity** • *n* legalitate *f*

legend /'lɛdʒ.ənd/ • *n* legendă, mit **~ary** • *adj* legendar, mitic

legislat|ive /'lɛ.dʒɪs.lə.tɪv, 'lɛ.dʒɪˌsleɪ.tɪv/ • *adj* legislativ **~or** • *n* legiuitor *m*, legislator *m* **~ure** • *n* corp legislativ *n*

legitimacy • *n* legitimitate *f*

leisure /'lɛʒə(ɪ), 'liːʒɚ/ • *n* răgaz *n*; timp liber

lemon /'lɛmən/ • *adj* galben-verziu • *n* lămâie *f*; lămâi *m*

lend /lɛnd/ • *v* (*sp* lent, *pp* lent) împrumuta

length /lɛŋ(k)θ/ • *n* lungime **~en** • *v* lungi

lens /lɛnz/ • *n* lentilă *f*; linte *f*; cristalin *n* • *v* filma

lent (*sp/pp*) ▷ LEND

lesbian /ˈlɛzbi.ən/ • *n* lesbiană *f*, lesbi *f*
Lesotho • *n* Lesotho *n*
less /lɛs/ • *adj* mai puțin
lesson /ˈlɛsn̩/ • *n* lecție *f*
let /lɛt/ • *v* (*sp* let, *pp* let) lăsa
lethargy /ˈlɛθədʒi, ˈlɛθɚdʒi/ • *n* letargie *f*
letter /ˈlɛtə(ɹ), ˈlɛtɚ/ • *n* literă *f*, caracter *n*; scrisoare *f*
level /ˈlɛv.əl/ • *adj* plan, plat, șes, nivelat • *n* nivel *n*, nivele; grad *n*, grade; etaj *n*, etaje, cat *n* • *v* nivela
liab|le /ˈlaɪəbəl/ • *adj* răspunzător, responsabil; pasibil **~ility** • *n* responsabilitate
liberalism • *n* liberalism *n*
liberation • *n* liberație *f*
Liberia • *n* Liberia *f*
liberty /ˈlɪbɚti/ • *n* libertate *f*
librar|y /ˈlaɪbɹəɹi, ˈlaɪbɹəɹi/ • *n* bibliotecă *f* **~ian** • *n* bibliotecar *m*, bibliotecară *f*; arhivist *m*, arhivistă *f*
Libya • *n* Libia *f*
lice (*pl*) ▷ LOUSE
licence (*British*) ▷ LICENSE
license /ˈlaɪsəns/ • *n* licență *f*
lid /lɪd/ • *n* capac *n*
lie /laɪ/ • *n* minciună *f* • *v* (*sp* lay, *pp* lain) sta culcat, zăcea, a sta întins, a sta orizontal; a fi situat, a se găsi; minți **~ down** • *v* se culca
Liechtenstein • *n* Liechtenstein *n*
life /laɪf/ • *n* (*pl* lives) viață *f*; durată *f* **~ insurance** • *n* asigurare de viață **~guard** • *n* salvamar *m*; colac de salvare *m* **~style** • *n* stil de viață *n* **~time** • *n* durată de viață; eternitate
lift /lɪft/ • *n* lift *n*, ascensor *n* • *v* ridica
light /laɪt, lʌɪt/ • *adj* ușor • *n* lumină; corp de iluminat *n*, far • *v* (*sp* lit, *pp* lit) aprinde; lumina, ilumina **~ning** • *n* fulger *n*, trăsnet *n* **~ bulb** • *n* bec *n*, bulb de lampă
lighted (*sp/pp*) ▷ LIGHT
like /laɪk/ • *n* preferință *f* • *prep* ca • *v* plăcea
likelihood /ˈlaɪklihʊd/ • *n* probabilitate, verosimilitate
limb /lɪm/ • *n* mădular *n*, ciolan *n*, membru *n*
limit /ˈlɪmɪt/ • *n* limită *f*; valoare extremă *f*, graniță *f*, margine *f*; valoare limită *f* • *v* limita, restrânge **~ed** • *adj* limitat *n*, mărginit *n*
line /laɪn/ • *n* coadă; dreaptă *f*, linie deaptă *f*; segment *n*; muchie *f*, cant *n*; latitudine *f*, longitudine *f*; ecuator *n*; linie *f*; metru *m*; direcție *f*, linie directoare *f*; funie *f*, frânghie *f*, sfoară *f*, șnur *n*, ață *f* **out of ~** • *phr* deplasat
linen /ˈlɪnɪn/ • *n* in *n*; lenjerie *f*
linger • *v* sta, rămâne, lenevi
link /lɪŋk/ • *n* legătură *f*; verigă *f*, za *f*; hyperlink *n*
lion /ˈlaɪən/ • *n* leu *m* **~ess** • *n* leoaică *f*
lip /lɪp/ • *n* buză *f*, buze **~stick** • *n* ruj *n*, roșu de buze *m*

liquid /ˈlɪkwɪd/ • *adj* lichid • *n* lichid *m*

Lisbon • *n* Lisabona

list /lɪst/ • *n* listă *f*

listen /ˈlɪs.ən/ • *v* asculta **~er** • *n* ascultător, auditor

lit *(sp/pp)* ▷ LIGHT

literal /ˈlɪt(ə)ɹəl/ • *adj* literally *n*, literală *f* **~ly** • *adv* literalmente

literary /ˈlɪtəɹəɹi, ˈlɪtəɹ(ə)ɹi/ • *adj* literar *n*, literară *f*; literari

literacy /ˈlɪtəɹəsi/ • *n* alfabetizare *f*, alfabetism *n*, instruire *f*, școlire *f*

literature /ˈlɪ.tə.ɹɪ.tʃə(ɹ), ˈlɪ.tə.ɹɪ.tʃɚ/ • *n* literatură *f*

Lithuania • *n* Lituania *f* **~n** • *adj* lituanian • *n* limba lituaniană *f*, lituaniană *f*; lituanian *m*, lituanieni, lituaniene

litter /ˈlɪtə(ɹ), ˈlɪtɚ/ • *n* lectică *f*, litieră *f* • *v* fâta

little /ˈlɪtəl, ˈlɪtl/ • *adj* mic, mică *f* • *adv* puțin

liv|e /lɪv/ • *adj* viu; în direct • *v* trăi; locui, a avea locuință; supraviețui **~ing** • *adj* viu *m*, vie *f*

liver /ˈlɪvə(ɹ)/ • *n* ficat *n*, mai

lives *(pl)* ▷ LIFE

lizard /ˈlɪz.əd, ˈlɪz.ɚd/ • *n* șopârlă *f*

llama /ˈlɑː.mə, ˈlɑmə/ • *n* lamă *f*

load /loʊd, ləʊd/ • *n* sarcină *f*; încărcătură *f* • *v* încărca

loaf /ləʊf, loʊf/ • *n* (*pl* loaves) pâine *f* • *v* trândăvi

loan /ləʊn, loʊn/ • *n* împrumut *n* • *v* împrumuta

loaves *(pl)* ▷ LOAF

lobster /ˈlɒb.stə, ˈlɑb.stɚ/ • *n* homar *m*

local /ˈləʊkl, ˈloʊkl/ • *adj* local; locală *f* **~ization** • *n* localizare

locate /ləʊˈkeɪt, ˈloʊkeɪt/ • *v* poziționa

located *(sp/pp)* ▷ LOCATE

lock /lɒk, lɑk/ • *n* încuietoare *f*, lacăt, broască *f*, zăvor, clanță; stăvilar; buclă *f* • *v* încuia **~smith** • *n* lăcătuș *m*

log /lɒg, lɑg/ • *n* buștean *m*, trunchi *n*

logic /ˈlɒdʒɪk, ˈlɑdʒɪk/ • *n* logică *f* **~al** • *adj* logic; rezonabil

logistics • *n* logistica

London • *n* Londra *f*

long /lɒŋ, lɔːŋ/ • *adj* lung • *v* dori, jindui **~ing** • *n* dor *n*

look /lʊk, luːk/ • *n* aspect *n*, înfățișare *f* • *v* privi, uita; părea **~ sth up** • *v* căuta **~ for sb/sth** • *v* căuta

loom /luːm, lum/ • *n* război de țesut *n*

loose /luːs/ • *v* dezlega

lose /luːz/ • *v* (*sp* lost, *pp* lost) pierde

lost /lɒst, lɔːst/ • *adj* pierdut • *(also)* ▷ LOSE

lottery /ˈlɒtəɹi, ˈlɑtɚi/ • *n* loterie *f*, loto *n*

loud /laʊd/ • *adj* tare; gălăgios, zgomotos **~ly** • *adv* tare, zgomotos, cu voce tare, răsunător

lous|e /laʊs/ • *n* (*pl* lice) păduche *m* **~y** • *adj* păduchios; plin *n*

lov|e /lʌv, lʊːv/ • *n* iubire, dragoste, amor; iubit, iubită • *v* iubi, adora; dori, venera; admira, ține la, păsa de; face amor, face dragoste, culca **~ingly** • *adv* iubitor, afectuos, drăgăstos **~er** • *n* iubit *m*, iubită *f*, amant *m*, amantă *f*; ibovnic *m*, ibovnică *f*; om iubitor *m*, persoană iubitoare *f*, fan *m* **in ~e** • *phr* îndrăgostit; îndrăgostit de

low /ləʊ, loʊ/ • *adj* jos

loyalty • *n* loialitate *f*

luck /lʌk, lʊk/ • *n* noroc *n*, șansă *f*, soartă **~y** • *adj* norocos *m*

lunch /lʌntʃ/ • *n* prânz *n* • *v* prânzi

lung /lʌŋ/ • *n* plămân *m*, pulmon, plămâni

lust /lʌst/ • *n* luxură *f*, desfrânare *f*, concupiscență *f*

Luxembourg • *n* Luxemburg *n*

luxurious /lʌɡˈʒʊɹ.i.əs/ • *adj* luxurios *m*

lynx /lɪŋks/ • *n* linx *m*, râs *m*

lyrics /ˈlɪɹ.ɪks/ • *n* versuri, text *n*

M

Macedonia • *n* Macedonia *f*; Republica Macedonia **~n** • *adj* macedonean • *n* macedonean *m*, macedoneancă *f*, macedoneană *f*; limba macedoneană *f*; limba antică macedoneană *f*, macedoneana antică *f*

machine /məˈʃiːn/ • *n* mașină *f*, mașină electrică *f*, mașina mecanică *f*; automobil **~ry** • *n* mașinărie *f*; mecanism *n*

Madagascar • *n* Madagascar *n*

made *(sp/pp)* ▷ MAKE

Madrid • *n* Madrid *n*

magazine /mæɡəˈziːn, mæɡəˈziːn/ • *n* revistă *f*

maggot /ˈmæɡət/ • *n* larvă, vierme

magic /ˈmædʒɪk, ˈmædʒɪk/ • *adj* magic; minunat, fermecător • *n* magie **~al** • *adj* magic; fermecător, încântător

magistrate /ˈmædʒɪstɹeɪt/ • *n* magistrat *f*

magnet /ˈmæɡnət/ • *n* magnet *m* **~ic** • *adj* magnetic; atractiv

magnify /ˈmæɡnɪfaɪ, ˈmæɡnɪfaɪ/ • *v* mări **~ing glass** • *n* lupă *f*

magnitude /ˈmæɡnɪtjuːd/ • *n* mărime *f*; cantitate *f*; mărime stelară *f*, magnitudine *f*

mail /meɪl/ • *n* poștă *f* **~box** • *n* cutie poștală *f*

main /meɪn/ • *adj* principal **~land** • *n* continent **~ly** • *adv* îndeosebi, mai ales, mai cu seamă

maintain /meɪnˈteɪn/ • *v* menține; afirma

major /ˈmeɪdʒə(ɹ), ˈmeɪdʒɚ/ • *n* maior *m*, maiori **~ity** • *n* majoritate *f*; majorat *n*

make /meɪk/ • *v* (*sp* made, *pp* made) face **~r** • *n* făcător *m*, fabricant *m* **~up** • *n* machiaj *n*

Malawi • *n* Malawi
Malaysia • *n* Malaezia *f*, Malaysia *f* **~n** • *adj* malaiez • *n* malaiez *m*, malaieză *f*
Maldives • *n* Maldive
male /meɪl/ • *adj* mascul, masculin • *n* bărbat *m*, mascul *m*; bărbătuș *m*
Mali • *n* Mali
mallard /ˈmæl.ɑː(ɹ)d, ˈmæləɹd/ • *n* rață sălbatică *f*, rață mare *f*
Malt|a • *n* Malta *f* **~ese** • *n* maltezi; maltez *m*, malteză *f*; bichon maltez *m*
mammoth /ˈmæməθ/ • *n* mamut *m*
man /mæn/ • *n* (*pl* man) om *m*; bărbat *m* **~kind** • *n* omenire *f* **~ly** • *adj* masculin, bărbătesc, viril, bărbătos
manager /ˈmæn.ɪ.dʒə, ˈmæn.ɪ.dʒɚ/ • *n* director *m*, șef *m*, manager *m*; impresar *m*
manifestation /ˌmænɪfɛˈsteɪʃən/ • *n* manifestare *f*, manifestație *f*
manipulate /məˈnɪpjʊleɪt/ • *v* manipula
manner /ˈmænə, ˈmænɚ/ • *n* stil *n*, fel *n*, manieră *f*, mod *n*; purtare *f*, comportament *n*, conduită *f*
mansion /ˈmæn(t)ʃən/ • *n* palat *n*, conac *n*, curte *f*
manual /ˈman.j(ʊ)əl, ˈmænjə(wə)l/ • *adj* manual *n*; cutie de viteze *f*
manufactur|e /ˌmænjʊˈfæktʃə, ˌmænjuˈfæktʃɚ/ • *n* fabricare *f* • *v* fabrica; produce **~er** • *n* fabricant, producător **~ing** • *n* fabricare *f*

manuscript /ˈmænjəˌskɹɪpt/ • *n* manuscris
many /ˈmɛni, ˈmɪni/ • *det* mulți, multe • *pron* mulțime *f*
map /mæp/ • *n* hartă *f*
marathon /ˈmæɹəθən, ˈmæɹəˌθɑn/ • *n* maraton
marble /ˈmɑːbəl, ˈmɑɹbəl/ • *n* marmură *f*
March /mɑːtʃ, mɑɹtʃ/ • *n* martie, mărțișor
march /mɑːtʃ, mɑɹtʃ/ • *n* marș *n* • *v* mărșălui, mărșui
marine /məˈɹiːn/ • *adj* marin, maritim
mark /mɑːk/ • *n* marcă *f*, semn *n*, bornă *f*; notă *f*; scor *n*; urmă *f*, pată *f* • *v* marca, indica **~er** • *n* marker *n*; marcator *m*
market /ˈmɑːkɪt, ˈmɑɹkɪt/ • *n* târg *n*, piață *f*
marmot /ˈmɑɹ.mət/ • *n* marmotă *f*
marr|y /ˈmæɹi, ˈmæɹi/ • *v* căsători, însura, cununa, mărita **~iage** • *n* căsătorie *f*, căsnicie *f*; cununie *f*, nuntă *f*
Mars • *n* Mars
mask /mɑːsk, mæsk/ • *n* mască *f* • *v* masca; deghiza, ascunde; se masca
mass /mæs/ • *n* misă *f*; masă *f*; mase
massacre /ˈmæs.ə.kə, ˈmæs.ə.kə(ɹ)/ • *n* masacru *n* • *v* masacra
master /ˈmɑːstə, ˈmæstɚ/ • *n* stăpân *m*, proprietar *m*, patron *m*; maestru *m*; jupân *m*; original *n* • *v* stăpâni;

conduce, controla; excela **~piece** • *n* capodoperă *f*
match /mætʃ/ • *n* meci *n*, partidă *f*, întâlnire *f*, joc *n*; egal *m*, egală *f*; chibrit
material /mə'tɪrɪəl, mə'tɪərɪəl/ • *adj* material *n*, materială *f* • *n* material *n*, materie *f*; stofă *f*, material textil *n*, pânză *f* **~ism** • *n* materialism *n* **~istic** • *adj* materialist *m*
maternal /mə'tɜːnəl, mə'tɜːnəl/ • *adj* matern
mathematic|s /mæθ(ə)'mætɪks/ • *n* matematică *f* **~al** • *adj* matematic *n*, matematică *f*
maths ▷ MATHEMATICS
matrix /'meɪtrɪks, 'mætrɪks/ • *n* (*pl* matrices) matrice *f*
matter /'mætə, 'mætər/ • *n* materie *f*; problemă *f*, chestiune *f*; subiect *n*, fond *n*, material *n*; cauză; substanță
matur|e /mə'tjʊə, mə'tʃʊ(ə)ɪ/ • *adj* matur **~ity** • *n* maturitate *f*
Mauritania • *n* Mauritania *f*
Mauritius • *n* Mauritius *n*
maximum /'mæksɪməm/ • *n* maximum, maxim *n*
May /meɪ/ • *n* mai, florar
may /meɪ/ • *n* păducel *m*, gherghin *m* • *v* (*sp* might, *pp* -) putea; se poate; să
maybe /'meɪbi/ • *adv* poate
mayor /'meɪ.ɚ, 'meə/ • *n* primar *m*, primăreasă *f*, primăriță *f*
me /miː, mi/ • *pron* mine, mă; imi
meal /miːl/ • *n* masă *f*; făină *f*
mean /miːn/ • *adj* mediu • *n* mijloc, medie • *v* (*sp* meant, *pp* meant) vrea, avea intenția,

gândi; a semnifica, indica, însemna; a vrea să spună; am convingerea **~ing** • *n* semnificație *f*, sens *n*
means /miːnz/ • *n* (*pl* means) mijloace
meant (*sp/pp*) ▷ MEAN
meanwhile /'miːnwaɪl, 'miːnhwaɪl/ • *adv* între timp
measure /'meʒə, 'meʒər/ • *n* măsură; distanță *f*; măsurare *f*; tact *n*; riglă *f*, linie *f* • *v* măsura **~ment** • *n* măsurare *f*, măsurătoare; măsură *f*, mărime *f*
meat /miːt, mit/ • *n* carne *f* **~ball** • *n* chiftea *f*, pârjoală *f*
mechani|c • *n* mecanic *f* **~cal** • *adj* mecanic **~sm** • *n* mecanism *n*
medal /'medəl/ • *n* medalie *f*
medic|ine /'med.sɪn, 'mɛ.dɪ.sɪn/ • *n* medicament *n*; terapie *f*, tratament *n*; medicină **~ation** • *n* medicație
medium /'miːdɪəm/ • *adj* mediu • *n* mediu *n*; medium *m*
meet /miːt, mit/ • *v* (*sp* met, *pp* met) a întâlni; a se atinge; a raspunde
meeting /'miːtɪŋ, 'mitɪŋ/ • *n* ședință
melo|dy /'mel.ə.di, 'mɛl.ə.di/ • *n* melodie *f* **~ic** • *adj* melodic; melodios
melt /melt/ • *v* (*sp* melted, *pp* molten) topi
melted (*sp/pp*) ▷ MELT
member /'membə, 'membər/ • *n* membru *m*; mădular *n* **~ship** • *n* apartenență *f*

memor|y /ˈmɛm(ə)ɹi, ˈmɪm(ə)ɹi/ • *n* memorie *f*; amintire *f* **~able** • *adj* memorabil

men *(pl)* ▷ MAN

mental /ˈmɛntəl/ • *adj* mintal, mental *n* **~ly** • *adv* mintal

menu /ˈmɛnjuː, ˈmɛnju/ • *n* meniu *n*

merchant /ˈmɜtʃənt, ˈmɜːtʃənt/ • *n* negustor, comerciant

Mercury /ˈmɜːkjʊɹi, ˈmɜkjəɹi/ • *n* Mercur *m*

mercy /ˈmɜsi, ˈmɜsi/ • *n* mizericordie *f*, îndurare *f*; compătimire *f*, compasiune *f*, iertare *f*; milă *f*; indulgență *f*; binecuvântare *f*

merely /ˈmɪəli, ˈmɪɹli/ • *adv* doar, abia

message /ˈmɛsɪdʒ/ • *n* mesaj *n*

met *(sp/pp)* ▷ MEET

metal /ˈmɛtəl/ • *n* metal *n*

metaphor /ˈmɛt.ə.fɔː(ɹ), ˈmɛt.ə.fɔ(ə)ɹ/ • *n* metaforă *f*

meteorite /ˈmiː.tɪ.ə.ɹaɪt, ˈmi.ti.ə.ɹaɪt/ • *n* meteorit *m*

meteorology /ˌmiːtɪəˈɹɒlədʒi, ˌmitiəˈɹɑːlədʒi/ • *n* meteorologie *f*

meter /ˈmitəɹ, ˈmiːtə/ • *n* metru, contor *n*; ritm *n*

method /ˈmɛθəd/ • *n* metodă *f* **~ical** • *adj* metodic *n* **~ology** • *n* metodologie *f*

meticulous /mɪˈtɪkjilɪs/ • *adj* meticulos *n*

metre *(British)* ▷ METER

metropolitan /ˌmɛtɹəˈpɒlɪtən, ˌmɛtɹəˈpɑlɪtən/ • *n* mitropolit *m*

Mexic|o • *n* Mexic *n* **~an** • *adj* mexican *m*, mexicană *f*, mexicani, mexicane • *n* mexicancă *f*

mice *(pl)* ▷ MOUSE

Micronesia • *n* Micronezia *f*

middle /ˈmɪdəl, ˈmədəl/ • *adj* mediu; central • *n* mijloc *n*, miez *n*, centru *n* **~ class** • *n* clasă de mijloc, clasă mijlocie, clasă medie **~ finger** • *n* deget mijlociu *n*

Middle Ages • *n* Evul Mediu

midnight /ˈmɪdnʌɪt, ˈmɪd.naɪt/ • *n* miezul nopții, miez de noapte, mijloc de noapte *n*

midwife /ˈmɪd.waɪf/ • *n* moașă *f* • *v* moși

migrat|e /ˈmaɪɡɹeɪt/ • *v* migra **~ion** • *n* migrare, migrație

mile /maɪl/ • *n* milă *f*

military /ˈmɪl.ɪ.tɹi, ˈmɪl.ɪ.tɛɹ.i/ • *adj* militar

militia /məˈlɪʃə/ • *n* miliția *f*

milk /mɪlk/ • *n* lapte *n* • *v* mulge **~y** • *adj* lăptos

Milky Way • *n* Calea Lactee *f*, Calea Laptelui *f*

mill /mɪl/ • *n* moară *f* • *v* măcina

million /ˈmɪljən/ • *num* milion *n*

millipede /ˈmɪləpɪd/ • *n* miriapod *n*

mind /maɪnd/ • *n* minte *f*; atenție *f*; memorie; concentrare; nebun; judecată • *v* fi atent; păsa

mine /maɪn/ • *n* mină *f* • *pron* meu *m*, mea *f* • *v* mina

miner /ˈmaɪnə/ • *n* miner *m*, mineră *f*, mineriță *f*

mineral /ˈmɪ.nəɹ.əl/ • *n* mineral *n*, minerale; apă minerală *f*

miniature /ˈmɪn(i)ətʃə(r), ˈmɪn(i)ətʃər/ • *n* miniatură *f*
minimal /ˈmɪnəməl/ • *adj* minimal
minimum /ˈmɪnɪməm/ • *n* minimum, minim *n*
minist|er /ˈmɪnɪstə, ˈmɪnɪstər/ • *n* pastor *m*; ministru *m*, ministră *f* **~ry** • *n* minister *m*
mink /mɪŋk/ • *n* nurcă *f*
minority /maɪˈnɒrɪti, maɪˈnɔːrɪti/ • *n* minoritate
minute /ˈmɪnɪt/ • *adj* minuscul, mărunt; minuțios, amănunțit • *n* minut *n*
mirac|le /ˈmɪrəkəl, ˈmɪrəkəl/ • *n* miracol *n*, minune *f*, minunăție *f* **~ulous** • *adj* miraculos
mirror /ˈmɪrə, ˈmɪrər/ • *n* oglindă *f*
miser|y /ˈmɪz(ə)ri, ˈmɪz(ə)ri/ • *n* mizerie *f* **~able** • *adj* mizerabil, nenorocit, mizer
miss /mɪs/ • *v* rata **~ing** • *adj* dispărut
missile /ˈmɪsaɪl/ • *n* proiectil *n*, proiectile; rachetă *f*
mission /ˈmɪʃ(ə)n/ • *n* misiune, însărcinare *f*, misiuni **~ary** • *n* misionar *m*
mist /mɪst/ • *n* ceață *f*, negură *f*
mistake /mɪˈsteɪk/ • *n* greșeală *f*, eroare *f* • *v* confunda; greși
mistress /ˈmɪstrɪs/ • *n* amantă *f*, ibovnică *f*
mix /mɪks/ • *n* amestec *n*, mixtură *f*, amestecătură *f* • *v* amesteca, mesteca **~ed** • *adj* amestecat *n*, mixt *n*; impur *n* **~ture** • *n* amestecare; amestec, mixtură, amestecătură *f*; compus *m*; compoziție *f*
moan /məʊn, moʊn/ • *n* geamăt • *v* geme
mobile /ˈməʊbaɪl, ˈmoʊbəl/ • *adj* mobil
moderat|e /ˈmɒdərət, ˈmɑːdərət/ • *adj* moderat *n*, moderată *f*; mediocru *n*, mediocră *f*, mijlociu *n*, mijlocie *f*, mediu *n*; centrist *n* • *n* centrist *m*, centristă *f* • *v* modera **~ion** • *n* moderație, cumpătare; moderare *f*; prezidare *f*, regulare *f*
modest /ˈmɒdəst/ • *adj* modest **~y** • *n* modestie *f*; rezervă *f*; castitate *f*, puritate *f*
modif|y /ˈmɒdɪfaɪ, ˈmɑːdɪfaɪ/ • *v* modifica **~ication** • *n* modificare *f*
mole /məʊl, moʊl/ • *n* aluniță *f*; cârtiță *f*, sobol *m*; mol *m*
molecul|e /ˈmɒləkjuːl, ˈmɑːləkjuːl/ • *n* moleculă *f* **~ar** • *adj* molecular
molten *(pp)* ▷ MELT
moment /ˈməʊmənt, ˈmoʊmənt/ • *n* clipă *n*, moment **at the ~** • *phr* momentan, actual, pentru moment
Monaco • *n* Monaco *n*
Monday • *adv* luni, lunea • *n* luni *f*
money /ˈmʌni/ • *n* ban *m*
Mongolia • *n* Mongolia *f* **~n** • *adj* mongol, mongolic • *n* mongol *m*, mongolă *f*, mongoli, mongole
mongoose /ˈmɒŋɡuːs, ˈmɑːŋɡus/ • *n* mangustă *f*

monitor /ˈmɒnɪtə/ • *n* monitor *n*
monk /mʌŋk/ • *n* călugăr *m*, monah *m*; celibatar *m*
monkey /ˈmʌŋki/ • *n* maimuță *f*, simie *f*
monopoly /məˈnɒpəˌli, məˈnɑpəˌli/ • *n* monopol *n*
monster /ˈmɒnstə(r), ˈmɑnstɚ/ • *n* monstru *m*
Montenegro • *n* Muntenegru
month /mʌnθ/ • *n* lună *f* **~ly** • *adv* lunar, mensual
monument /ˈmɒnjəmənt/ • *n* monument
moon /muːn/ • *n* lună *f* **~light** • *n* lumină de lună *f*
moose /muːs/ • *n* elan *m*
morality /məˈralɪti/ • *n* moralitate
more /mɔː, mɔr/ • *adv* mai • *det* mai mult; mai
morning /ˈmɔːnɪŋ, ˈmɔrnɪŋ/ • *n* dimineață *f*
Morocc|o • *n* Maroc **~an** • *adj* marocan • *n* marocan *m*, marocană *f*
morose /məˈrəʊs, mɒˈroʊs/ • *adj* morocănos, moros, ursuz
mortal /ˈmɔːtəl/ • *adj* muritor, mortal, pieritor
mortgage /ˈmɔːɡɪdʒ, ˈmɔrɡɪdʒ/ • *n* ipotecă *f*
Moscow • *n* Moscova *f*; Moscow
mosque /mɑsk, mɒsk/ • *n* moschee *f*
mostly /ˈməʊstli, ˈmoʊstli/ • *adv* în special, mai ales, mai cu seamă
moth /mɒθ, mɔθ/ • *n* molie *f*

mother /ˈmʌðə(r), ˈmʌðɚ/ • *n* mamă *f*, maică *f* **~ tongue** • *n* limba maternă *f*, limbă nativă *f* **~-in-law** • *n* soacră *f*
motion /ˈməʊʃən, ˈmoʊʃən/ • *n* mișcare
motivat|e /ˈməʊtɪveɪt, ˈmoʊtɪveɪt/ • *v* motiva **~ion** • *n* motivație *f*; motivare *f*
motive /ˈməʊtɪv, ˈmoʊtɪv/ • *n* motiv, rațiune
motor /ˈməʊtə, ˈmoʊtɚ/ • *n* motor *n* **~ist** • *n* automobilist *m*, automobilistă *f* **~cycle** • *n* motocicletă *f*
mount /maʊnt/ • *v* încăleca, monta
mountain /ˈmaʊntɪn, ˈmaʊntən/ • *n* munte *m*; grămadă *f*, noian *n* **~eering** • *n* alpinism *n*
mouse /maʊs, mʌʊs/ • *n* (*pl* mice) șoarece *m*; maus *n*, șoricel *m*
mouth /maʊθ, mʌʊθ/ • *n* gură *f*; orificiu *n*, deschizătură *f* **~ful** • *n* gură *f*
mov|e /muːv/ • *n* mutare *f*; mișcare *f* • *v* mișca, muta; acționa; emoționa; propune, recomanda; însufleți **~ement** • *n* mișcare *f* **~ing** • *adj* mișcător; emoționant
movie /ˈmuːvi/ • *n* film *n*
mow /məʊ, moʊ/ • *v* (*sp* mowed, *pp* mown) tunde
mowed (*sp/pp*) ▷ MOW
mown (*pp*) ▷ MOW
Mozambique • *n* Mozambic *n*
Mr. • *n* Dl.
Mrs • *n* Dna *f*
much /mʌtʃ/ • *adv* mult

mud /mʌd/ • *n* noroi *n* • *v* noroi, înnămoli
mule /mjuːl/ • *n* catâr *m*, mul *m*
multiply /ˈmʌltɪplaɪ/ • *v* multiplica, înmulți ~**e** • *adj* multiplu • *n* multiplu *m* ~**ication** • *n* multiplicare *f*, înmulțire, multiplicație *f*
mum /mʌm/ • *n* mămică *f*, măicuță *f*
municipal /mjuːˈnɪsɪpəl/ • *adj* municipal ~**ity** • *n* municipalitate *f*
murder /ˈmɜːdə(r), ˈmɜːdər/ • *n* asasinat *n*, crimă *f* ~ • *n* asasinat *n*, crimă *f* ~**er** • *n* criminal *m*
muscle /ˈmʌs.əl/ • *n* mușchi ~**ular** • *adj* muscular, muschiular; mușchiulos, musculos
museum /mjuːˈziːəm, mjuˈziːəm/ • *n* muzeu *n*
mushroom /ˈmʌʃ.ruːm/ • *n* ciupercă *f*
music /ˈmjuːzɪk, ˈmjuzɪk/ • *n* muzică *f*; melodie *f*; partitură *f* ~**al** • *adj* muzical; melodios, armonios • *n* muzical ~**ian** • *n* muzician *m*, muziciană *f*
Muslim • *adj* musulman • *n* musulman *m*
must /mʌst, məs(t)/ • *n* must • *v* trebui
mute /mjuːt/ • *adj* mut • *n* mut *m*
mutter /ˈmʌtə, ˈmʌtər/ • *v* bombăni, mormăi; boscorodi; mârâi
mutual /ˈmjuːtʃuəl/ • *adj* mutual *n*, reciproc *n*
my /maɪ, mɪ/ • *det* meu *m*

Myanmar • *n* Myanmar *n*
mystery /ˈmɪstəri/ • *n* mister *n* ~**ious** • *adj* misterios
myth /mɪθ/ • *n* mit *n*, legendă *f* ~**ology** • *n* mitologie *f*; colecție mitologică *f* ~**ological** • *adj* mitologic *n*, mitologică *f*, mitic *n*; legendar *n*, legendară *f*; fabulos *n*, fabuloasă *f*

N

nail /neɪl/ • *n* unghie *f*; cui *n*
naked /ˈneɪkɪd, ˈnekɪd/ • *adj* dezbrăcat, gol
name /neɪm/ • *n* nume *n*; reputație *f*, renume *n*, faimă • *v* numi ~**ly** • *adv* adică
Namibia • *n* Namibia *f*
narrate /nəˈreɪt, ˈnæreɪt/ • *v* povesti
narrow /ˈnæroʊ, ˈnæroʊ/ • *adj* strâmt, îngust • *v* îngusta
nation /ˈneɪʃən/ • *n* națiune *f*; stat *n* ~**al** • *adj* național
native /ˈneɪtɪv, ˈneɪtəv/ • *adj* nativ, de la naștere, matern; originar *n*, originară *f*; localnic *n*, localnică *f*, autohton *n*, indigen
NATO • *n* (*abbr* North Atlantic Treaty Organization) Organizația Tratatului Atlanticului de Nord *f*, NATO

natur|e /ˈneɪtʃə, ˈneɪtʃɚ/ • *n* natură *f* **~al** • *adj* natural *m*, naturală *f* **~ally** • *adv* natural; firește; desigur, bineînțeles

Nauru • *n* Nauru *n*

naval /ˈneɪvəl/ • *adj* naval

navigat|or • *n* navigator *m*, navigatoare *f*, marinar *m* **~ion** • *n* navigație *f*

near /nɪə(ɹ), nɪɹ/ • *adj* aproape

neat /niːt/ • *n* bovină *f*

necess|ary /ˈnɛsəˌsɛɹi, ˈnɛsəsɪɹ/ • *adj* necesar **~ity** • *n* necesitate *f*

neck /nɛk/ • *n* gât *n*; guler *n* • *v* strangula, sugruma, spânzura **~tie** • *n* cravată *f*

need /niːd/ • *n* necesitate *f*, cerință *f*, nevoie *f* • *v* trebui

needle /ˈniːdl/ • *n* ac *n*, andrea *f*, undrea *f*

negation • *n* negare *f*, negație *f*

negativity • *n* negativitate *f*

neglect /nɪˈɡlɛkt/ • *v* neglija, a nu ține cont de, delăsa

negotiation /nɪˌɡowʃiˈejʃn/ • *n* negociere *f*

neighbo|ur /ˈneɪbə, ˈneɪbɚ/ • *n* vecin *m* **~rhood** • *n* vecinătate *f*

neighbourhood *(British)* ▷ NEIGHBORHOOD

neither /ˈnaɪð.ə(ɹ), ˈnaɪðɚ/ • *adv* nici

Nepal • *n* Nepal *n* **~i** • *adj* nepalez • *n* nepalez *m*, nepaleză *f*

Neptune • *n* Neptun *m*

nerv|e /nɜːv, nɜːv/ • *n* nerv *m*; nervură *f*; curaj *n*; răbdare *f*; putere *f*, rezistență *f*; tupeu *n*, insolență *f*, nerușinare *f*; nervi **~ous** • *adj* nervos; emoționat, nerăbdător **~ousness** • *n* nervozitate *f*

nest /nɛst/ • *n* cuib *n*; cuibar *n*

net /nɛt/ • *n* rețea *f*; plasă; net *m*, netă *f* • *v* câștiga, lucra **~work** • *n* rețea *f*, rețele; rețea computerică, rețea de computere *f*, rețea de calculatoare • *v* socializa

Netherlands • *adj* olandez, neerlandez • *n* Olanda *f*, Țările de Jos

neuter /ˈnjuːtə, ˈnuːtɚ/ • *adj* neutru

neutral /ˈnjuːtɹəl, ˈnuːtɹəl/ • *adj* neutru, imparțial; șters, cenușiu • *n* stat neutru, stat nealiniat; persoană neutră; conductor neutru, bornă neutră **~ity** • *n* neutralitate *f*

never /ˈnɛv.ə(ɹ), ˈnɛ.vɚ/ • *adv* niciodată, nicicând

nevertheless /ˌnɛvəðəˈlɛs, ˌnɛvɚðəˈlɛs/ • *adv* totuși, cu toate acestea

new /njuː, n(j)uː/ • *adj* nou **~born** • *adj* nou-născut *m*, nou-născută *f*

New Zealand • *n* Noua Zeelandă *f*; neozeelandez **~er** • *n* neozeelandez *m*, neozeelandeză *f*

news /nuːz/ • *n* (*pl* news) știre *f*, noutate *f*; știri **~paper** • *n* ziar, ziare

next /nɛkst/ • *adj* următor **~ to** • *prep* lângă

Nicaragua • *n* Nicaragua *f* **~n** • *adj* nicaraguan • *n*

nicaraguan *m*, nicaraguană *f*
niche /niːʃ, nɪtʃ/ ● *n* nișă *f*, firidă *f*
Niger ● *n* Niger *n*
Nigeria ● *n* Nigeria *f* **~n** ● *adj* nigerian ● *n* nigerian *m*, nigeriană *f*
night /naɪt/ ● *n* noapte *f*; înserare *f*; întuneric **~mare** ● *n* coșmar *n*
nightingale /ˈnaɪtɪŋɡeɪl/ ● *n* privighetoare *f*
nin|e /naɪn/ ● *num* nouă **~eteen** ● *num* nouăsprezece, nouăspe **~th** ● *adj* nouălea ● *n* cel al nouălea *m*, cea a noua *f* **~ety** ● *num* nouăzeci
no ● *det* nu, deloc, nici, niciun ● *part* nu, deloc, nici, niciun **~one** ● *pron* nimeni, niciun *n* **~body** ● *n* nimeni, nulitate *f*, zero *n*
nob|le /ˈnəʊbəl, ˈnoʊbəl/ ● *n* nobil, aristocrat **~ility** ● *n* nobilime, noblețe *f*
nod /nɒd, nɑd/ ● *v* a da din cap; dormita
nois|e /nɔɪz/ ● *n* gălăgie *f*, larmă *f*, vacarm *n*, zgomot *n*; sunet *n*; perturbație *f*, răsunet *n*, zgomot de semnal *n* **~y** ● *adj* zgomotos, gălăgios
none /nʌn/ ● *pron* nimeni; nici unul *m*, nici una *f*
nonsense /ˈnɑnsɛns, ˈnɒnsəns/ ● *n* nonsens *n*, absurditate *f*, nonsensuri; nerozie *f*, nerozii, prostie *f*
noon /nuːn/ ● *n* amiază *f*, miezul zilei *n*, mijloc de zi *n*
nor /nɔː, nɔːr/ ● *conj* nici

norm /nɔːm/ ● *n* normă *f*; regulă *f*
normal /ˈnɔːˌlem, ˈnɔːrməl/ ● *adj* normal; obișnuit, uzual **~ly** ● *adv* de obicei, în mod normal **~ity** ● *n* normalitate *f*
north /nɔːθ, nɔrθ/ ● *n* nord *n*, miazănoapte, septentrion **~ern** ● *adj* nordic *n*, boreal, septentrional **~west** ● *adj* de nord-vest, nordvestic ● *n* nord-vest *n* **~east** ● *adj* nordestic, de nord-est; nord-vestic
Norw|ay ● *n* Norvegia *f* **~egian** ● *adj* norvegian; norvegiană *f*, norvegieni, norvegiene ● *n* norvegian *m*, norvegiancă *f*, norvegience
nose /nəʊz, noʊz/ ● *n* nas *n*; bot *n*; vârf *n*, cioc *n*; lungime de nas *f*; aromă *f*, buchet *n* ● *v* a-și băga nasul; mirosi
not /nɒt, nɑt/ ● *adv* nu
notable /ˈnəʊtəbəl, ˈnoʊtəbəl/ ● *adj* notabil, remarcabil
note /nəʊt, noʊt/ ● *n* notă *f*, semn *n*; marcaj *n*; comentariu *n*, adnotare *f*; notiță *f*; notă de informare *f*, notă informațională *f* ● *v* nota; adnota, însemna pe margine **~book** ● *n* caiet *n*
nothing /ˈnʌθɪŋ/ ● *pron* nimic; fleac *n*, bagatelă *f*
notice /ˈnəʊtɪs, ˈnoʊtɪs/ ● *n* observare *f*, percepere *f*; înștiințare *f*, aviz *n*; notificare *f*, avertisment *n*
notification /ˌnəʊtɪfɪˈkeɪʃən, ˌnoʊtɪfɪˈkeɪʃən/ ● *n* notificare *f*

notion /ˈnəʊʃən, ˈnoʊʃən/ • *n* noțiune *f*; opinie *f*; înclinație *f*

noun /naʊn, næːn/ • *n* substantiv *n*; nume *n*

nourish /r, ˈnʌɹ.ɪʃ/ • *v* nutri

novel /ˈnɒvl, ˈnɑvəl/ • *adj* nou *m*, original *m* • *n* roman *n* **~ist** • *n* romancier *m*, romancieră *f*, nuvelist *m*, nuvelistă *f*

November • *n* noiembrie *m*, brumar

novice /ˈnɒvɪs/ • *n* începător, debutant

now /naʊ/ • *adv* acum

nowhere • *adv* nicăieri, niciunde

nucle|us /ˈnjuː.kli.əs, ˈnuː.kli.əs/ • *n* (*pl* nuclei) nucleu *n*; miez *n* **~ar** • *adj* nuclear; atomic

numb /nʌm/ • *adj* amorțit *n* • *v* amorți

number /ˈnʌmbə, ˈnʌmbɚ/ • *n* număr *n*; cantitate *f* • *v* numerota

numer|al /ˈnjuːməɹəl, ˈnumɚəl/ • *n* număr *n*, numeral *n* **~ical** • *adj* numeric *m*, numerică *f* **~ous** • *adj* numeros *n*

nurse /nɜːs, nɝs/ • *n* dădacă *f*, doică *f*, bonă *f*, nursă *f*; infirmieră *f*, infirmier *m* • *v* alăpta; îngriji **~ry** • *n* creșă *f*

nut /nʌt/ • *n* nucă *f*, alună; piuliță *f*; nebun *m*, țicnit *m*; cap *m*; coi *n*, ou, boș *n*

nutrition /njuːˈtɹɪ.ʃən, nuˈtɹɪ.ʃən/ • *n* nutrire, nutriție *f*

nymph /nɪmf/ • *n* nimfă *f*

O

oak /oʊk, əʊk/ • *n* stejar *m*

obes|e /oʊˈbiːs, əʊˈbiːs/ • *adj* obez **~ity** • *n* obezitate

obedien|t • *adj* ascultător, obedient, docil, supus **~ce** • *n* ascultare

object /ˈɒb.dʒɛkt, ˈɑb.dʒɛkt/ • *n* obiect *n*, lucru *n* • *v* obiecta, opune **~ion** • *n* obiectare *f*, obiecție *f*; protest **~ive** • *adj* obiectiv • *n* obiectiv *m* **~ivity** • *n* obiectivitate

oblig|e /əˈblaɪdʒ/ • *v* obliga **~ation** • *n* obligare *f*, obligație *f*

obnoxious /əbˈnɒkʃəs, əbˈnɑkʃəs/ • *adj* respingător, insuportabil, grețos, neplăcut, dezagreabil, nesuferit *m*

obscure /əbˈskjʊə(ɹ), əbˈskjʊɚ/ • *adj* obscur, întunecos; retras, ascuns • *v* obscura, întuneca; ascunde, oculta

observ|e /əbˈzɜːv, əbˈzɝv/ • *v* observa **~ation** • *n* observare *f*, observație *f*

obsessi|on /əbˈsɛʃən/ • *n* idee fixă *f*, obsesie *f* **~ve** • *adj* obsedant

obstacle /ˈɒbstəkl/ • *n* obstacol, piedică

obtain /əbˈteɪn/ • *v* obține; avea; reuși, avea succes; a se stabili

obvious /ˈɑ(b).vi.əs, ˈɒ(b).vɪəs/ • *adj* evident, clar, limpede, vădit

occasion /əˈkeɪʒən/ • *n* ocazie *f*, situație favorabilă; întâmplare *f*, hazard *n* **~al** • *adj* ocazional *n* **~ally** • *adv* ocazional, câteodată, uneori

occupation /ˌɒkjʊˈpeɪʃən, ˌɒkjəˈpeɪʃən/ • *n* ocupare *f*, ocupație *f*

occur /əˈkɜː, -ˈkɜ/ • *v* trece **~rence** • *n* caz *n*, eveniment *n*, întâmplare

ocean /ˈəʊʃən, ˈoʊʃən/ • *n* ocean *n*

Oceania • *n* Oceania *f*

October • *n* octombrie, brumărel

odd /ɒd, ɑd/ • *adj* straniu, ciudat, bizar; impar **~ity** • *n* curiozitate *f*, ciudățenie *f*

of /ɒv, əv/ • *prep* de

offence *(British)* ▷ OFFENSE

offens|e /əˈfɛns, ˈɒfɛns/ • *n* ofensă *f*; ofensivă *f*; atacant *m* **~ive** • *adj* ofensant *n*, ofensantă *f* • *n* ofensivă *f*, atac *n*

offer /ˈɒfə(r), ˈɔfɚ/ • *v* oferi

office /ˈɒfɪs, ˈɔfɪs/ • *n* funcție *f*; birou *n*; minister *n*, departament *n*, oficiu *n* **~r** • *n* ofițer *m*, funcționar *m*; funcționar public *m*

official /əˈfɪʃəl/ • *adj* oficial • *n* funcționar *m*, funcționară *f*, oficialitate *f*

offline • *adj* offline, neconectat direct, în afara liniei

often /ˈɒf(t)ən, ˈɔf(t)ən/ • *adv* des

oil /ɔɪl/ • *n* ulei; petrol, păcură, benzină, țiței *n*

OK • *interj* bine

old /əʊld, oʊld/ • *adj* vechi; bătrân; fost **~-fashioned** • *adj* demodat, învechit; nostalgic

Olympic • *adj* olimpic; olimpian **~s** • *n* Jocurile Olimpice, olimpiadă *f*

Oman • *n* Oman *n*

on /ɒn, ɑn/ • *prep* deasupra, pe

once /wʌn(t)s, wʌns/ • *adv* o dată; odată • *conj* odată ce **~ again** • *adv* încă o dată, înc-o dată

one /wʌn, wan/ • *n* unu *m* • *num* unu, una

ongoing • *adj* neîntrerupt, continuu, necontenit

onion /ˈʌnjən, ˈʌnjɪn/ • *n* ceapă *f*

online /ˈɒn.laɪn, ɒnˈlaɪn/ • *adj* în linie, online, rețelizat; în internet

only /ˈəʊn.li, ˈoʊn.lɪ/ • *adj* singur, unic • *adv* numai

open /ˈəʊ.pən, ˈoʊ.pən/ • *adj* deschis • *v* deschide **~ing** • *n* deschidere *f*; deschizătură *f*, apertură *f*

opera /ˈɒp.ə.ɹə, ˈɑ.pɚ.ə/ • *n* operă *f*

operat|ing system /ˈɒpə(ˌ)reɪtɪŋ (ˌ)sɪstəm, ˈɑpəˌreɪtɪŋ ˌsɪstəm/ • *n* sistem de operare, sistem operațional *n* **~ion** • *n* operație *f*, operațiune *f*, operare *f* **~ional** • *adj* operațional *n* **~or** • *n* operator *m*; operatoare *f*, telefonistă *f*

opinion /əˈpɪnjən/ • *n* părere *f*, opinie *f*

opportunity /ˌɒp.əˈtjuː.nɪ.tɪ, ˌɑpɚˈtunəti/ • *n* oportunitate *f*

oppose /əˈpəʊz, əˈpoʊz/ • *v* opune; contrazice **~d** • *adj* opozant *n*, contrar *n*

opposit|e /ˈɒpəzɪt, ˈɑp(ə)sɪt/ • *adj* opus; opusă *f* **~ion** • *n* opoziție *f*, împotrivire *f*, opunere *f*

opt /ɒpt/ • *v* opta

optimism /ˈɒptɪmɪzəm, ˈɑptɪmɪzəm/ • *n* optimism *n*

or /ɔː(r), ɔːr/ • *adj* auriu • *conj* ori, sau • *n* aur

orange /ˈɒrɪn(d)ʒ, ˈɔːrɪn(d)ʒ/ • *adj* portocaliu, oranj • *n* portocal *m*; portocală *f*; portocaliu *n*, oranj *n*

orbit • *n* orbită *f*

orchestra • *n* orchestră *f* **~l** • *adj* orchestral, de orchestră

order /ˈɔːdə, ˈɔːrdər/ • *n* ordine *f*, rânduială *f*; ordin *n*, comandă *f*, poruncă *f* • *v* comanda, ordona, porunci **~ly** • *n* ordonanță *f*

ordinary /ˈɔːdɪnəri, ˈɔːrdɪnɛri/ • *adj* normal *m*, uzual *m*, ordinar *m*

oregano /ˌɒrɪˈɡɑːnəʊ, əˈrɛɡənoʊ/ • *n* oregano *m*, sovârf *m*

organ /ˈɔːɡən, ˈɔːrɡən/ • *n* organ *n*; orgă *f*

organism /ˈɔːɡənɪzəm, ˈɔːrɡənɪzəm/ • *n* organism *n*

organization /ˌɔː(r)ɡənaɪˈzeɪʃən, ˌɔːrɡənɪˈzeɪʃən/ • *n* organizație *f*; organizare *f*

organize /ˈɔːɡənaɪz, ˈɔːrɡənaɪz/ • *v* organiza **~d** • *adj* organizat

orientation /ˌɔːrɪɛnˈteɪʃən/ • *n* orientare *f*; înclinație *f*

origin /ˈɒrɪdʒɪn, ˈɔːrɪdʒɪn/ • *n* origine *f*, origină *f*

ostentatious /ˌɒs.tɛnˈteɪ.ʃəs/ • *adj* ostentativ *n*, provocator *n*, ostentațios *n*; împopoțonat, țipător

ostrich /ˈɒs.trɪtʃ, ˈɔːs.trɪtʃ/ • *n* struț *m*

other /ˈʌðə(r), ˈʌðər/ • *adj* alt **~s** • *n* alții, altele

otter /ˈɒt.ə, ˈɑːtər/ • *n* lutră *f*, vidră *f*

our /ˈaʊə(r), ˈaʊər/ • *det* nostru **~s** • *pron* nostru *m*, noastră *f*, noștri, noastre

out|fit /ˈaʊtfɪt/ • *n* costum *n* **~law** • *n* fugar *m*; persoană fără de lege *f* **~line** • *n* contur *n*; schiță *f* **~look** • *n* vedere *f*, perspectivă *f*, priveliște *f*; punct de vedere *n* **~put** • *n* producție *f* • *v* trimite la ieșire *f* **~rage** • *n* atrocitate *f*; ultraj *n*; furie *f*, mânie *f* • *v* ultragia **~rageous** • *adj* scandalos, rușinos, revoltător *m* **~side** • *adj* afară *n*; exterior *n* **~standing** • *adj* excepțional *m*; extraordinar *m* **~ of the blue** • *phr* din senin

oven /ˈʌ.vn̩/ • *n* cuptor *n*, sobă *f*

over /ˈəʊ.və(r), ˈoʊ.vər/ • *prep* deasupra; peste **~come** • *v* învinge, birui **~flow** • *n* revărsare *f* **~night** • *n* înnoptare *f*, înnoptat *n* • *v* înnopta **~whelm** • *v* înghiți; copleși **~whelming** • *adj* copleșitor, covârșitor

owe /əʊ, oʊ/ • *v* datora

owl /aʊl/ • *n* bufniță *f*

own /əʊn, oʊn/ • *v* deține **~er** • *n* proprietar **~ership** • *n*

proprietate *f*, posesiune *f*, proprietăți
ox /ɑks, ɒks/ • *n* bou *m*
oxygen /ˈɒksɪdʒən/ • *n* oxigen *n*
oxymoron /ˌɒksɪˈmɔːrɒn, ˌɑksɪˈmɔːrɑn/ • *n* oximoron *n*

P

pace /peɪs/ • *n* pas; ritm *n*, tempo *n* • *v* umbla
pack /pæk/ • *n* sarcină *f*, haită *f* **~age** • *n* pachet *n* **~et** • *n* pachet *n*; pachet de date *n*
page /peɪdʒ, pɑːʒ/ • *n* pagină *f*
paid *(sp/pp)* ▷ PAY
pain /peɪn/ • *n* durere *f*, chin *n*; suferință *f*; pisălog *m*, om plictisitor *m*, persoană enervantă *f*; necaz *n*, supărare *f* • *v* durea; îndurera **~less** • *adj* nedureros, fără durere
paint /peɪnt/ • *n* culoare *f*, vopsea *f* • *v* picta, vopsi **~er** • *n* pictor *m*, pictoriță *f*; vopsitor *m*, vopsitoare *f*, zugrav *m* **~ing** • *n* pictură *f*; pictare *f*
pair /pɛə(r)/ • *n* pereche *f* • *v* împerechea, împreuna
Pakistan • *n* Pakistan *n* **~i** • *adj* pakistanez • *n* pakistanez *m*, pakistaneză *f*
palace /ˈpæləs, ˈpælɪs/ • *n* palat *n*
Palau • *n* Palau *n*
pale /peɪl/ • *adj* pal, palid

Palestin|e • *n* Palestina *f*; Statul Palestina *n*; Mandatul Palestinei *n* **~ian** • *adj* palestinian • *n* palestinian *m*, palestiniană *f*
palm /pɑːm, pɑm/ • *n* palmă *f*
pan /pæn/ • *n* cratiță *f*
Panama • *n* Panama *f* **~nian** • *adj* panamez • *n* panamez *m*, panameză *f*
panda /ˈpɑndə, ˈpændə/ • *n* panda *m*, urs panda *m*
panel /ˈpænəl/ • *n* panou *n*, tăblie *f*
panic /ˈpænɪk/ • *n* panică *f* • *v* a se panica
pants /pænts/ • *n* pantalon
paper /ˈpeɪpə, ˈpeɪpər/ • *adj* de hârtie • *n* hârtie *f*; document *n*
parachute /ˈpærəʃuːt/ • *n* parașută *f*
parade /pəˈreɪd/ • *n* paradă *f*
paragraph /ˈpɛrəɡræf, ˈpærəɡrɑːf/ • *n* paragraf *n*
Paraguay • *n* Paraguay *n*
parakeet /ˈpærəkiːt/ • *n* peruș *m*
parallel /ˈpærəlɛl, ˈpɛrəlɛl/ • *adj* paralel • *n* paralelă *f* **~ism** • *n* paralelism *n*, paralelitate *f* **in ~** • *phr* concomitent, paralel; în paralel
parameter /pəˈræmɪtə/ • *n* parametru
parent /ˈpɛərənt/ • *n* părinte
parenthesis /pəˈrɛnθəsɪs/ • *n* (*pl* parentheses) paranteză *f*
Paris • *n* Paris
parish /ˈpærɪʃ/ • *n* parohie *f*, enorie *f*; comună *f* **~ioner** • *n* enoriaș *m*, poporan *m*

park /pɑːk/ • *n* parc *n* • *v* parca
~**ing** • *n* parcare *f*
parliament /ˈpɑːləmənt, ˈpɑːrləmənt/ • *n* parlament *n*
~**ary** • *adj* parlamentar *n*
parrot /ˈpærət/ • *n* papagal *m* • *v* papagaliza
part /pɑːt, pɑːrt/ • *n* parte *f* ~**ial** • *adj* parțial *n*; părtinitor *n*, neobiectiv *n* ~**ially** • *adv* parțial, în parte
participa|te /pɑːˈtɪsɪpeɪt/ • *v* participa ~**nt** • *n* participant *m*, participantă *f*
particle /ˈpɑːtɪk(ə)l, ˈpɑːrtɪkəl/ • *n* particulă *f*
particular /pəˈtɪkjələr, pəˈtɪkjələ/ • *adj* particular *n*; specific *n*, caracteristic *n*; special *n*
partner /ˈpɑːtnə(r), ˈpɑːrtnər/ • *n* partener *m*; parteneră *f*
party /ˈpɑːti, ˈpɑːrti/ • *n* parte *f*; participant *m*, participantă *f*; petrecere *f* • *v* petrece
pass /pɑːs, pæs/ • *v* trece, pasa, transmite ~ **away** • *v* a-și da duhul, sfârși, muri, deceda, răposa, înceta
passage /ˈpæsɪdʒ/ • *n* pasaj *n*, trecere *f*
passenger /ˈpæsəndʒər, ˈpæsəndʒə/ • *n* călător *m*, călătoare *f*, pasager *m*, pasageră *f*
passion /ˈpæʃən/ • *n* pasiune *f*; patimi ~**ate** • *adj* înflăcărat *m*
passive /ˈpæsɪv/ • *adj* pasiv *n*
passport /ˈpɑːspɔːt, ˈpæspɔːrt/ • *n* pașaport *n*; document de identitate

password /ˈpæswɜːd, ˈpɑːswɜː(r)d/ • *n* parolă *f*
past /pɑːst, pæst/ • *adj* trecut *n*, trecută *f*
pasta /ˈpæstə, ˈpɑːstə/ • *n* paste făinoase
patch /pætʃ/ • *n* petic *n* • *v* petici
paternal /pəˈtɜː(r)nəl/ • *adj* patern
path /pɑːθ, pæθ/ • *n* cărare, potecă; drum *n*; mers *n*, curs *n*
patience /ˈpeɪʃəns/ • *n* răbdare *f*
patrol /pəˈtrəʊl, pəˈtroʊl/ • *n* patrulare
pattern /ˈpæt(ə)n, ˈpætərn/ • *n* model *n*, șablon *n*
pause /pɔːz, pɒz/ • *n* pauză *f*
pay /peɪ/ • *n* plată *f* • *v* (*sp* paid, *pp* paid) plăti; merita, a fi profitabil ~**ment** • *n* plată *f*, plătire
PC (*abbr*) ▷ COMPUTER
pea /piː/ • *n* mazăre *f*
peace /piːs/ • *n* pace; liniște *f*; armonie *f* ~**ful** • *adj* pașnic
peacock /ˈpiːkɑk, ˈpiːkɒk/ • *n* păun *m*
peak /piːk/ • *n* vârf; culme
peanut /ˈpiːnʌt, ˈpiːnət/ • *n* arahidă, alună de pământ *f*, alună americană *f*
peasant /ˈpezənt/ • *n* țăran *m*
pedestrian /pəˈdɛstriən/ • *adj* pentru pietoni, pedestru, pietonal; prozaic *n*, comun *n*, neinspirat *n* • *n* pieton *n*, pedestru *m* ~ **crossing** • *n* pasaj de pietoni *n*, pasaj *n*, trecere de pietoni *f*, pasaj pietonal *n*
pelican /ˈpɛlɪkən/ • *n* pelican *m*

pen /pɛn, pɪn/ • *n* coteț *n*; stilou *n*, pix *n*
penalty • *n* penalizare *f*, pedeapsă *f*
pencil /ˈpɛnsəl, ˈpɛnsɪl/ • *n* creion *n* **~ case** • *n* penar *n*, plumieră *f*
pendulum /ˈpɛndʒələm, ˈpɪndʒələm/ • *n* pendul *n*
penetrate /ˈpɛnɪtɹeɪt, ˈpɛnɪtɹeɪt/ • *v* penetra, pătrunde
penguin /ˈpɛŋgwɪn, ˈpɪŋgwɪn/ • *n* pinguin *m*
penis /ˈpiːnɪs, ˈpɪnɪs/ • *n* penis *m*, pulă, sculă *f*
penned *(sp/pp)* ▷ PEN
pent *(sp/pp)* ▷ PEN
people /ˈpiːpəl, ˈpɪpəl/ • *n* oameni, lume *f*; popor *n*, neam *n*, națiune *f* • *v* popula
pepper /ˈpɛpə, ˈpɛpɚ/ • *n* piper *m*; ardei *m* • *v* pipera
perceive /pəˈsiːv, pɚˈsɪv/ • *v* realiza, pricepe, înțelege **~ptive** • *adj* perspicace, perceptiv **~ption** • *n* percepție, percepere, discernere, discernământ
percent /pəˈsɛnt, pɚˈsɛnt/ • *n* procent *n*, la sută
perch /pɜːtʃ, pɜtʃ/ • *n* biban *m*
perfect /ˈpɜːfɪkt, ˈpɜfɪkt/ • *adj* perfect • *v* perfecta **~ion** • *n* perfecțiune *f*
performance /pəˈfɔːməns, pɚˈfɔɹməns/ • *n* performanță *f*, randament *n*, îndeplinire *f*, desăvârșire *f*; realizare *f*, realizări, prestație *f* **~er** • *n* interpret *m*, interpretă *f*, artist *m*, artistă *f*

perhaps /pəˈhæps, pɚˈhæps/ • *adv* poate, posibil
periodic table /ˌpɪɹɪˈɒdɪk ˈteɪb(ə)l, ˌpɪɹɪˈɑdɪk ˈteɪbəl/ • *n* tabel periodic *n*
permit /pəˈmɪt, pəˈmɪt/ • *n* permis *n* **~ssion** • *n* permisiune *f*; permitere *f*
persevere • *v* persevera, stărui **~ance** • *n* perseverență *f*, stăruință *f*
Persia • *n* Persia *f* **~n** • *adj* persan • *n* persană *f*; persan *m*
persistence /pəˈsɪst(ə)ns/ • *n* persistență *f*
person /ˈpɜːsən, ˈpɜsən/ • *n* (*pl* people) persoană *f* **~ality** • *n* personalitate *f*
personnel /ˌpɜːsəˈnɛl, ˌpɜsəˈnɛl/ • *n* personal
persuade /pəˈsweɪd, pɚˈsweɪd/ • *v* convinge
Peru • *n* Peru **~vian** • *adj* peruan, peruvian • *n* peruan *m*, peruană *f*
pet /pɛt/ • *n* animal de companie *n* • *v* mângâia
petition /pəˈtɪʃən/ • *n* petiție
phase /feɪz/ • *n* fază *f*
pheasant /ˈfɛzənt/ • *n* fazan *m*
phenomenon /fɪˈnɒmənɒn, fɪˈnɑmənɑn/ • *n* (*pl* phenomena) fenomen *n*
Philippines • *n* Filipine
philosophy /fɪˈlɒsəfi, fɪˈlɑsəfi/ • *n* filozofie *f* **~er** • *n* filozof *m* **~ical** • *adj* filozofic
phonetic /fəˈnɛtɪk/ • *adj* fonetic **~s** • *n* fonetică *f*
photo ▷ PHOTOGRAPH

photograph /ˈfəʊtəˌgrɑːf, ˈfoʊtəˌgræf/ • *n* fotografie *f*, poză *f*, foto *n* • *v* fotografia **~er** • *n* fotograf *m*, fotografă *f* **~y** • *n* fotografie *f*; fotografia *f*

phrase /freɪz/ • *n* expresie *f*, frază *f*; sintagmă *f*

physical /ˈfɪzɪkəl/ • *adj* corporal *n*, fizic *n*, fiziologic *n*, fiziologică *f*; fizică *f*, material *n*

physician /fɪˈzɪʃən/ • *n* medic *m*, medică *f*, doctor *m*, doctoriță *f*

physic|s /ˈfɪz.ɪks/ • *n* fizică *f* **~ist** • *n* fizician *m*, fiziciană *f*

pian|o /piˈænoʊ, piˈænəʊ/ • *n* pian *n* **~ist** • *n* pianist *m*, pianistă *f*

pick /pɪk/ • *n* târnăcop *n*

picture /ˈpɪktʃə, ˈpɪk(t)ʃɚ/ • *n* imagine *f*; fotografie

pie /paɪ/ • *n* plăcintă *f*

piece /piːs/ • *n* bucată

pig /pɪg/ • *n* porc *m*

pigeon /ˈpɪdʒɪn, ˈpɪdʒən/ • *n* porumbel *m*, porumbă *f*

pike /paɪk/ • *n* știucă *f*

pile up • *v* îngrămădi

pill /pɪl/ • *n* pilulă *f*, tabletă *f*

pillow /ˈpɪləʊ/ • *n* pernă *f*, perină *f*

pilot /ˈpaɪlət/ • *n* pilot

pin /pɪn/ • *n* bold *n*; pin *m*, contact-pin *m*

pine /paɪn/ • *n* pin *m*; dor *n* • *v* dori

pink /pɪŋk/ • *adj* roz *f*, trandafiriu • *n* garoafă; roz

pioneer /ˌpaɪəˈnɪəɪ/ • *n* pionier *m*, deschizător *m*

pipeline /ˈpaɪpˌlaɪn/ • *n* pipeline *f*, conductă *f*

piranha /pɪˈrɑːnjə, pɪˈrɑnjə/ • *n* pirania *f*

pirate /ˈpaɪ(ə)rɪt/ • *n* pirat *m*

pistol /ˈpɪstəl/ • *n* pistol *n*

pit /pɪt/ • *n* groapă *f*; sâmbure *f*

pitch /pɪtʃ/ • *n* ton, înălțime *f*; smoală *f*; aruncare; teren; prezentare; pas; înclinare; rășină *f* **~er** • *n* bărdacă *n*

pity /ˈpɪti/ • *n* compasiune *f*, milă *f*, compătimire *f*; păcat *n*

pizza /ˈpiːt.sə, ˈpɪtsə/ • *n* pizza *f*

place /pleɪs/ • *n* loc *n*; pătrat *n*, piață *f* • *v* pune

placid /ˈplæs.ɪd/ • *adj* liniștit, placid, calm

plague /pleɪg/ • *n* ciumă, pestă

plain /pleɪn/ • *n* șes, câmpie

plan /plæn/ • *n* plan *n*

plane /pleɪn/ • *n* plan *n*; rindea *f*; platan *m* • *v* rabota

planet /ˈplænɪt, ˈplænət/ • *n* planetă *f* **~arium** • *n* planetariu *n*

plant /plɑːnt, plænt/ • *n* plantă *f* • *v* planta

plastic /ˈplɑːstɪk, ˈplæstɪk/ • *n* masă plastică *f*

plate /pleɪt/ • *n* farfurie *f*; platou *n*; placă *f*; plăcuță de înmatriculare *f*; anod *m*

platform /ˈplætfɔːm, ˈplætfɔrm/ • *n* podium *n*, scenă *f*, estradă *f*; peron *n*, chei *n*

platypus /ˈplætɪpəs, ˈplætɪˌpʊs/ • *n* ornitorinc *m*

play /pleɪ/ • *n* joc *n* • *v* juca **~er** • *n* jucător *m*, jucători, jucătoare *f*; actor *m*, actriță *f*, interpret *m*; solist instrumentist *m*, muzician *m*; leneș *m*

plead /pliːd, ˈpliːdəd/ • *v* (*sp* pled, *pp* pled) pleda; implora

pleaded (*sp/pp*) ▷ PLEAD

pleas|e /pliːz, pliz/ • *adv* vă rog, te rog • *v* a mulțumi, a satisface, a încânta, plăcea **~ant** • *adj* plăcut *m*, plăcută *f*, savurabil *n*, agreabil *n* **~ure** • *n* plăcere *f*

pled (*sp/pp*) ▷ PLEAD

pledge /pledʒ/ • *n* legământ, promisiune, jurământ; zălog, gaj, garanție • *v* promite, garanta, jura

plenty /ˈplenti/ • *n* belșug *n*

plot /plɒt, plat/ • *n* subiect *n*; complot *n* • *v* urzi

pluck /plʌk/ • *n* smulgere *f*, jumulire *f*; măruntaie *f*; perseverență *f* • *v* trage, scoate; ciupi; smulge, jumuli, peni, scărmăna; jefui, prăda, jecmăni

plug /plʌɡ/ • *n* fișă *f*, ștecăr *n*, pin *m* • *v* astupa, închide, o fișă

plunge /plʌndʒ/ • *v* afunda

plus /plʌs/ • *adj* pozitiv • *prep* plus

pocket /ˈpɑkɪt, ˈpɒkɪt/ • *n* buzunar *n*

poem /ˈpəʊɪm, ˈpoʊəm/ • *n* poem *n*

poet /ˈpəʊɪt, ˈpoʊət/ • *n* poet *m*, poetă *f* **~ic** • *adj* poetic **~ry** • *n* poezie

point /pɔɪnt/ • *n* punct *n*

poison /ˈpɔɪz(ə)n/ • *n* otravă *f*, venin *n* • *v* otrăvi, învenina, intoxica **~ous** • *adj* otrăvitor, veninos

poker /ˈpəʊkə, ˈpoʊkə/ • *n* vătrai *n*; poker *n*

Pol|and • *n* Polonia *f* **~ish** • *adj* polonez, polon • *n* poloneză *f*, polonă *f*

pole /pəʊl, poʊl/ • *n* par, stâlp *m*, drug *f*; pol *m*

police /p(ə)ˈliːs, ˈpliːs/ • *n* poliție *f* **~man** • *n* polițist *m*

policy /ˈpɒləsi, ˈpɑləsi/ • *n* politică *f*

polite /pəˈlaɪt/ • *adj* politicos **~ness** • *n* politețe *f*, amabilitate *f*, civilitate *f*

politic|s /ˈpɒl.ɪ.tɪks, ˈpɑl.ɪ.tɪks/ • *v* politică *f* **~al** • *adj* politic *n*, politică *f* **~ally** • *adv* politic, politicește **~ally correct** • *adj* politic corect **~ian** • *n* politician *m*

pond /pɒnd, pɑnd/ • *n* baltă *f*

pony /ˈpəʊni, ˈpoʊni/ • *n* ponei *m* **~tail** • *n* coadă

poor /pɔː, pʊə(r)/ • *adj* sărac, sărman, pauper, mizer, nevoiaș; prost *m*, slab *m*; amărât *m*, biet *m* • *n* săraci, nevoiași

pop /pɒp, pɑp/ • *interj* poc

poppy /ˈpɒpi, ˈpɑpi/ • *n* mac *m*

popular /ˈpɒpjʊlə, ˈpɑpjələr/ • *adj* popular *n*; agreat *n*, populară *f* **~ity** • *n* popularitate *f*

populat|e /ˈpɒp.jʊˌleɪt, ˈpɑp.jəˌleɪt/ • *v* popula **~ion** • *n* populație *f*

porcupine /ˈpɔː(r)kjʊˌpaɪn/ • *n* porc spinos, porc-ghimpos *m*

pork /pɔːk, pɔɹk/ • *n* carne de porc

port /pɔɹt, pɔːt/ • *n* port *n*; babord *n*

portion /'pɔɹʃən, 'pɔːʃən/ • *n* porțiune *f*, bucată *f*, porție *f*, fragment *n*, cotă-parte *f*

portrait /'pɔːtɹɪt, 'pɔɹtɹət/ • *n* portret *n*

Portug|al • *n* Portugalia *f* **~uese** • *adj* portughez • *n* portughez *m*, portugheză *f*

position /pə'zɪʃ(ə)n/ • *n* poziție; funcție *f* • *v* poziționa

positive /'pɒzɪtɪv, 'pɑzɪtɪv/ • *adj* pozitiv *m*; HIV pozitiv • *n* pozitiv grad *n*; pozitiv film *n*

possess /pə'zɛs/ • *v* avea, deține, poseda **~ion** • *n* posesie *f*; proprietate *f*; posesiune *f*, stăpânire *f*; demonism *n*, demonie *f*; posedare *f*

possib|le /'pɒsɪbl, 'pɑsəbl/ • *adj* posibil **~ility** • *n* posibilitate *f*; posibil *m*, posibilă *f*

post /pəʊst, poʊst/ • *n* stâlp *m*

poster /'poʊstɚ/ • *n* afiș *n*, poster *n*

postpone /poʊst'poʊn/ • *v* amâna

pot /pɒt, pɑt/ • *n* oală *f* **~tery** • *n* olărie *f*; olărit

potato /pə'teɪtəʊ, pə'teɪtoʊ/ • *n* (*pl* potatoes) cartof *m*, barabulă *f*

potential /pə'tɛnʃəl/ • *n* potențial *n*

pound /paʊnd/ • *n* livră *f*, pfund *m*; liră *f* • *v* pisa, bate

pour /pɔː, pɔɹ/ • *v* turna

poverty /'pɒvəti, 'pɑːvɚti/ • *n* sărăcie *f*, mizerie *f*, paupertate *f*

powder /'paʊ.də(ɹ)/ • *n* pudră *f*, pulbere *f*, praf *n*

power /'paʊə(ɹ)/ • *n* putere *f*, potență *f*; forță *f*, tărie *f*; electricitate *f*, curent electric *m*; randament *n*; mărire *f*

practical /'pɹæktɪkəl/ • *adj* practic

practice /'pɹæktɪs/ • *n* practică *f*, aplicare *f*, antrenament *n*

practitioner /pɹæk'tɪʃənə, pɹæk'tɪʃənəɹ/ • *n* practician *m*, practiciană *f*

praise /pɹeɪz/ • *n* laudă *f*, elogiu *n*, glorificare *f*; devoțiune *f*, adorare *f*, venerare *f*, divinizare *f* • *v* lăuda

pray /pɹeɪ/ • *v* ruga, închina

prayer /pɹɛə(ɹ), pɹɛɚ/ • *n* rugăciune

preach • *v* predica **~er** • *n* predicator

precede /pɹə'siːd/ • *v* preceda **~nt** • *n* precedent **~nce** • *n* precedență

precious /'pɹɛʃəs/ • *adj* prețios

precis|ely /pɹɪ'saɪsli/ • *adv* precis, precizamente **~ion** • *n* precizie *f*, exactitate *f*

predict /pɹɪ'dɪkt/ • *v* prezice **~able** • *adj* predictibil *n*, anticipabil *n*, previzibil *n* **~ion** • *n* predicție *f*, previziune *f*, prevestire *f*

prefer /pɹɪ'fɜ, pɹɪ'fɜː/ • *v* prefera **~ably** • *adv* preferabil, preferabilă *f* **~ence** • *n* preferință *f*; 'preferat *m*, preferată *f*

prefix /'pɹiːfɪks/ • *n* prefix *n*

pregnan|t /ˈprɛgnənt/ ● *adj* gravid, însărcinat, borțos; pregnant **~cy** ● *n* graviditate

prejudice /ˈprɛdʒədɪs/ ● *n* prejudecată *f*; prejudiciu *n*, daună *f* ● *v* prejudicia; dăuna **~d** ● *adj* prejudiciat *n*, dăunat *n*

preliminary /prɪˈlɪmɪnɛri, prɪˈlɪmɪnəri/ ● *adj* introductiv *n*, preliminar *n*, pregătitor *n*

premise /ˈprɛ.mɪs/ ● *n* premisă *f*

prepar|e /prɪˈpɛə, prɪˈpɛəɹ/ ● *v* prepara, pregăti **~ation** ● *n* preparare *f*, pregătire *f*; preparat *n*

prescri|be /prɪˈskraɪb, ˈpriːˌskraɪb/ ● *v* prescrie, ordona **~ption** ● *n* prescripție *f*, recomandare *f*; rețetă *f*

presen|t /ˈprɛzənt, prɪˈzɛnt/ ● *adj* prezent *n* **~ce** ● *n* prezență *f* **~ter** ● *n* prezentator *m*, prezentatoare *f* **~tation** ● *n* prezentare *f*

preserve /prəˈzɜːv, prəˈzɜv/ ● *v* proteja; întreține

preside ● *v* prezida **~nt** ● *n* președinte *f*, președintă *f*

press /prɛs/ ● *n* teasc *n*; presă *f* **~ure** ● *n* presiune *f*

prestige /prɛˈstiː(d)ʒ/ ● *n* prestigiu *n*

presume /prɪˈzjuːm, prɪˈz(j)um/ ● *v* presupune

preten|d /prɪˈtɛnd/ ● *v* preface, pretinde **~tious** ● *adj* pretențios

pretty /ˈprɪti, ˈpɜti/ ● *adj* drăguț *m*, drăguță *f* ● *adv* cam, destul de

prevention /prɪˈvɛnʃən/ ● *n* preîntâmpinare, prevenire; anticipare

prey /prɛɪ/ ● *n* pradă

price /praɪs, praɪs/ ● *n* preț *n*

prick /prɪk/ ● *n* pula **~ly** ● *adj* țepos, ghimpos, spinos; iritabil, irascibil, supărăcios; dificil

pride /praɪd/ ● *n* îngâmfare *f*, mândrie *f*, trufie; orgoliu *n*

priest /priːst/ ● *n* preot *m*

primar|y /ˈpraɪməri, ˈpraɪˌmɛri/ ● *adj* primar **~ily** ● *adv* în primul rând, înainte de toate, în principal

prince /prɪns, prɪnts/ ● *n* prinț *m* **~ss** ● *n* prințesă *f*

principal /ˈprɪnsɪpəl, ˈprɪnsɪpəl/ ● *adj* principal ● *n* director *m*

principle /ˈprɪnsɪpəl/ ● *n* principiu *n*

print /prɪnt/ ● *v* imprima **~er** ● *n* tipograf *m*; imprimantă *f* **~ing** ● *n* tipar, tipografiere, imprimerie; tipăritură

priority /praɪˈɒrɪti, praɪˈɔrɪti/ ● *n* prioritate, întâietate *f*

prison /ˈprɪzən/ ● *n* închisoare, pușcărie, temniță **~er** ● *n* pușcăriaș *m*

priva|te /ˈpraɪvɪt/ ● *adj* privat **~cy** ● *n* intimitate *f*

privilege /ˈprɪv(ɪ)lɪdʒ/ ● *n* privilegiu *n*; drept *n*

prize /praɪz/ ● *n* premiu *n*

probab|le /ˈprɒbəbl, ˈprɒbəbl/ ● *adj* probabil *n* **~ility** ● *n* probabilitate *f* **~ly** ● *adv* probabil

problem /ˈprɒbləm, ˈprɑblɪm/ • *n* problemă *f*; exercițiu *n*

procedure /prəˈsiːdʒə, prəˈsɪdʒər/ • *n* procedură *f*, procedeu *n*; funcțiune *f*, funcție *f*, subrutină *f*

proceed /prəˈsiːd/ • *v* proceda

process /ˈprəʊses, ˈprɑˌses/ • *n* proces *n* **~ing** • *n* prelucrare *f*, procesare *f* **~or** • *n* procesor

proclamation • *n* proclamație *f*

produc|e /prəˈdjuːs, prəˈdus/ • *v* produce, face **~er** • *n* producător *m* **~t** • *n* produs *n*; producție *f* **~tion** • *n* producere; producție; reprezentare, înscenare **~tive** • *adj* productiv, fertil, rodnic **~tivity** • *n* productivitate *f*

profession /prəˈfeʃən/ • *n* profesiune de credință *f*; profesie *f*, meserie *f*, profesiune *f*; jurământ *n*, legământ *n* **~al** • *adj* profesional *n*; profesionist *n* • *n* profesional *m*

professor /prəˈfesə, prəˈfesər/ • *n* profesor *m*, profesoară *f*

proficiency /prəˈfɪʃənsi/ • *n* competență *f*

profit /ˈprɒfɪt, ˈprɑfɪt/ • *n* câștig *n*, profit *f* **~able** • *adj* profitabil, fructuos, lucrativ

profound /prəˈfaʊnd/ • *adj* profund, care e în adânc; adânc

program /ˈprəʊgræm, ˈprəʊˌgræm/ • *n* program *n* **~mer** • *n* programator *m*, programatoare *f* **~ming** • *n* programare

programme *(British)* ▷ PROGRAM

progress /ˈprəʊgres, ˈprɑgres/ • *n* progres *n* • *v* progresa **~ive** • *adj* progresist, progresistă *f*, avansat *n*, înaintat *n*; progresiv *n*; de progres

prohibit /prəˈhɪbɪt, proʊˈhɪbɪt/ • *v* interzice **~ion** • *n* interdicție *f*

project /ˈprɒdʒekt, ˈprɑdʒˌekt/ • *n* proiect *n* **~ion** • *n* proiectare *f*, proiecție *f*

prominen|t /ˈprɒmɪnənt, ˈprɑmɪnənt/ • *adj* proeminent **~ce** • *n* proeminență *f*

promise /ˈprɒmɪs, ˈprɑmɪs/ • *n* promisiune *f*, legământ, făgăduială *f*, făgăduință *f* • *v* promite

prompt /prɒmpt, prɑmpt/ • *adj* rapid, prompt; punctual • *v* cauza

pronoun /ˈprəʊnaʊn, ˈproʊˌnaʊn/ • *n* pronume *n*

pron|ounce /prəˈnaʊns/ • *v* pronunța **~unciation** • *n* pronunție *f*, pronunțare *f*

proof /pruːf, pruf/ • *n* probă, dovadă

propaganda /ˌprɒpəˈgændə/ • *n* propagandă *f*

proper /ˈprɒp.ə, ˈprɑ.pə/ • *adj* cuviincios, decent; propriu

property /ˈprɒp.ət.i, ˈprɑp.ər.t.i/ • *n* proprietate *f*, posesie *f*; drept de proprietate *n*, posesiune *f*; însușire *f*, atribut *n*, caracter *n*

proportional • *adj* proporțional *n*, proporțională *f*

propos|e /prəˈpəʊz, prəˈpoʊz/ • *v* propune, sugestiona; peți, a cere în căsătorie **~al** • *n*

propose • *n* propunere *f* **~ition** • *n* afirmație *f*, declarație; propunere *f*, sugestie *f*

prosecutor /ˈprɑsəˌkjuːtər/ • *n* procuror *m*

prosperity /prɑˈspɛrɪti, prɒˈspɛrɪti/ • *n* prosperitate *f*

protect /prəˈtɛkt/ • *v* a proteja, a apăra, ocroti **~ion** • *n* protejare *f*, ocrotire *f*, protecție *f* **~ive** • *n* protector *m*

protein /ˈproʊtiːn, ˈproʊtiːn/ • *n* proteină *f*

protest /ˈproʊtɛst, ˈproʊtɛst/ • *v* protesta

protocol /ˈproʊtəˌkɒl, ˈproʊtəˌkɑl/ • *n* protocol *n*

proud /praʊd/ • *adj* mândru, mulțumit; orgolios; îngâmfat

prove /pruːv/ • *v* (*sp* proved, *pp* proven) proba, dovedi, stabili, arăta

proved (*sp/pp*) ▷ PROVE

proven (*pp*) ▷ PROVE

province /ˈprɑvɪns, ˈprɒvɪns/ • *n* provincie

provision /prəˈvɪʒən/ • *n* provizie *f*

prudence /ˈpruːdəns/ • *n* prudență *f*

psychiatr|y /saɪˈkaɪəˌtri/ • *n* psihiatrie *f* **~ist** • *n* psihiatru *m*, psihiatră *f*

psycholog|y /saɪˈkɑlədʒi, saɪˈkɒlədʒi/ • *n* psihologie *f* **~ical** • *adj* psihologic *n* **~ist** • *n* psiholog *m*, psihologă *f*

pub /pʌb, pʊb/ • *n* cârciumă *f*, bar *n*, local *n*

public /ˈpʌblɪk/ • *n* public *n* **~ity** • *n* publicitate *f* **~ation** • *n* publicare *f*; publicație *f*, revistă *f*

pull /pʊl/ • *v* trage

pump /pʌmp/ • *n* pompă; pompare; pantof cu toc • *v* pompa

pumpkin /ˈpʌmpkɪn/ • *n* bostan *m*, dovleac *m*

punctuality • *n* punctualitate *f*

punctuation /ˌpʌŋk.tʃuˈeɪ.ʃən/ • *n* punctuație *f*

punish /ˈpʌnɪʃ/ • *v* pedepsi **~ment** • *n* pedepsire *f*, pedeapsă *f*; penalizare, pedeapsă punitivă *f*

pupil /ˈpjuːpəl/ • *n* elev *m*, elevă *f*; pupilă *f*

purchase /ˈpɜːtʃəs, ˈpɜːtʃəs/ • *n* cumpărare *f*, achiziție *f* • *v* cumpăra **~** • *n* cumpărare *f*, achiziție *f* • *v* cumpăra

pure /pjʊə, ˈpjʊɪ/ • *adj* pur, curat *n*; sadea; cast

purple /ˈpɜː(ɪ)pəl, ˈpɜːpəl/ • *n* purpuriu, mov, violet

purpose /ˈpɜːpəs, ˈpɜːpəs/ • *n* scop *n*, rost *n*, țel *n*, țintă *f*; obiectiv *n*; determinare *f*; subiect *n*, temă *f*; cauză, motiv *n* • *v* propune **on ~** • *phr* cu intenție, intenționat

purr /pɜː(ɪ)/ • *n* tors *n* • *v* toarce

pursu|e /pəˈsjuː, pəˈsuː/ • *v* urmări **~it** • *n* vânătoare

push /pʊʃ/ • *v* împinge, apăsa

put /pʊt/ • *v* pune **~ sb/sth down** • *v* așeza **~ sth off** • *v* amâna **~ sth out** • *v* stinge

python /ˈpaɪθən, ˈpaɪθɑːn/ • *n* piton *m*, șarpe piton *m*

Q

Qatar • *n* Qatar *n*
qualifi|cation /ˌkwɒlɪfɪˈkeɪʃn/ • *n* calificare *f* **~ed** • *adj* calificat, competent
quality /ˈkwɒlɪti, ˈkwælɪti/ • *n* calitate *f*
quantity /ˈkwɒn.tɪ.ti, ˈkwɑn(t)ɪti/ • *n* cantitate *f*; mulțime *f*, mare cantitate *f*
quarrel /ˈkwɒɪəl, ˈkwɔːɹəl/ • *n* ceartă *f* • *v* certa
quarter /ˈkwɔːtə, ˈk(w)ɔːɹ.tɚ/ • *n* sfert, pătrime *f*, pătrar; monedă de douăzeci și cinci cenți *f*; trimestru *n*; cartier *n*
queen /kwiːn/ • *n* regină *f*; damă *f*; domnișoară *f*, puicuță *f*; pisică *f* • *v* încorona
question /ˈkwɛstʃən/ • *n* întrebare *f* • *v* întreba **~ mark** • *n* semn de întrebare
queue /kjuː, kju/ • *n* coadă *f*
quick /kwɪk/ • *adj* repede, rapid, iute; vioi, vioaie, sprinten; ager; energic; violent, aprig; înfocat, învăpăiat **~ly** • *adv* rapid, repede
quiet /ˈkwaɪ.ɪt, ˈkwaɪ.ət/ • *adj* încet, liniștit, silențios; calm; tăcut
quit /kwɪt/ • *adj* pleca, lăsa, părăsi

quite /kwaɪt/ • *adv* complet, total; realmente, cu adevărat; cam
quitted *(sp/pp)* ▷ QUIT
quot|e /kwəʊt/ • *n* citat *n* **~ation** • *n* citat *n*

R

rabbi /ˈræ.baɪ/ • *n* rabin *m*
rabbit /ˈræbɪt, ˈræbət/ • *n* iepure, iepure de vizuină
race /ɹeɪs/ • *n* curent de apă *m*; ambalare *f*, supraturare *f*; rasă *f*, neam *n*
racing /ˈɹeɪsɪŋ/ • *n* cursă
racis|t /ˈɹeɪsɪst/ • *n* rasist *n*, rasistă *f* **~m** • *n* rasism *n*
rack /ɹæk/ • *n* raft *n*, etajeră *f*
radar /ˈɹeɪdɑː(ɹ)/ • *n* radar *n*
radiat|e /ˈɹeɪdieɪt/ • *v* iradia; ilumina **~ion** • *n* radiație *f*
radical /ˈrædɪkəl/ • *adj* de rădăcină, rădăcinal
radio /ˈɹeɪdiˌəʊ, ˈɹeɪdiˌoʊ/ • *n* radio; radioreceptor *n*, aparat de radio *n* **~active** • *adj* radioactiv *m*, radioactivă *f* **~activity** • *n* radioactivitate **~ station** • *n* stație de radio *f*, emițător de radio *n*
radius /ˈɹeɪ.di.əs/ • *n* (*pl* radii) rază *f*
rage /ɹeɪdʒ/ • *n* mânie, furie • *v* turba

rail /ɹeɪl/ • *n* șină *f* **~way** • *n* cale ferată *f*, rețea feroviară *f*; căi ferate

rain /ɹeɪn/ • *n* ploaie *f* • *v* ploua **~y** • *adj* ploios

raise /ɹeɪz/ • *v* ridica, înălța

ran *(sp)* ▷ RUN

random /ˈɹændəm/ • *adj* aleatoriu *m*, aleatorie *f*, întâmplător *m*, întâmplătoare *f*

rang *(sp)* ▷ RING

rank /ɹæŋk/ • *adj* râncet • *n* linie *f*

rap|e /ɹeɪp/ • *n* răpire *f*, viol *n*; ciorchine *m* • *v* răpi, viola **~ist** • *n* violator *m*

rapid /ˈɹæpɪd/ • *adj* repede, rapid **~ly** • *adv* repede, rapid

rare /ɹɛə, ɹeə/ • *adj* rar; rarefiat **~ly** • *adv* rar, rareori

raspy /ˈɹɑː.spi, ˈɹæsp.i/ • *adj* aspru

rat /ɹæt/ • *n* șobolan *m*

rate /ɹeɪt/ • *n* rată *f*

rational /ˈɹæʃ(ə)nəl/ • *adj* rațional *n*

raven /ˈɹeɪvən/ • *adj* corbiu • *n* corb *m*; rapacitate *f*; pradă *f*

raw /ɹɔː, ɹɔ/ • *adj* crud

ray /ɹeɪ/ • *n* rază *f*; semidreaptă *f*

reach /ɹiːtʃ/ • *v* extinde, alungi, prelungi, întinde, lungi; așterne; atinge, ajunge; nimeri

reaction /ɹiˈækʃən/ • *n* reacția *f*, reacție *m*

read /ɹiːd, ɹɪːd/ • *n* citire *f*, lecturare, intonare • *v* (*sp* read, *pp* read) citi, lectura; a putea citi, a lectura; a fi citit, a fi lecturat **~er** • *n* cititor *m*, cititoare *f* **~ing** • *n* lectură *f*, citire *f*

at the ready • *phr* pregătit, la îndemână

real /ˈɹiːəl/ • *adj* real, adevărat; actual; prea, super **~ly** • *adv* pe bune **~ity** • *n* realitate *f*

realis|m /ˈɹi.əlɪzm/ • *n* realism **~tic** • *adj* realist

realize /ˈɹi.ə.laɪz, ˈɹiə.laɪz/ • *v* realiza

reason /ˈɹiːzən/ • *n* rațiune **~able** • *adj* rezonabil; satisfăcător

rebellion /ɹɪˈbɛli.ən/ • *n* rebeliune *f*, răscoală *f*

recall /ɹɪˈkɔːl, ɹɪˈkɔl/ • *v* aminti

receipt /ɹɪˈsiːt/ • *n* chitanță *f*

receive /ɹɪˈsiːv/ • *v* primi, recepționa

recent /ˈɹiːsənt/ • *adj* recent **~ly** • *adv* recent, de curând, în ultimul timp, mai nou

receptive /ɹɪˈsɛptɪv/ • *adj* receptiv *n*, primitor *n*

recession /ɹɪˈsɛʃn̩/ • *n* retragere *f*, recesiune, recesie *f*, îndepărtare

recipe /ˈɹɛs.ɪ.pi/ • *n* rețetă *f*

reckon /ˈɹɛkən/ • *v* calcula, socoti

recogni|ze /ˈɹɛkəɡnaɪz, ˈɹɛkənaɪz/ • *v* recunoaște **~tion** • *n* recunoaștere *f*; recunoștință *f*, apreciere *f*

reconcil|e /ˈɹɛkənsaɪl/ • *v* reconcilia, împăca **~iation** • *n* reconciliere *f*, împăcare *f*

reconstruction • *n* reconstrucție *f*; reconstruire,

restaurare *f*, restaurație; reconstituire *f*

record /ˈrɛkɔːd, ˈrɛkərd/ • *n* înregistrare *f*; disc *n*, discuri, disc-audio *n*, disc de gramofon *n*; record *n*, recorduri **~ing** • *n* înregistrare *f*

recover /rɪˈkʌvə, rɪˈkʌvər/ • *v* recupera **~y** • *n* recuperare *f*

recycl|e /rəˈsaɪkəl/ • *v* recicla **~ing** • *n* reciclare *f*

red /rɛd/ • *adj* roșu

reduc|e /rɪˈdjuːs, rɪˈduːs/ • *v* reduce, diminua, micșora **~tion** • *n* reducere *f*

reference /ˈrɛf.(ə)rəns, ˈrɛfərɛns/ • *n* referință *f*; sursă de referință *f*

referee /ˌrɛf.əˈriː, ˌrɛfəˈriː/ • *n* arbitru *m*; judecător *m*; referent *m* • *v* arbitra

referendum /ˌrɛfəˈrɛndəm/ • *n* (*pl* referenda) referendum *n*

reflecti|ve • *adj* reflectiv **~on** • *n* reflectare *f*, reflecție *f*, reflexie *f*

reform /rɪˈfɔːm/ • *n* reformă

refresh /rɪˈfrɛʃ, rɪˈfrɛʃ/ • *v* împrospăta

refrigerator /rɪˈfrɪdʒəˌreɪtə, rɪˈfrɪdʒəˌreɪtər/ • *n* frigider

refuge /ˈrɛfjuːdʒ/ • *n* refugiu *n*, adăpost *n*

regime /rəˈʒiːm/ • *n* regim *n*

region /ˈriːdʒn/ • *n* regiune

register /ˈrɛdʒ.ɪs.tə, ˈrɛdʒ.ɪs.tər/ • *n* registru *n*; înregistrare *f* • *v* înregistra

regret /rɪˈɡrɛt/ • *n* regret *n*

regular /ˈrɛɡjʊlə, ˈrɛɡjələr/ • *adj* regulat

regulat|e /ˈrɛɡjəleɪt/ • *v* regula **~ion** • *n* reglare *f*, regulă *f*; reglementare *f*, regulament *n* **~ory** • *adj* regulator *n*, reglor *n*, moderator *n*

reign /reɪn/ • *v* domni

reindeer /ˈreɪndɪə, ˈreɪndɪr/ • *n* ren *m*

reject /rɪˈdʒɛkt, ˌriːˈdʒɛkt/ • *v* respinge, refuza

relat|ed /rɪˈleɪtɪd/ • *adj* relaționat *n* **~ion** • *n* relație, legătură *f*; rudenie *f*; relatare *f*, povestire *f*, narare *f* **~ionship** • *n* relație *f*, legătură *f*, raport *n*, asociere; rudenie *f*, înrudire *f* **~ive** • *adj* relativ • *n* rudă *f* **~ively** • *adv* în mod relativ

relax /rɪˈlæks/ • *v* relaxa, destinde; desface **~ed** • *adj* relaxat *m* **~ation** • *n* relaxare *f*, repaus *n*

release /rɪˈliːs/ • *n* eliberare *f*; lansare *f*

relevan|t /ˈrɛləvənt/ • *adj* relevant *m*, pertinent *m* **~ce** • *n* relevanță *f*, pertinență *f*

reliab|le /rɪˈlaɪəbəl/ • *adj* fiabil *m*, sigur *m* **~ility** • *n* fiabilitate *f*

relic /ˈrɛlɪk/ • *n* relicvă *f*; moaște

relief /rɪˈliːf/ • *n* ușurare *f*, alinare *f*; asistență umanitară *f*, ajutor umanitar *n*; relief *n*, basorelief *n*, altorelief *n*

religion /rɪˈlɪdʒən/ • *n* religie *f*

reluctan|t /rɪˈlʌktənt/ • *adj* reticent, precaut, prevăzător **~ce** • *n* repulsie *f*; ezitare *f*, codire *f*; reluctanță *f*

remain /rɪˈmeɪn/ • v rămâne
remark /rɪˈmɑːk, rɪˈmɑːrk/ • n remarcă f, observație f • v remarca, marca
remarkable /rɪˈmɑːkəbl̩, rɪˈmɑːrkəbl̩/ • adj remarcabil m, notabil m
rememb|er /rɪˈmɛmbə, -bɚ/ • v aminti **~rance** • n reamintire f; memorie f, amintire f
remove /rɪˈmuːv/ • v scoate, îndepărta
renew /rɪˈnjuː/ • v înnoi, reînnoi, renova
renowned • adj renumit, faimos
rent /rɛnt/ • n chirie f, locațiune f, rentă f • v închiria, arenda
repair /rɪˈpeə, rɪˈpɛɚ/ • v repara
replace /rɪˈpleɪs/ • v înlocui, substitui
reply /rɪˈplaɪ/ • v răspunde
report /rɪˈpɔːt, rɪˈpɔːrt/ • v reporta **~er** • n reporter m, reporteră f
represent /ˌrɛp.rɪˈzɛnt/ • v reprezenta **~ation** • n reprezentare f; înfățișare f, închipuire f **~ative** • adj reprezentativ • n reprezentant m, reprezentantă f; deputat m, deputată f; agent m, agentă f
reproduc|e /ˌriːprəˈdjuːs, ˌriːprəˈduːs/ • v reproduce **~tion** • n reproducere f, reproducție f; duplicat n, duplicare
republic /rɪˈpʌblɪk/ • n republică f **~an** • adj republican m, republicană f
repulsion • n repulsie f; dezgust n; respingere f, recul n

reputa|tion /ˌrɛpjʊˈteɪʃən/ • n faimă **~ble** • adj reputabil m
request /rɪˈkwɛst/ • n cerere f • v cere, ruga
requirement /rɪˈkwaɪəmənt, rɪˈkwaɪɚmənt/ • n condiție f; cerință f
research /rɪˈsɜːtʃ, ˈriːsɜːtʃ/ • n cercetare f • n cercetător m, cercetătoare f
resemble /rɪˈzɛmb(ə)l/ • v semăna
resentment • n resentiment n
residen|ce /ˈrɛz.ɪ.dəns/ • n rezidență f, domiciliu n; sediu n; locuință f **~t** • n rezident m
resignation /ˌrɛzɪɡˈneɪʃən/ • n demisie f
resist /rɪˈzɪst/ • v rezista **~ant** • adj rezistent n, rezistentă f **~ance** • n rezistare f, opunere f, rezistență f
resolve /rɪˈzɒlv, rɪˈzɑːlv/ • v rezolva; conchide, hotărî
resonance /ˈrɛzənəns/ • n rezonanță f
resource /rɪˈsɔːs, ˈriːsɔːrs/ • n resursă f, mijloc n; resurse
respect /rɪˈspɛkt/ • n respect • v respecta **~ful** • adj respectuos
respond /rɪˈspɒnd, rɪˈspɑːnd/ • v răspunde
responsib|le /rɪˈspɒnsəbl̩, rɪˈspɑːnsəbəl/ • adj responsabil m; responsabilă **~ility** • n responsabilitate f
rest /rɛst/ • n odihnă, repaus; pace f; semn de pauză n; rest n • v odihni, repauza **~less** •

adj neliniștit *n*, agitat *n*, agitată *f*
restaurant /ˈrɛs.t(ə).rɒ̃, ˈrɛs.t(ə)rɒnt/ • *n* restaurant *n*
restrain • *v* reține, înfrâna; deține; restrânge, opri, împiedica, îngrădi
restricti|ve • *adj* restrictiv **~on** • *n* restricție *f*
result /rɪˈzʌlt/ • *n* rezultat *n*
retail /ˈriːteɪl/ • *n* vânzare cu amănuntul *f*, vânzare cu bucata **~er** • *n* vânzător cu amănuntul *m*, vânzător cu bucata *m*, vînzător detaliist *m*
retain /rɪˈteɪn/ • *v* reține
retirement /rəˈtaɪə(r).mənt/ • *n* retragere *f*; pensie *f*
retreat • *n* retragere *f* • *v* retrage
retrieval • *n* recuperare *f*
return /rɪˈtɜːn, rɪˈtɜːn/ • *n* reîntoarcere *f*, înapoiere *f*, revenire *f* • *v* întoarce; restitui, înapoia, returna
revelation /ˌrɛvəˈleɪʃən/ • *n* revelație *f*, revelare *f*
revenge /rɪˈvɛndʒ/ • *n* răzbunare *f* • *v* răzbuna
reverse /rɪˈvɜːs/ • *adj* invers *n*, răsturnat *n*, inversă *f* • *n* spate, revers *n*, dos *n*, verso *n*, contrariu *n* • *v* întoarce; inversa; revoca, abroga, anula; răsturna, bascula
revive • *v* învia; reanima, reînvia; resuscita
revolution /ˌrɛvəˈluː(j)ʃən/ • *n* revoluție *f* **~ary** • *adj* revoluționar • *n* revoluționar *m*, revoluționară *f*

reward /rɪˈwɔːd/ • *n* răsplată *f*, recompensă *f*
rhinoceros /raɪˈnɒsərəs, raɪˈnɑːsərəs/ • *n* rinocer *m*
rhythm /ˈrɪð(ə)m/ • *n* ritm *n*
rib /rɪb/ • *n* coastă *f*
ribbon /ˈrɪbən/ • *n* fundă *f*
rice /raɪs/ • *n* orez
rich /rɪtʃ/ • *adj* bogat, avut
rider /ˈraɪdə(r), ˈraɪdɚ/ • *n* călăreț
ridge /rɪdʒ/ • *n* creastă *f*
ridicul|ous /rɪˈdɪkjʊləs/ • *adj* ridicol *m* **~ously** • *adv* în mod ridicol **~e** • *v* a batjocori, a ridiculiza
rifle /ˈraɪfəl/ • *n* flintă *f*, pușcă *f*
right /raɪt, ˈreɪt/ • *adj* drept; corect; potrivit; sănătos; de dreapta • *adv* fix; la dreapta, pe dreapta; chiar, exact; bine • *interj* e drept, așa-i, da; nu-i așa, nu; nimic de zis • *n* dreapta *f*; drept *n* • *v* corecta, îndrepta **~-handed** • *n* dreptaci *m*
ring /rɪŋ/ • *n* inel *n* • *v* (*sp* rang, *pp* rung) suna; bate
ripe /raɪp/ • *adj* copt, matur
rise /raɪz, raɪs/ • *v* (*sp* rose, *pp* risen) răsări
risen (*pp*) ▷ RISE
risk /rɪsk/ • *n* risc *n* • *v* risca
ritual /ˈrɪtʃuəl/ • *n* ritual *n*
rival /ˈraɪvəl/ • *n* rival
river /ˈrɪvə, ˈrɪvɚ/ • *n* râu *n*, fluviu *n* **~bed** • *n* albie
road /rəʊd, roʊd/ • *n* drum *n*, cale *f*
roast /rəʊst, roʊst/ • *n* friptură *f* • *v* frige

rob /rɒb, rɑb/ • v fura **~ber** • n jefuitor m, tâlhar m

robin /ˈrɒb.ɪn, ˈrɑb.ɪn/ • n gușă-roșie f, măcăleandru m

robot /ˈrəʊbɒt, ˈroʊbɑt/ • n robot m

robust /rəʊˈbʌst, roʊˈbʌst/ • adj robust n, puternic n, vânjos n, robustă f

rock /rɒk, rɑk/ • n stâncă, rocă; stană f • v legăna

rocket /ˈrɒkɪt, ˈrɑkɪt/ • n rachetă f

rod /rɒd, rɑd/ • n vargă, nuia, vergea, băț; undiță f

roll /rəʊl, roʊl/ • n ruliu n • v roti, rostogoli, învârti

Romania • n România f **~n** • adj românesc m, român • n român m, româncă f, română f; limba română f, românește

Rom|e • n Roma f **~an** • adj roman • n roman m

roof /ruːf/ • n acoperiș n; acoperământ n

room /ruːm, rʊm/ • n spațiu, loc n; cameră f, odaie f, încăpere f

rooster /ˈruːstə, ˈrʊstər/ • n cocoș m

root /ruːt, rʊt/ • n rădăcină f; rădăcină de dinte f, rădăcină dentară f, rădăcină de păr f; radical n

rope /rəʊp, roʊp/ • n frânghie f, coardă, funie

rose /rəʊz, roʊz/ • adj roz • n trandafir m, roză f; rozacee f; trandafiriu m, roz n • (also) ▷ RISE

rosemary • n rozmarin m

rotate /rəʊˈteɪt, ˈroʊteɪt/ • v roti

rotten /ˈrɒtn̩, ˈrɒtn̩/ • adj putred

rough /rʌf/ • adj dur, aspru; brut; brutal

roulette • n ruletă f

round /raʊnd/ • adj rotund **~about** • n sens giratoriu n; carusel n, căluşei; ocol n

route /ruːt, ruːt/ • n rută, drum, traseu • v îndruma, direcționa; ruta

routine /ruːˈtiːn/ • n rutină f

row /rəʊ, roʊ/ • n rând n; linie f • v vâsli; certa

royal /ˈrɔɪəl/ • adj regal m, regală f **~ty** • n regalitate f; monarhie f

rub /rʌb/ • v freca

rubber /ˈrʌbə(r), ˈrʌbər/ • n cauciuc n; cauciucuri

ruby • adj rubiniu • n rubin; rubiniu

rugby /ˈrʌɡbi/ • n rugbi n, rugby n

ruin /ˈruː.ɪn, ˈruː.ɪn/ • n ruină f • v strica

rul|e /ruːl/ • n regulă f • v domni **~er** • n riglă f, linie f; guvernant m, domnitor m **~ing** • n conducere

rumor /ˈruːmə(r), ˈruːmər/ • n zvon n, bârfă f, rumoare f; zvonuri

rumour (British) ▷ RUMOR

run /rʌn, rʊn/ • n cârmă; pas; trap; țarc; fugă; rută; flux; golf • v (sp ran, pp run) conduce; concura; alerga, fugi **~ away** • v fugi, scăpa **~ner** • n alergător m

rung (pp) ▷ RING

rupture /ˈrʌptʃə/ • n ruptură

rural /ˈrʊərəl/ • adj rural, țărănesc, câmpenesc

rush /rʌʃ/ • *n* papură *f*, pipirig *m*
Russia • *n* Rusia *f* **~n** • *adj* rusesc, rus • *n* rus *m*, rusoaică *f*, rusă *f*; limba rusă *f*, ruseşte
rust /rʌst/ • *n* rugină *f*; ruginiu *n* • *v* rugini, oxida **~y** • *adj* ruginit
Rwanda • *n* Ruanda *f*, Rwanda *f*

S

sack /sæk/ • *n* sac • *v* prăda
sacred /'seɪkrɪd/ • *adj* sacru
sacrifice /'sækrɪfaɪs/ • *n* sacrificiu *n*, jertfă *f* • *v* sacrifica, jertfi
sad /sæd/ • *adj* trist, tristă *f*, abătut *n*, abătută *f* **~ly** • *adv* trist, cu tristețe **~ness** • *n* tristețe *f*
safe /seɪf/ • *adj* sigur • *n* seif *n* **~guard** • *v* salvgarda **~ty** • *n* siguranță *f*, securitate *f*
said *(sp/pp)* ▷ SAY
sail /seɪl/ • *n* velă *f*, pânză *f* • *v* naviga **~or** • *n* marinar *m*, matelot *m*, matroz *m*
saint /seɪnt, sən(t)/ • *n* sfânt *m*, sfântă *f*, sânt *m*, sântă *f* **~hood** • *n* sfințenie *f*, caracter sfânt *n*
for God's sake • *interj* în numele lui Dumnezeu
salad /'sæləd/ • *n* salată
salamander /'sælə‚mændə, 'sælə‚mɑːndə/ • *n* salamandră

salary /'sæləri/ • *n* salariu *n*, leafă *f*, plată
sale /seɪl/ • *n* vânzare *f*, vindere *f*
salmon /'sæmən, 'sælmən/ • *n* (*pl* salmon) somon *m*
salt /sɔːlt, sɒlt/ • *adj* sărat • *n* sare *f* • *v* săra
same /seɪm/ • *adj* același, la fel
Samoa • *n* Samoa *f*
sample /'sɑːm.pəl, 'sæm.pəl/ • *n* mostră *f*
San Marino • *n* San Marino
sanction /'sæŋkʃən/ • *n* sancțiune *f*, aprobare *f*
sand /sænd/ • *adj* nisipiu • *n* nisip *n*, arină *f*; plajă *f*; curaj *n* • *v* sabla; acoperi cu nisip, nisipi **~y** • *adj* nisipos, arinos; nisipiu
sandwich /'sæn(d)wɪdʒ, 'sæn(d)wɪtʃ/ • *n* sandviş *n*, tartină *f*
sang *(sp)* ▷ SING
sank *(sp)* ▷ SINK
sat *(sp/pp)* ▷ SIT
satellite /'sætəlaɪt/ • *n* satelit
satisf|y /'sætɪsfaɪ/ • *v* satisface, mulțumi, îndeplini **~action** • *n* satisfacție *f*, satisfacere **~ied** • *adj* satisfăcut *n*, mulțumit *n*
Saturday • *adv* sâmbătă, sâmbăta • *n* sâmbătă *f*
Saturn • *n* Saturn
sauce /sɔs, sɔːs/ • *n* sos *n*
Saudi Arabia • *n* Arabia Saudită *f*
sav|e /seɪv/ • *v* ajuta, salva; aproviziona **~ing** • *n* economie *f*, sumă economisită; economisire *f*

saw /sɔː, sɔ/ • n ferăstrău n • v (sp sawed, pp sawn) fierăstrui, ferestrui • (also) ▷ SEE
sawed (sp/pp) ▷ SAW
sawn (pp) ▷ SAW
say /seɪ/ • v (sp said, pp said) zice, spune
scale /skeɪl/ • n scară f; gamă f; solz m, scuamă f
scalp /skælp/ • v scalpa
scan /skæn/ • n scanare, scanerizare, numerizare; scanat n • v a baleia imaginea, explora, scana, sonda; numeriza, scaneriza; scruta, cerceta **~ner** • n scaner n; aparat scaner
scar /skɑɹ, skɑː(ɹ)/ • n cicatrice f
scar|e /skeə, skɛəɹ/ • v speria **~y** • adj înfricoşător m, înfricoşătoare f
scarf /skɑːf, skɑːɹf/ • n (pl scarves) eşarfă f, şal n
scarlet /ˈskɑːɹlɪt, ˈskɑːlɪt/ • adj stacojiu; desfrânat, stricat, dezmăţat • n stacojiu n
scarves (pl) ▷ SCARF
scenario /sɪˈnɑːɹiːəʊ, sɪˈnɛəɹioʊ/ • n scenariu n
scenery /ˈsiːnəɹi/ • n decor, peisaj, culise
scent /sɛnt/ • n miros n
schedule /ˈʃɛd.juːl, ˈskɛ.dʒʊl/ • n orar n, agendă f • v planifica
scholar /ˈskɒlə, ˈskɑlɚ/ • n învăţat m, erudit m, savant m **~ship** • n bursă f; erudiţie f
school /skuːl, skuːl/ • n şcoală f; şcoală medie f, gimnaziu; şcoală superioară f, universitate f, facultate f, colegiu n • v învăţa, educa, instrui, şcolariza, antrena **~boy** • n elev m, şcolar m **~girl** • n elevă f, şcolăriţă f
scien|ce /ˈsaɪəns/ • n ştiinţă f; materie f **~tific** • adj ştiinţific, ştiinţifică f **~tist** • n om de ştiinţă m, femeie de ştiinţă f, savant m, savantă f, învăţat m
scissors /ˈsɪzəz, ˈsɪzɚz/ • n foarfece n, foarfecă f
score /skɔː, skɔɹ/ • n scor m
scorpion /ˈskɔː.pi.ən, ˈskɔɹ.pi.ən/ • n scorpion m
scramble /ˈskɹæmbl̩/ • v amesteca
scrape /skɹeɪp/ • v zgâria
scratch /skɹætʃ/ • v scărpina; zgâria
scream /skɹiːm, skɹim/ • v ţipa, striga, urla
screen /skɹiːn, skɹin/ • n ecran n, paravan n; sită f • v filtra **~ing** • n screening n; ecranizare f
screw /skɹuː/ • n şurub n; elice f; înşurubare f • v înşuruba; păcăli **~driver** • n şurubelniţă f
script /skɹɪpt/ • n scenariu n, script n
sculpture • n sculptură f • v sculpta
sea /siː/ • n mare f **~ level** • n nivelul mării n **~ lion** • n otarie f, leu-de-mare m
seal /siːl/ • n focă f; sigiliu n
search /sɜːtʃ, sɜɹtʃ/ • v căuta
season /ˈsiːzən, ˈsizən/ • n sezon n, anotimp n • v condimenta **~al** • adj sezonier m, sezonal m

seat /si:t/ ● *n* scaun
second /ˈsɛkənd, ˈsɛk.(ə)nd/ ● *adj* doua, doilea *m*; al doilea, secund ● *n* secundă *f* ● *v* susține, secunda **~ary** ● *adj* secundar
secre|t /ˈsi:krɪt, ˈsi:krət/ ● *adj* secret *m*, secretă *f*, tainic *m*, tainică *f* ● *n* secret *n*, taină *f* **~cy** ● *n* secretism *n*, secretețe *f*
secretary /ˈsɛk.rə.tə.ɹi, ˈsɛkrətɛri/ ● *n* secretar *m*, secretară *f*; pasăre secretar *f*
section /ˈsɛkʃən/ ● *n* secționare *f*, tăiere *f*, secțiune *f*, tăietură *f*; parte *f*, secție *f*, sector *n*, subdiviziune *f*, despărțitură *f*, segment *n*, departament *n*; incizie *f*
sector /ˈsɛk.tɚ/ ● *n* sector *n*, cerc
secur|e /səˈkjʊə(ɹ), səˈkjʊɹ/ ● *adj* sigur *m*, protejat; asigurat *m*; stabil *m* **~ity** ● *n* securitate *f*; siguranță
see /si:/ ● *n* episcopie *f*, dieceză *f* ● *v* (*sp* saw, *pp* seen) vedea
seed /si:d/ ● *n* sămânță *f*
seek /si:k/ ● *v* (*sp* sought, *pp* sought) căuta
seem /si:m/ ● *v* părea
seen (*pp*) ▷ SEE
segment /ˈsɛg.mənt, sɛgˈmɛnt/ ● *n* segment *n* ● *v* segmenta
seizure /ˈsiːʒɚ/ ● *n* confiscare *f*
seldom /ˈsɛldəm/ ● *adv* rar, rareori
selecti|on /səˈlɛkʃən/ ● *n* selectare *f*, selecție *f*; culegere, alegere **~ve** ● *adj* selectiv, de selecție

selfish /ˈsɛlfɪʃ/ ● *adj* egoist
sell /sɛl/ ● *v* (*sp* sold, *pp* sold) vinde **~er** ● *n* vânzător *m*, vânzătoare *f*
senator /ˈsɛn.ə.tə, ˈsɛn.ə.tɚ/ ● *n* senator *m*, senatoare *f*
send /sɛnd/ ● *v* (*sp* sent, *pp* sent) trimite, expedia
Senegal ● *n* Senegal *n* **~ese** ● *adj* senegalez ● *n* senegalez *m*, senegaleză *f*
sense /sɛn(t)s, sɪn(t)s/ ● *n* simț *n*; sens *n* ● *v* simți
sensible /ˈsɛn.sə.bl̩, ˈsɛn.sɪ.bl̩/ ● *adj* perceptibil *n*, observabil *n*, sesizabil *n*; considerabil, apreciabil, mare; simțitor, sensibil; rațional *n*, conștient *n*, inteligent *n*; rezonabil *n*, simțit *n*; practic *n*, logic *n*, chibzuit *n*
sensitiv|e /ˈsɛnsɪtɪv/ ● *adj* sensibil *n*, susceptibil *n*, impresionabil *n*, receptiv *n*; simțitor *n*; de precizie **~ity** ● *n* sensibilitate *f*
sent (*sp/pp*) ▷ SEND
sentence /ˈsɛntəns/ ● *n* sentință *f*, opinie *f*; verdict *n*; condamnare *f*; propoziție *f*, frază *f* ● *v* condamna
sentiment /ˈsɛn.tɪ.mənt/ ● *n* sentiment *n* **~al** ● *adj* sentimental; romantic
separat|e /ˈsɛp(ə)ɹət, ˈsɛpəɹeɪt/ ● *adj* separat *n*, separată *f* ● *v* desparți, separa **~ion** ● *n* separare *f*, izolare *f*; divorțare *f*, divorț *n*
September ● *n* septembrie, răpciune, vinicer

sequen|ce /ˈsikwəns/ • *n* secvență *f*; șir *n* **~tial** • *adj* secvențial

Serbia • *n* Serbia *f* **~n** • *adj* sârb, sârbesc • *n* sârb *m*, sârbă *f*, sârboaică *f*

serene • *adj* senin

serial /ˈsɪəɹɪəl/ • *adj* serial

series /ˈsɪə.ɹiːz, ˈsɪɹiz/ • *n* (*pl* series) serie *f*, șir *n*; serial *n*

serious /ˈsɪəɹɪəs/ • *adj* serios **~ly** • *adv* serios, cu seriozitate; pe bune **~ness** • *n* seriozitate

serv|e /sɜːv, sɜ́ːv/ • *v* servi **~ant** • *n* servitor *m*, slugă *f*, slujitor *m* **~ice** • *n* serviciu *n*

serving /ˈsɜːvɪŋ/ • *n* porție *f*

set /sɛt/ • *adj* pregătit, gata; așezat; stabilit, fixat; hotărât • *n* set *n*; aparat *n*, receptor *n*; colecție *f*, ansamblu *n*; trusă *f*; mulțime *f*; grup *n*; platou *n*, platou de filmare *n* • *v* (*sp* set, *pp* set) așeza, pune; fixa, poziționa, regla; stabili; introduce, descrie; pregăti; potrivi; pasa, trimite; apune, asfinți, scăpăta; bate

seven /ˈsɛv.ən/ • *n* șapte **~teen** • *num* șaptesprezece, șaptespe **~th** • *adj* șaptelea • *n* cel al șaptelea *m*, cea a șaptea *f* **~ty** • *num* șaptezeci

several /ˈsɛv(ə)ɹəl/ • *det* câțiva *m*, câteva *f*

sew /səʊ, soʊ/ • *v* (*sp* sewed, *pp* sewn) coase

sewed (*sp/pp*) ▷ SEW

sewn (*pp*) ▷ SEW

sex /sɛks/ • *n* relații sexuale; sex *n* **~ual** • *adj* sexual; sexuală *f* **~uality** • *n* sexualitate *f*; virilitate *f*; identitate sexuală *f* **~y** • *adj* sexy, sexos

Seychelles • *n* Seychelles, Seișele

shade /ʃeɪd/ • *n* umbră *f* • *v* adumbri, umbri

shadow /ˈʃædoʊ, ˈʃædəʊ/ • *n* umbră *f*

shake /ʃeɪk/ • *n* scuturare *f* • *v* (*sp* shook, *pp* shaken) agita, scutura; scăpa; da mâna; dansa

shaken (*pp*) ▷ SHAKE

shallow /ˈʃaləʊ, ˈʃæl.oʊ/ • *adj* plat, puțin adânc

shame /ʃeɪm/ • *n* rușine *f*

shape /ʃeɪp/ • *n* stare *f*, formă • *v* modela

share /ʃɛə, ʃɛɹ/ • *n* parte *f*, părți, acțiune *f* • *v* partaja, împărți, distribui; împărtăși **~d** • *adj* distribuit *n*, împărțit *n* **~holder** • *n* acționar *m*, acționara *f*

shark /ʃɑːk, ʃɑːk/ • *n* rechin *m*

sharp /ʃɑːp, ʃɑɹp/ • *adj* ascuțit; diez *m* • *adv* fix *m* **~en** • *v* ascuți

shat (*sp*) ▷ SHIT

she /ʃiː, ʃi/ • *pron* dumneaei, ea

shear /ʃɪə(ɹ), ʃɪɹ/ • *v* (*sp* sheared, *pp* shorn) tunde

sheared (*sp/pp*) ▷ SHEAR

sheep /ʃiːp, ʃiːp/ • *n* (*pl* sheep) oaie

sheet /ʃiːt, ʃit/ • *n* foaie

shelf /ʃɛlf/ • *n* (*pl* shelves) poliță *f*, raft *n*

shell /ʃɛl/ • *n* scoică *f*, cochilie *f*; coajă *f*; exoschelet *n*; carapace *f*; obuz *n*; carcasă *f*

shelves (pl) ▷ SHELF
shin|e /ʃaɪn/ • n strălucire; luciu, lustru • v (sp shone, pp shone) străluci, luci, lumina; lustrui **~y** • adj strălucitor
ship /ʃɪp/ • n navă f, corabie f, vas n
shirt /ʃɜt, ʃɜːt/ • n cămașă f
shit /ʃɪt/ • n excrement n, căcat n, rahat m • v (sp shit, pp shit) căca
shitted (sp/pp) ▷ SHIT
shiver /ˈʃɪvəɪ, ˈʃɪvə/ • v tremura
shocking /ˈʃɒkɪŋ/ • adj șocant n
shod (sp/pp) ▷ SHOE
shoe /ʃuː, ʃu/ • n pantof m, gheată f, încălțăminte f • v (sp shod, pp shod) potcovi **~lace** • n șiret n
shoed (sp/pp) ▷ SHOE
shone (sp) ▷ SHINE
shook (sp) ▷ SHAKE
shoot /ʃuːt/ • n vlăstar n, lăstar n • v (sp shot, pp shot) trage, împușca
shop /ʃɒp, ʃɑp/ • n magazin n, spațiu comercial; atelier n • v merge la cumpărături **~ping** • n cumpărături
shore /ʃɔː, ʃɔɪ/ • n mal n, țărm n, coastă f
shorn (pp) ▷ SHEAR
short /ʃɔːt, ʃɔɪt/ • adj scurt; scund **~s** • n pantaloni scurți, șort n
shot /ʃɒt, ʃɑt/ • n lovitură f, foc de armă n, descărcătură f; șut n; alică f, plumb m; injecție f, shot n • (also) ▷ SHOOT
should /ʃʊd, ʃəd/ • v trebui

shoulder /ˈʃəʊldə, ˈʃoʊldəɪ/ • n umăr m
shout /ʃaʊt, ʃʌʊt/ • v striga, urla, țipa
show /ʃəʊ, ʃoʊ/ • n spectacol n; expoziție f; demonstrație f; emisiune f, program f • v (sp showed, pp shown) arăta; demonstra **~man** • n showman m
showed (sp/pp) ▷ SHOW
shower /ˈʃaʊ.ə(ɪ), ˈʃaʊ.əɪ/ • n aversă f, ploaie torențială f, ploaie de vară f; duș n • v a face un duș
shown (pp) ▷ SHOW
shrank (sp) ▷ SHRINK
shrimp /ʃrɪmp/ • n (pl shrimp) crevetă f
shrink /ʃrɪŋk/ • v (sp shrank, pp shrunk) micșora
shrunk (sp/pp) ▷ SHRINK
shy /ʃaɪ/ • adj fricos, timid; rezervat; precaut, prudent; jenat, rușinat **~ness** • n timiditate f
sick /sɪk/ • adj mișto
side /saɪd/ • n față, latură; parte f
sidewalk /ˈsaɪdwɔːk/ • n trotuar n
Sierra Leone • n Sierra Leone
sigh /saɪ/ • n suspin n, oftat f; geamăt n • v suspina
sight /saɪt/ • n vedere f, priveliște f; spectacol n • v vedea
sign /saɪn/ • n semn; notificare f • v semna
signal /ˈsɪɡnəl/ • n semnal; semnal indicator n, semnalizator n

signature /ˈsɪgnətʃə, ˈsɪgnətʃɚ/ • *n* semnătură *f*

significan|t /sɪgˈnɪ.fɪ.kənt, sɪgˈnɪ.fɪ.gənt/ • *adj* semnificativ; semnificant, important **~ce** • *n* semnificanță *n*, importanță *f*, semnificativitate *f* **~tly** • *adv* semnificativ, cu înțeles, considerabil

silence /ˈsaɪ.ləns/ • *interj* tăcere!, liniște! • *n* liniște *f*, tăcere *f*

silk /sɪlk/ • *n* mătase *f*

silver /ˈsɪl.və, ˈsɪl.vɚ/ • *adj* argintiu • *n* argint *n*; argintărie *f*, obiecte argintate *n*; argintiu *n*, argintie *f*

similar /ˈsɪmələ, ˈsɪmələ˞/ • *adj* similar, asemănător; asemenea **~ity** • *n* similaritate

simpl|e /ˈsɪmpəl/ • *adj* simplu *n*, necomplicat *n* **~ify** • *v* simplifica

simulate /ˈsɪmjʊˌleɪt/ • *v* simula

simultaneously /ˌsɪməlˈteɪnɪəsli, ˌsaɪməlˈteɪnɪəsli/ • *adv* simultan, în mod simultan

sin /sɪn/ • *n* păcat *n* • *v* păcătui **~ful** • *adj* păcătos

since /sɪn(t)s/ • *conj* deoarece

sincer|e /sɪnˈsɪə(ɹ)/ • *adj* sincer **~ity** • *n* sinceritate *f*

sing /sɪŋ/ • *v* (*sp* sang, *pp* sung) cânta **~er** • *n* cântăreț *m*; cântăreață *f* **~ing** • *n* cântare *f*

Singapore • *n* Singapore

single /ˈsɪŋgl/ • *adj* singur; unit, unitar, întreg, nedivizat, neîmpărțit; separat, individual, singular, porționat; celibatar, necăsătorit, burlac

sink /sɪŋk/ • *n* chiuvetă • *v* (*sp* sank, *pp* sunk) scufunda, afunda

sir /sɜː(ɹ), ˈsɜ/ • *n* domn *m*

sister /ˈsɪs.tə, ˈsɪs.tɚ/ • *n* soră *f*, surori; călugăriță *f* **~-in-law** • *n* cumnată *f*

sit /sɪt/ • *v* (*sp* sat, *pp* sat) ședea, așeza; se așeza

situation /sɪtjuːˈeɪʃən/ • *n* situare *f*, situație *f*; poziție *f*, localizare *f*; stare *f*; stadiu *n*, etapă *f*; post *n*, posturi

six /sɪks/ • *n* șase **~teen** • *num* șaisprezece, șaișpe **~th** • *adj* șaselea • *n* cel al șaselea *m*, cea a șasea *f*; șesime *f* **~ty** • *num* șaizeci

size /saɪz/ • *n* mărime *f*

sketch /skɛtʃ/ • *n* schiță *f*

ski /skiː, ʃiː/ • *n* schi *n* • *v* schia **~ing** • *n* schi

skill /skɪl/ • *n* abilitate *f*, pricepere *f*, talent *n* **~ful** • *adj* priceput *m*

skin /skɪn/ • *n* piele *f*; coajă *f*; pojghiță de gheață *f*; foiță de țigară *f* • *v* zgâria **~ny** • *adj* slab

skirt /skɜːt, skɜt/ • *n* fustă *f*, pulpană *f*

skull /skʌl/ • *n* craniu *n*, țeastă, căpățână *f*

skunk /skʌŋk/ • *n* sconcs *m*

sky /skaɪ/ • *n* cer *n* **~scraper** • *n* zgârie-nori, building *n*

slain (*pp*) ▷ SLAY

slam /slæm/ • *v* trânti

slash /slaʃ, slæʃ/ • *n* bară *f*, slash *n*, bară oblică *f*

slave /sleɪv/ • *n* sclav, rob, serv **~ry** • *n* sclavie *f*, robie *f*

slay /sleɪ/ • *v* (*sp* slew, *pp* slain) omorî, ucide, asasina

sleep /sliːp, slip/ • *n* somn *n*; urdoare *f*, puchină *f* • *v* (*sp* slept, *pp* slept) dormi **~ over** • *v* petrece noaptea **~y** • *adj* somnoros, somnolent *n*

sleeve /sliːv/ • *n* mânecă *f*

slept (*sp/pp*) ▷ SLEEP

slew (*sp*) ▷ SLAY

slid (*sp/pp*) ▷ SLIDE

slide /slaɪd/ • *n* lamă *f*; alunecare *f*, alunecare de teren *f*; diapozitiv *n*; tobogan *n* • *v* (*sp* slid, *pp* slid) aluneca

slightly /ˈslaɪtli/ • *adv* puțin, ușor

sling /slɪŋ/ • *n* praștie *f* • *v* (*sp* slung, *pp* slung) a trage cu praștia

slip /slɪp/ • *v* aluneca **~pery** • *adj* alunecos

slogan /ˈsloʊɡən, ˈsləʊɡ(ə)n/ • *n* slogan *n*

slope /sloʊp, sləʊp/ • *n* pantă *f*

sloth /sləʊθ, slɒθ/ • *n* lene *f*; leneș *m*

Slovakia • *n* Slovacia *f* **~n** • *adj* slovac • *n* slovac *m*, slovacă *f*

Slovenia • *n* Slovenia *f*

slow /sloʊ, sləʊ/ • *adj* încet **~ly** • *adv* încet, lent, domol

slung (*sp/pp*) ▷ SLING

small /smɔːl, smɒl/ • *adj* mic; tânăr; mici

smart /smɑːt, smɑːt/ • *adj* deștept; descurcăreț, isteț *m*

smell /smɛl/ • *n* miros *n* • *v* (*sp* smelt, *pp* smelt) mirosi

smelled (*sp/pp*) ▷ SMELL

smelly /ˈsmɛli/ • *adj* mirositor

smelt (*sp/pp*) ▷ SMELL

smile /smaɪl/ • *n* zâmbet *n*, surâs • *v* zâmbi, surâde

smok|e /smoʊk, sməʊk/ • *adj* fumuriu • *n* fumegară *f*; țigară *f*; iluzie *f*, amăgire *f*, himeră *f*; fumuriu; fum *n* • *v* fuma; fumega; afuma **~ing** • *adj* fumigen *m*, fumigenă *f* • *n* fumător *m*, fumătoare *f*, fumători

smooth /smuːð/ • *adj* neted, lin, lis

snake /sneɪk/ • *n* șarpe *m*

snob /snɒb/ • *n* snob *m* **~by** • *adj* snob, snobistic

snow /snəʊ, snoʊ/ • *n* zăpadă *f*, nea *f*, omăt *n*; ninsoare *f*, cădere de zăpadă *f* • *v* ninge **~man** • *n* om de zăpadă *m*

so /səʊ, soʊ/ • *adv* atât; așa • *conj* așadar; deci

soak /səʊk, soʊk/ • *v* muia

soap /soʊp, səʊp/ • *n* săpun *n* • *v* săpuni

soccer /ˈsɒk.ə, ˈsɑk.ɚ/ • *n* fotbal *n*

socia|l /ˈsəʊʃəl, ˈsoʊ.ʃəl/ • *adj* social **~ble** • *adj* sociabil *n* **~list** • *adj* socialist • *n* socialist *m*, socialistă *f* **~lism** • *n* socialism *n*

society /səˈsaɪ.ə.ti/ • *n* societate *f*; mediu

sock /sɑk, sɒk/ • *n* ciorap *m*

sodium /ˈsəʊdɪəm, ˈsoʊdi.əm/ • *n* sodiu *n*, natriu *n*

sofa /ˈsoʊfə, ˈsəʊfə/ • *n* canapea *f*, canapele, sofa *f*
soft /sɔft, sɑft/ • *adj* moale; delicat, gingaș, suav; încet; slab, indecis **~en** • *v* muia, înmuia
software /ˈsɔftˌwɛə, ˈsɔftˌwɛɹ/ • *n* software *n*, programe de computer *n*, soft *n*
soil /sɔɪl/ • *n* sol *n*; teren *n* • *v* spurca
sold *(sp/pp)* ▷ SELL
soldier /ˈsoʊldʒə, ˈsoʊldʒɚ/ • *n* soldat *m*, militar *m*, ostaș *m*; gardă *f*, pază *f*
sole /soʊl, səʊl/ • *adj* singur • *n* talpă *f*; pingea *f*; solă *f*, limbă-de-mare *f* • *v* pingeli
solid /ˈsɑlɪd, ˈsɒlɪd/ • *adj* solid; masiv; compact, plin; temeinic • *n* solid *n*
solidarity • *n* solidaritate *f*
solo /ˈsoʊ.loʊ, ˈsəʊ.ləʊ/ • *adj* solo
sol|ve /sɒlv, sɑlv/ • *v* rezolva, soluționa, lămuri **~ution** • *n* soluție *f*; rezultat *n*, soluționare *f*, rezolvare *f*
Somali|a • *n* Somalia *f* **~** • *adj* somalez • *n* somaleză *f*, somali *f*; somalez *m*
some /sʌm, sɛm/ • *det* niște **~body** • *pron* cineva **~how** • *adv* cumva **~one** • *pron* cineva **~thing** • *pron* ceva **~time** • *adj* fost, ex-, anterior • *adv* cândva **~times** • *adv* uneori, câteodată, ocazional **~what** • *adv* întrucâtva **~where** • *adv* undeva
son /sʌn/ • *n* fiu *m*

song /sɒŋ, sɔŋ/ • *n* cântec *n*, cântare *f*
soon /suːn/ • *adv* curând
sophisticated • *adj* sofisticat; complicat *n*; rafinat, elegant
sore /sɔː, sɔɹ/ • *adj* dureros, sensibil • *n* plagă
sorry /ˈsɔɹi, ˈsɒɹi/ • *interj* îmi pare rău, scuză, scuză-mă, scuzați, scuzați-mă
sort /sɔːt, sɔɹt/ • *n* fel, gen • *v* clasifica, împărți; sorta, aranja
sought *(sp/pp)* ▷ SEEK
soul /səʊl, soʊl/ • *n* suflet *n*; spirit *n*; unic, singur
sound /saʊnd/ • *adj* sănătos, nevătămat, teafăr, zdravăn; intact, complet, solid, sigur, robust • *n* sunet *n* • *v* suna
soup /suːp, sup/ • *n* supă *f*, ciorbă *f*
sour /ˈsaʊ(ə)ɹ, ˈsaʊə/ • *adj* acru; acid • *n* acreală *f*
source /sɔɹs, sɔːs/ • *n* sursă *f*; izvor *n*, fântână *f*
south /saʊθ, sʌʊθ/ • *adj* sudic • *n* sud *n*, miazăzi **~ern** • *adj* sudic, austral *n*, meridional **~west** • *adj* de sud-vest, sudvestic • *n* sud-vest *n*, sudvest *n* **~east** • *adj* sudestic, de sud-est
South Africa • *n* Africa de Sud *f*
South Sudan • *n* Sudanul de Sud *n*
sovereign /ˈsɒv.ɹɪn/ • *adj* suveran • *n* suveran *m* **~ty** • *n* suveranitate *f*
Soviet /ˈsəʊ.vi.ət, ˈsoʊ.vi.ət/ • *adj* sovietic

sow /saʊ/ • *n* scroafă, purcea, poarcă • *v* (*sp* sowed, *pp* sown) semăna

sowed (*sp/pp*) ▷ SOW

sown (*pp*) ▷ SOW

space /speɪs/ • *n* spațiu *n*

Spa|in • *n* Spania *f* **~nish** • *adj* spaniol • *n* spaniolă *f*; spanioli; hispanici

spark /spɑɪk, spɑːk/ • *n* scânteie *f* • *v* scânteia

sparrow /ˈspærəʊ, ˈspærou/ • *n* vrabie *f*

spat (*sp/pp*) ▷ SPIT

speak /spiːk, spik/ • *v* (*sp* spoke, *pp* spoken) vorbi, discuta; comunica **~er** • *n* vorbitor *m*, vorbitoare *f*; difuzor *n*; președinte *m*, speaker *m*; orator *m*, oratoare *f*

special /ˈspeʃəl/ • *adj* special *m*, specială *f*

species /ˈspiːʃiːz/ • *n* (*pl* species) specie

specific /spəˈsɪfɪk/ • *adj* specific

specimen /ˈspesɪmɪn/ • *n* specimen, exemplar

specta|cle /ˈspektəkl/ • *n* spectacol *n* **~cular** • *adj* spectaculos, spectacular, de spectacol **~tor** • *n* spectator *m*, privitor *m*, martor ocular **~cles** • *n* ochelari

spectrum /ˈspektrəm, ˈspekt(ʃ)rəm/ • *n* spectru *n*

sped (*sp/pp*) ▷ SPEED

speech /spiːtʃ/ • *n* vorbire *f*; discurs *n*, cuvântare *f*

speed /spiːd/ • *n* viteză *f*, rapiditate *f*, iuțeală *f*; fotosensibilitate

speeded (*sp/pp*) ▷ SPEED

spell /spel/ • *n* vrajă *f*, farmec *n*, descântec *n*, descântătură *f*; interval *n* • *v* (*sp* spelt, *pp* spelt) se scrie; indica; clarifica; înlocui; litera, rosti

spelled (*sp/pp*) ▷ SPELL

spelt (*sp/pp*) ▷ SPELL

spend /spend/ • *v* (*sp* spent, *pp* spent) cheltui

spent (*sp/pp*) ▷ SPEND

spher|e /sfɪə, sfiː/ • *n* sferă *f*; bilă *f*, bol *n* **~ical** • *adj* sferic

spider /ˈspaɪdə, ˈspaɪdə/ • *n* păianjen *m*

spill /spɪl/ • *v* (*sp* spilt, *pp* spilt) vărsa

spilled (*sp/pp*) ▷ SPILL

spilt (*sp/pp*) ▷ SPILL

spin /spɪn/ • *v* (*sp* spun, *pp* spun) învârti; toarce

spirit /ˈspɪrɪt, ˈspiːrɪt/ • *n* suflet *n*, spirit *n*; duh *n*; tărie *f* **~ual** • *adj* sufletesc, spiritual

spit /spɪt/ • *n* frigare *f*; scuipat • *v* (*sp* spat, *pp* spat) scuipa

spite /spaɪt/ • *n* ciudă *f*, răutate *f*, ranchiună *f*; supărare *f*, dispreț *n*, vexațiune *f* • *v* maltrata; urî; ofensa, vexa

splendid /ˈsplendɪd/ • *adj* splendid

split /splɪt/ • *n* spagat *n*, șpagat *n* • *v* (*sp* split, *pp* split) despica, diviza, scinda, spinteca; repartiza; separa

spoil /spɔɪl/ • *n* pradă • *v* (*sp* spoilt, *pp* spoilt) strica, ruina; răsfăța

spoiled (*sp/pp*) ▷ SPOIL

spoilt (*sp/pp*) ▷ SPOIL

spoke *(sp)* ▷ SPEAK
sponsor /ˈspɒn.sə, ˈspɑn.sɚ/ • *v* sponsoriza
spontane|ous /spɒnˈteɪ.ni.əs, spɑnˈteɪ.ni.əs/ • *adj* spontan *m* **~ity** • *n* spontaneitate *f*
spoon /spuːn, spun/ • *n* lingură *f*
sport /spɔːt, spɔːrt/ • *n* sport *n*
spot /spɒt, spɑt/ • *n* pată
sprang *(sp)* ▷ SPRING
spread /sprɛd/ • *v* (*sp* spread, *pp* spread) așterne, întinde
spring /sprɪŋ/ • *n* primăvară *f*; izvor *n*; arc *n*
sprung *(pp)* ▷ SPRING
spun *(sp/pp)* ▷ SPIN
spy /spaɪ/ • *n* spion *m*, spioană *f* • *v* spiona
square /skwɛə(r), skwɛɚ/ • *adj* pătrat • *n* pătrat *n*, cvadrat *n*; echer *n*; piață *f*, piețe
squeeze /skwiːz/ • *v* strânge, stoarce
squid /skwɪd/ • *n* (*pl* squid) calmar *m*
squirrel /ˈskwɪɹəl, ˈskwɜːl/ • *n* veveriță *f*
Sri Lanka • *n* Sri Lanca **~n** • *adj* srilankez • *n* srilankez *m*, srilankeză *f*
stab /stæb/ • *v* înjunghia, străpunge, a da o lovitură de cuțit
stab|le /ˈsteɪ.bəl/ • *adj* stabil • *n* staul, grajd *n*; grajd de cai **~ility** • *n* stabilitate *f*
stack /stæk/ • *n* căpiță *f*, stivă *f* • *v* stivui
stadium /ˈsteɪ.di.əm/ • *n* stadion *n*

staff /stɑːf, stæf/ • *n* portativ *n*; personal *n*
stage /steɪdʒ/ • *n* scenă *f*
stain /steɪn/ • *v* păta
stair /stɛəɪ, stɛə/ • *n* treaptă; scară *f* **~case** • *n* scară *f*
stake /steɪk/ • *n* par *m*
stall /stɔːl, stɔl/ • *n* staul *m*
stamp /stæmp/ • *v* tropăi, da din picioare; ștanța; ștampila; timbra
stand /stænd, æ/ • *n* arboret *n* • *v* (*sp* stood, *pp* stood) sta, sta în picioare; ridica; fi supus
standard /ˈstændəd, ˈstændɚd/ • *n* standard *n*, standarde; stindard *n* **~ization** • *n* standardizare *f*
stank *(sp)* ▷ STINK
star /stɑː(r), stɑɹ/ • *n* stea *f*; vedetă *f*, star *n*; asterisc *n*, steluță *f* **~fish** • *n* stea de mare *f*, stea-de-mare *f*
stark /stɑːk, stɑːk/ • *adj* dur *m*, crud *m*; violent, drastic; puternic *m*, viguros *m*; aspru *m*, dezolant *m*; rigid *m*; total *m*, absolut *m* • *adv* absolut, in intregime
start /stɑːt, stɑɹt/ • *n* început • *v* începe; porni **~er** • *n* demaror *n*
starv|e /stɑːv/ • *v* flămânzi, suferi de foame, muri de foame; înfometa **~ation** • *n* foamete
state /steɪt/ • *n* stat *n*; stare *f* • *v* declara **~ment** • *n* declarație *f*, remarcă *f*; bilanț *n*; instrucțiune *f*, instrucțiuni

station /ˈsteɪʃən/ • *n* stație *f*, gară *f*

statistic|al /stəˈtɪstɪkəl/ • *adj* statistic *n*, de statistică **~s** • *n* statistică

statue /ˈstæ.tʃuː/ • *n* statuie *f*, statuă *f*

status /ˈsteɪt.əs, ˈstæt.əs/ • *n* statut *n*, poziție *f*; stare *f*, situație

stay /steɪ/ • *v* sta, rămâne, zăbovi; amâna, întârzia

steak /steɪk/ • *n* friptură *f*

steal /stiːl/ • *n* chilipir *n*; furt *n*, furat *n*, furătură *f* • *v* (*sp* stole, *pp* stolen) fura; însuși; eclipsa; strecura, furișa

steam /stiːm/ • *n* abur *m*; vapori • *v* aburi, fierbe în aburi, fierbe la aburi; fumega

steel /stiːl/ • *n* oțel *n*

steep /stiːp/ • *adj* abrupt

steer /stɪə(ɹ)/ • *n* bou *m* **~ing wheel** • *n* volan *n*

stem /stɛm/ • *n* tulpină *f*, trunchi; peduncul, picior, coadă; temă *f*

step /stɛp/ • *n* pas *m*; treaptă; pași • *v* păși

stern /stɜn, stɜːn/ • *adj* dur, sever

stick /stɪk/ • *n* nuia *f*, creangă *f*; băț *m*; baston *n* • *v* (*sp* stuck, *pp* stuck) lipi, agăța; înfige **~y** • *adj* lipicios

stiff /stɪf/ • *v* a țepui

still /stɪl/ • *adv* încă; și; tot • *v* liniști, calma

stimula|nt • *n* stimulent *m*; stimulator *m* **~tion** • *n* stimulare *f*

stimulus /ˈstɪm.jə.ləs/ • *n* stimul *m*; motiv *n*

sting /ˈstɪŋ/ • *v* (*sp* stung, *pp* stung) împunge; înțepa, pișca

stingy /ˈstɪndʒi/ • *adj* zgârcit, avar; înțepător, pișcător

stink /stɪŋk/ • *n* putoare *f* • *v* (*sp* stank, *pp* stunk) puți **~y** • *adj* împuțit

stock /stɒk, stak/ • *n* condac *m*, pătul puștii *n*

Stockholm • *n* Stockholm *m*

stole (*sp*) ▷ STEAL

stolen (*pp*) ▷ STEAL

stomach /ˈstʌmək/ • *n* stomac *n*; burtă *f*

stone /stəʊn, stoʊn/ • *n* piatră *f*

stood (*sp/pp*) ▷ STAND

stop /stɒp, stɑp/ • *n* punct *n*; stop *n*, minge stopată • *v* opri, stopa; termina

stor|e /stɔɹ, stɔː/ • *n* depozit *n*, magazie *f*; stoc *n* **~age** • *n* înmagazinare *f*, depozitare *f*, acumulare *f*; depozit *n*, magazie *f*, rezervor *n*; memorare *f*, stocare *f*

stork /stɔɹk, stɔːk/ • *n* barză *f*, barza-albă *f*

storm /stɔːm, stɔɹm/ • *n* furtună; vijelie *f*; atac *n*, asalt *n* • *v* ataca, asalta **~y** • *adj* furtunos *m*

story /ˈstɔː.ɹi/ • *n* istorie, poveste **~teller** • *n* povestitor *m*, narator *m*

stove /stəʊv, stoʊv/ • *n* sobă *f*; aragaz *n*, reșou *n*

straight /stɹeɪt/ • *adj* drept • *adv* direct **~en** • *v* îndrepta

~forward • *adj* onest, sincer, simplu
strain /stɹeɪn/ • *v* strecura
strand /stɹænd/ • *n* plajă *f*
strange /stɹeɪndʒ/ • *adj* ciudat, straniu, neobișnuit, nenatural *n*
strategy /ˈstɹætədʒi/ • *n* strategie *f*
straw /stɹɔː, stɹɔ/ • *n* pai *n*; paie *f*
stream /stɹiːm/ • *n* pârâu *n*, torent *n*, șuvoi *n*, curent *m*; șiroi *m*; flux *n*; curs de apă *n*; lanț *n*
street /stɹiːt, ʃtɹiːt/ • *n* stradă *f*
strength /stɹɛŋ(k)θ, stɹɪŋ(k)θ/ • *n* putere *f*, forță *f* **~en** • *v* întări; a deveni mai puternic
stress /stɹɛs/ • *n* tensiune *f*, încordare *f*; stres *n*
stretch /stɹɛtʃ/ • *n* întindere *f* • *v* întinde
strike /stɹaɪk/ • *n* grevă *f* • *v* (*sp* struck, *pp* struck) bate; grevă
string /stɹɪŋ/ • *n* coardă *f*, șiret *n*, șnur *n*; strună *f*; șir, serie, suită; șir de caractere *n*; coarde; string *n*
strip /stɹɪp/ • *v* a prădui, despuia
stroke /stɹəʊk, stɹoʊk/ • *v* mângâia
strong /stɹɒŋ, ʃtɹɒŋ/ • *adj* puternic; vârtos **~ly** • *adv* puternic, cu putere; foarte, tare
struck *(sp/pp)* ▷ STRIKE
structur|e /ˈstɹʌktʃə(ɹ), ˈstɹʌktʃɚ/ • *n* structură *f* **~al** • *adj* structural *n*
struggle /ˈstɹʌɡl/ • *n* luptă *f* • *v* lupta, zbate

strung *(sp/pp)* ▷ STRING
stuck *(sp/pp)* ▷ STICK
student /ˈstjuːdənt, ˈstuːdn̩t/ • *n* student *m*, studentă *f*
study /ˈstʌdi/ • *n* studiu *n*, studiere *f* • *v* studia, învăța
stuff /stʌf/ • *n* lucruri, chestii • *v* înfunda, înghesui, îndesa, îndopa, îmbuiba
stung *(sp/pp)* ▷ STING
stunk *(sp/pp)* ▷ STINK
stupid /ˈstjuːpɪd, ˈst(j)upɪd/ • *adj* prost, stupid **~ly** • *adv* stupid, prostește
styl|e /staɪl/ • *n* stil *n*, fel, gen **~ish** • *adj* elegant *m*, stilat *m*
subject /ˈsʌb.dʒɛkt, ˈsʌb.dʒɪkt/ • *n* subiect *n*; temă *f*; materie *f*, disciplină **~ive** • *adj* subiectiv
submit /səbˈmɪt/ • *v* închina
subscri|be /səbˈskɹaɪb/ • *v* abona; subscrie **~ption** • *n* abonament *n*
substan|ce /ˈsʌbstəns/ • *n* substanță *f*; drog *n*, droguri, narcotic *n* **~tial** • *adj* substanțial *m*
substitute /ˈsʌbstɪtut/ • *n* substitut *n*, înlocuitor *m*, locțiitor *m*, substituent *m*, substituitor *m* • *v* înlocui, substitui
suburb /ˈsʌbɜː(ɹ)b/ • *n* suburbie *f* **~an** • *adj* suburban *n*, suburbană *f*
succeed /səkˈsiːd/ • *v* succeda, succede; reuși
success /səkˈsɛs/ • *n* succes *n*, succese **~ful** • *adj* reușit, izbutit, plin de succes

success|ion /sək'sɛʃ.ən/ • *n* succesiune *f*; șir *n* **~or** • *n* moștenitor *m*

such /sʌtʃ/ • *det* așa

suck /sʌk, sʊk/ • *v* suge

Sudan • *n* Sudan *n* **~ese** • *adj* sudanez • *n* sudanez *m*, sudaneză *f*

sudden /'sʌdn/ • *adj* subit, brusc, neașteptat, neprevăzut **~ly** • *adv* subit, brusc, deodată, instantaneu

suffer /'sʌfə, 'sʌfər/ • *v* suferi **~ing** • *adj* suferință *f* • *n* păs

suffic|e /sə'faɪs/ • *v* ajunge **~iently** • *adv* destul, suficient

suffix /'sʌfɪks/ • *n* sufix *n*

sugar /'ʃʊɡə(ɪ), 'ʃʊɡər/ • *n* zahăr *n*; zaharuri, glucide • *v* îndulci

suggest /sə'dʒɛst, səɡ'dʒɛst/ • *v* sugera **~ion** • *n* sugestionare *f*, sugestie, propunere

suicide /'s(j)uːɪˌsaɪd, 's(j)uɪˌsaɪd/ • *n* sinucidere *f*; sinucigaș *m*, sinucigașă *f*

suit /s(j)uːt, s(j)ut/ • *n* costum *n*

suitable /'suːtəbl/ • *adj* adecvat *n*, convenabil *n*, potrivit *n*, nimerit *n*

sum /sʌm/ • *n* sumă *f*

summer /'sʌmə(ɪ), 'sʌmər/ • *n* vară *f*; traversă *f* • *v* văra

summit /'sʌmɪt/ • *n* culme *f*, vârf *n*

summon /'sʌmən/ • *v* convoca; chema

sun /sʌn/ • *n* soare *m*; răsărit *n*, asfințit *n* • *n* soare *m* • *v* însori, sori; încălzi **~ny** • *adj* însorit **~light** • *n* lumina soarelui *f* **~shine** • *n* soare *m*, lumina soarelui *f*

Sunday • *adv* duminică, duminica • *n* duminică *f*

sung *(pp)* ▷ SING

sunk *(pp)* ▷ SINK

superb /suˈpɜːb, sjuːˈpɜːb/ • *adj* superb, excepțional

superficial • *adj* superficial *m*, superficială *f*

superior /suːˈpɪəɹi.ə(ɪ), suːˈpɪɹiər/ • *adj* superior *m*, mai bun; mai sus • *n* superior *m*, superioară *f* **~ity** • *n* superioritate *f*

supermarket /ˌsuːpəˈmɑːkɪt/ • *n* supermagazin, magazin universal *n*

supernatural /ˌsuːpəˈnatʃɹəl, ˌsuːpərˈnætʃərəl/ • *adj* supranatural

supervis|e • *v* superviza **~ion** • *n* supervizare *f*, supraveghere *f*

supply /səˈplaɪ/ • *n* aprovizionare, alimentare; provizie, rezervă

support /səˈpɔːt, səˈpɔɹt/ • *n* suport *n*, suporturi, reazem *n*; sprijin *n*, sprijinire *f* • *v* susține, sprijini, propti **~er** • *n* suporter *m*, partizan

suppose /səˈpəʊz, səˈpoʊz/ • *v* presupune

suprem|e /ˌs(j)uːˈpɹiːm/ • *adj* suprem **~acy** • *n* supremație *f*

sure /ʃɔː, ʃʊəɪ/ • *adj* sigur, cert • *interj* sigur

surface /ˈsɜːfɪs, ˈsɜːfɪs/ • *n* suprafață

surge|ry /ˈsɜːdʒəɹi, ˈsɜːdʒɹi/ • *n* chirurgie *f* **~on** • *n* chirurg *m*

Suriname • *n* Surinam *n*

surpris|e /səˈpɹaɪz, sɚˈpɹaɪz/ • *n* surpriză *f*, surprindere *f* • *v* surprinde **~ingly** • *adv* surprinzător

surround /səˈɹaʊnd/ • *v* înconjura

surviv|e /səˈvaɪv, sɚˈvaɪv/ • *v* supraviețui **~al** • *n* supraviețuire *f*

suspicio|us /səˈspɪ.ʃəs/ • *adj* suspect, dubios; suspicios **~n** • *n* suspiciune *f*

suspen|d /səˈspɛnd/ • *v* suspenda, amâna; atârna, agăța, întrerupe **~sion** • *n* suspendare *f*; suspensie *f*

swallow /ˈswɒl.əʊ, ˈswɑ.loʊ/ • *n* rândunică *f*, lăstun *m*, rândunea *f* • *v* înghiți

swam *(sp)* ▷ SWIM

swan /swɒn, swɑn/ • *n* lebădă *f*

Swaziland • *n* Swaziland *n*

swear /swɛɚ, ˈsweə/ • *v* (*sp* swore, *pp* sworn) jura; înjura

sweat /swɛt/ • *n* sudoare *f*, transpirație *f* • *v* (*sp* sweat, *pp* sweat) transpira, asuda

sweated *(sp/pp)* ▷ SWEAT

Swed|en • *n* Suedia *f* **~ish** • *adj* suedez • *n* suedeză, limba suedeză *f*

sweep /swiːp/ • *v* (*sp* swept, *pp* swept) mătura

sweet /swiːt, swɪt/ • *adj* dulce; îndulcit; parfumat, înmiresmat; proaspăt; melodios; simpatic; drăguț; mișto • *adv* dulce • *n* dulce *n*, bomboană *f* **~ly** • *adv* dulce

swell /swɛl/ • *adj* super, senzațional, minunat • *n* val, valuri • *v* (*sp* swelled, *pp* swollen) se umfla

swelled *(sp/pp)* ▷ SWELL

swept *(sp/pp)* ▷ SWEEP

swift /swɪft/ • *adj* rapid, fugaci, repede, iute • *n* drepnea *f*

swim /swɪm/ • *v* (*sp* swam, *pp* swum) înota **~ming** • *n* înot

swing /swɪŋ/ • *n* balans *n*; leagăn *n* • *v* (*sp* swung, *pp* swung) balansa, legăna, oscila

switch /swɪtʃ/ • *n* comutator *n*, întrerupător *n*; macaz *n*; vergea *f*; centrală *f*, selector • *v* schimba; comuta **~ sth off** • *v* deconecta, dezlega, separa **~ sth on** • *v* aprinde

Swi|tzerland • *n* Elveția *f* **~ss** • *adj* elvețian *n*, elvețiană *f* • *n* elvețian *m*, elvețiană *f*, elvețiancă *f*

swollen *(pp)* ▷ SWELL

sword /sɔɹd, sɔːd/ • *n* sabie *f*, spadă *f*

swore *(sp)* ▷ SWEAR

sworn *(pp)* ▷ SWEAR

swum *(pp)* ▷ SWIM

swung *(sp/pp)* ▷ SWING

symbol /ˈsɪmbəl/ • *n* simbol *m* **~ic** • *adj* simbolic

sympathy /ˈsɪmpəθi/ • *n* compasiune, compătimire, simpatie; empatie *f*

symptom /ˈsɪm(p)təm/ • *n* simptom *n* **~atic** • *adj* simptomatic

synthesis /ˈsɪnθəsɪs/ • *n* sinteză

synthetic /sɪnˈθɛtɪk/ • *adj* sintetic; artificial

Syria • *n* Siria *f* **~n** • *adj* sirian • *n* sirian *m*, siriană *f*

system /ˈsɪstəm/ • *n* sistem *n* **~atic** • *adj* sistemic *n*, sistematic *n*

T

T-shirt • *n* tricou *n*

table /ˈteɪbəl/ • *n* masă *f*; tabel *n*, tablă *f*; tabelă *f* • *v* a pune pe masă, a pune masa; amâna **~spoon** • *n* lingură *f*

tablet computer • *n* tabletă *f*

tactic /ˈtæktɪk/ • *n* tactică *f*

tadpole /ˈtædpoʊl/ • *n* mormoloc *m*

tag /tæg, teɪg/ • *n* etichetă; leapșa

tail /teɪl/ • *n* coadă

Taiwan • *n* Taiwan, Taiwan *n*; Formosa *f* **~ese** • *adj* taiwanez • *n* taiwanez *m*, taiwaneză *f*, taiwanezi, taiwaneze

Tajikistan • *n* Tadjikistan *n*

take /teɪk/ • *n* luare *f* • *v* (*sp* took, *pp* taken) lua **~ off** • *v* da jos; a decola

taken (*pp*) ▷ TAKE

tale /teɪl/ • *n* poveste *f*

talent /ˈtælənt, ˈtælənt/ • *n* talent *n* **~ed** • *adj* talentat

talk /tɔːk, tɔk/ • *v* vorbi **~ative** • *adj* vorbăreț, flecar, limbut, guraliv, gureș

tall /tɔːl, tɔl/ • *adj* înalt

tank /tæŋk/ • *n* tanc rezervor *n*, rezervor *n*, recipient; tanc *n*

Tanzania • *n* Tanzania *f*

tap /tæp/ • *n* robinet *m*

tape /teɪp/ • *n* bandă *f*

target /ˈtɑːrɡɪt, ˈtɑːɡɪt/ • *n* țintă *f* • *v* ținti, ochi

task /tɑːsk, tæsk/ • *n* sarcină

taste /teɪst/ • *n* gust *n* • *v* gusta **~less** • *adj* fără gust, insipid, fad, searbăd

taught (*sp/pp*) ▷ TEACH

tax /tæks/ • *n* taxă *f*, impozit *n*, dare

taxi /ˈtæk.si/ • *n* taximetru, taxi *n* **~ driver** • *n* taximetrist *m*, taximetristă *f*

tea /ti, tiː/ • *n* ceai *n* **~pot** • *n* ceainic *n* **~spoon** • *n* linguriță *f*

teach /tiːtʃ/ • *v* (*sp* taught, *pp* taught) învăța; instrui **~er** • *n* profesor *m*, învățător *m*; profesoară *f*

team /tiːm/ • *n* echipă

tear /tɛə, tɛər/ • *n* lacrimă *f*; rupere *f*, ruptură *f*, tăietură *f* • *v* (*sp* tore, *pp* torn) demola, dărâma; se rupe; alerga; rupe, sfâșia; lăcrima; scoate, smulge, detașa

technic|al /ˈtɛk.nɪk.əl/ • *adj* tehnic **~ian** • *n* tehnician *m*, tehniciană *f*

technique /tɛkˈniːk/ • *n* tehnică *f*

technolog|y /tɛkˈnɒlədʒi, tɛkˈnɑlədʒi/ • *n* tehnologie *f*,

teenager /ˈtiːnˌeɪ.dʒə(r)/ • *n* adolescent *m*, adolescentă *f*

teeth *(pl)* ▷ TOOTH

telephone /ˈtɛlɪfəʊn, ˈtɛləfoʊn/ • *n* telefon *n*

telescope /ˈtɛlɪskəʊp, ˈtɛləˌskoʊp/ • *n* telescop *n*, lunetă *f*

television /ˈtɛlɪˌvɪʒən, ˈtɛləˌvɪʒən/ • *n* televiziune *f*; televizor *n*

tell /tɛl/ • *v* (*sp* told, *pp* told) spune, zice

temperature /ˈtɛmp(ə)rətʃə(r)/ • *n* temperatură *f*; febră *f*

temple /ˈtɛmp(ə)l/ • *n* templu *n*; tâmplă

temporary /ˈtɛmpərəri, ˈtɛmpəˌrɛri/ • *adj* temporar • *n* interimat *n*

tempt /tɛmpt/ • *v* tenta; ispiti

ten /tɛn, tɪn/ • *num* zece

tend /tɛnd/ • *v* avea grijă **~ency** • *n* tendință *f*, înclinație *f*

tender /ˈtɛn.də(r), ˈtɛn.dər/ • *adj* fraged; iubit, gentil, dulce • *n* mijloc de plată *n*

tennis /ˈtɛ.nɪs/ • *n* tenis *n* **~ player** • *n* tenisman *m*, tenismană *f*

tens|e /tɛns/ • *n* timp *n* **~ion** • *n* tensiune, încordare

tent /tɛnt, tɪnt/ • *n* cort *n*

tenure /ˈtɛn.jɚ, ˈtɛn.jə/ • *n* posesie *f*; durată de mandat *f*, durata posesiei, termen de stăpânire *n*; ocupare *f*; drept de posesie *n*

term /tɜːm, tɝm/ • *n* limită *f*, condiție *f*, clauză *f*; termen, expresie, cuvânt; trimestru **~inology** • *n* terminologie

terminal /ˈtɜːmɪnəl/ • *adj* terminal *n*; gară *f*, stație *f*; periferic *n*

terminat|e /ˈtɜːmɪneɪt/ • *v* termina **~ion** • *n* terminare *f*, sfârșire, sfârșit; concediere *f*, disponibilizare *f*; încheiere *f*; terminație *f*

terrain • *n* teren *n*

terrible /ˈtɛ.rə.bl/ • *adv* groaznic, teribil *m*; impresionant *m*; înspăimântător *m*; îngrozitor *m*

terrify /ˈtɛrɪfaɪ/ • *v* înspăimânta

territor|y /ˈtɛrɪtəri, ˈtɛrɪt(ə)ri/ • *n* teritoriu *m* **~ial** • *adj* teritorial *n*

terror /ˈtɛrə, ˈtɛrər/ • *n* spaimă, teroare *f* **~ism** • *n* terorism *m* **~ist** • *adj* terorist • *n* terorist *m*, teroristă *f*

test /tɛst, tɛst/ • *n* probă *f*; examen *n*; test *n* • *v* proba, încerca, testa

testify • *v* atesta, declara, adeveri

testimony /ˈtɛstɪməʊni, ˈtɛstɪməni/ • *n* depoziție *f*, declarație *f*, depoziție scrisă *f*; mărturie *f*

text /tɛkst/ • *n* text *n* **~book** • *n* manual *n*

texture /ˈtɛkstʃə(r)/ • *n* țesătură *f*, textură *f*; calitate a țesăturii *f*

Thai|land • *n* Tailanda *f*, Thailanda *f* **~** • *adj* thailandez • *n* thailandez *m*, thailandeză *f*, thailandezi

than /ðæn, ðən/ • *prep* ca, decât

thank|ful /θæt, ˈðɛt/ • *adj* recunoscător *m*, mulțumitor *m* **~s** • *interj* mulțumesc, mersi • *n* mulțumiri

that /ðæt, ˈðɛt/ • *conj* că • *det* acela, ăla, cela *m*, aceea, aia, ceea *f* • *pron* (*pl* those) acel *m*, acea *f*, ăla *m*, aia *f*

the /ðiː, ði/ • *art* -ul, cel

theat|er /ˈθi(ə)tɚ, ˈθi.ɛɪ.tɚ/ • *n* teatru *m* **~rical** • *adj* teatral *n*

theatre (*British*) ▷ THEATER

theft /θɛft/ • *n* furt *m*

their /ðɛə(ɪ), ðɛɚ/ • *det* lor *f*, săi *m*, sale *f* **~s** • *pron* al lor *m*, a lor *f*, ai lor, ale lor

them /ðɛm, ðəm/ • *pron* ei, ele, îi, le, lor

theme /θiːm/ • *n* temă

then /ðɛn, ðən/ • *adv* atunci; apoi

theolog|y /θi.ˈɒ.lə.dʒi/ • *n* teologie *f* **~ical** • *adj* teologic *n*

theor|y /ˈθɪəɪi, ˈθiː.əɪi/ • *n* teorie *f*; teorii **~etical** • *adj* teoretic, teoric

therap|y /ˈθɛɪ.ə.pi/ • *n* terapie *f* **~eutic** • *adj* terapeutic *n* **~ist** • *n* terapeut

there /ðɛə(ɪ), ðɛɚ/ • *adv* acolo, colo **~fore** • *adv* deci, așadar, prin urmare

these /ðiːz, ðiz/ • *det* acești, aceste, ăștia, astea

thesis /ˈθiːsɪs/ • *n* teză *f*

they /ðeɪ/ • *pron* ei *m*, ele *f*, dumnealor

thick /θɪk, θək/ • *adj* gros; des; tulbure

thief /θiːf/ • *n* hoț *m*, hoață *f*

thigh /θaɪ/ • *n* coapsă *f*

thin /θɪn/ • *adj* slab, subțire • *v* subția; slăbi

thing /θɪŋ/ • *n* lucru *n*, chestie *f*, obiect *n*

think /θɪŋk/ • *v* gândi, cugeta; considera; crede; lua în considerație, judeca

third /θɜːd, θɝd/ • *n* cel de al treilea *n*, cea de a treia *f*; treime *f*

thirst /θɜːst, θɝst/ • *n* sete *f* • *v* înseta, fie sete; dori **~y** • *adj* setos, însetat

thirteen /ˈθɜː.tiːn, ˈθɝ(t).tin/ • *num* treisprezece, treișpe

thirty /ˈθɜːti, ˈθɝti/ • *num* treizeci

this /ðɪs/ • *det* acest *m*, această *f*, ăsta *m*, asta *f* • *pron* (*pl* these) acest, această

thorough /ˈθʌ.ɹə, ˈθʌ.ɹoʊ/ • *adj* minuțios, amănunțit

those /ðəʊz, ðoʊz/ • *det* acei, acele, ăia, alea

though /ðəʊ, ðoʊ/ • *conj* deși, de parcă

thought /θɔːt, θɑt/ • *n* gând *n*, cuget *n*; gândire *f*, cugetare *f* **~ful** • *adj* cugetat *m*

thousand /ˈθaʊz(ə)nd/ • *num* mie *f*

thread /θɹɛd/ • *n* ață *f*, tort *f*, fir *f*

threat /θɹɛt/ • *n* amenințare *f* **~en** • *v* amenința

three /θɹiː, θɹi/ • *n* trei *m* • *num* trei; triplu *n*, triplă *f*

threshold /ˈθɹɛʃ(h)əʊld, ˈθɹɛʃ(h)oʊld/ • *n* prag *n*

threw (*sp*) ▷ THROW

thrifty /ˈθɹɪfti/ • *adj* econom

thrill /θɹɪl/ • *n* fior

throat /θɹəʊt, ˈθɹoʊt/ • *n* gât *n*

through /θɹuː, θɹʊ/ • *prep* prin
throw /θɹəʊ, θɹoʊ/ • *v* (*sp* threw, *pp* thrown) arunca **~ sth away** • *v* arunca
thrown (*pp*) ▷ THROW
thrust /θɹʌst/ • *v* (*sp* thrust, *pp* thrust) împinge, buși, împunge
thumb /θʌm/ • *n* deget mare *n*, policar
thunder /ˈθʌndə, ˈθʌndɚ/ • *n* tunet *n* • *v* tuna
Thursday • *adv* joi, joia • *n* joi *f*
thus /ˈðʌs/ • *adv* așa, așa cum, în acest fel, astfel; deci, așadar
tick /tɪk/ • *n* căpușă *f* • *v* ticăi
ticket /ˈtɪkɪt/ • *n* bilet *n*; amendă *f*, amendare contravențională *f*, cupon de amendă
tide /taɪd, taːd/ • *n* maree *f*
tie /taɪ/ • *v* lega • (*also*) ▷ NECKTIE
tiger /ˈtaɪɡɚ, ˈtaɪɡə/ • *n* tigru *m*
tighten /ˈtaɪ.tən/ • *v* strânge
tile /taɪl/ • *n* țiglă *f*, olan *n*, placă *f*
time /taɪm, tɑem/ • *n* vreme, eră *f*, epocă *f*; timp; timpuri, timpi; ceas *m*, oră *f*, ora zilei *f*; dată *f*, oară *f*
tin /tɪn/ • *adj* de cositor, din cositor • *n* staniu *n*, cositor *n*
tiny /ˈtaɪni/ • *adj* minuscul, micuț
tip /tɪp/ • *n* bacșiș
tir|ing • *adj* obositor **~ed** • *adj* obosit *m*, obosită *f*, ostenit *m*
tissue /ˈtɪʃu, ˈtɪsjuː/ • *n* batistă *f*, șervețel *n*; țesut *n*
tit /tɪt/ • *n* mamelon *n*, sfârc *n*; țâță *f*, sân *m*; căluț *m*, căișor *m*; fetiță *f*, fetișoară *f*, fetică *f*

title /ˈtaɪtl̩/ • *n* titlu *n*
to /tuː, tʊ/ • *part* a, -a, -ea, -e, -i, -î • *prep* la, către, spre; cu
toad /toʊd, təʊd/ • *n* broască râioasă *f*
tobacco /təˈbækoʊ/ • *n* tutun *m*; tabac *n*
today /təˈdeɪ/ • *adv* astăzi, azi; ziua de azi, acum • *n* astăzi, azi
toe /təʊ, toʊ/ • *n* deget de la picior *n*; deget *n*
together /tʊˈɡɛð.ə(ɹ), tʊˈɡɛðɚ/ • *adv* împreună, laolaltă
Togo • *n* Togo *n*
toilet /ˈtɔɪ.lət/ • *n* toaletă *f*; closet *n*, cameră de baie; vece *n*, privată *f*
Tokyo • *n* Tokio
told (*sp/pp*) ▷ TELL
tolera|te /ˈtɒl.ə.ɹɪt, ˈtɒl.ə.ɹeɪt/ • *v* tolera, suporta, îngădui **~nce** • *n* rezistență *f*, toleranță *f*; acceptare *f*
toll /təʊl, toʊl/ • *n* peaj *n*
tomato /təˈmætoː, təˈmɑːtəʊ/ • *n* tomată *f*; roșie *f*
tomorrow /təˈmɒɹəʊ, təˈmɒɹoʊ/ • *adv* mâine • *n* mâine *n*
ton /tʌn/ • *n* tonă *f*
Tonga • *n* Tonga *f*
tongue /tʌŋ, tʊŋ/ • *n* limbă *f*
tonight /təˈnaɪt/ • *adv* diseară, deseară • *n* astă noapte *f*
too /tuː, tʊ/ • *adv* și, deasemenea; prea
took (*sp*) ▷ TAKE
tool /tuːl/ • *n* sculă *f*, unealtă *f*, instrument *n*
tooth /tuːθ, tʊθ/ • *n* (*pl* teeth) dinte *m*

top /tɒp, tɑp/ • *n* culme, vârf; titirez *m*, sfârlează *f*

topic /'tɒpɪk, 'täpik/ • *n* temă *f*, subiect *n*

tore *(sp)* ▷ TEAR

torn *(pp)* ▷ TEAR

torture /'tɔːtʃə, 'tɔːtʃə(r)/ • *n* tortură *f*, chin *n* • *v* tortura, chinui

toss /tɒs, tɔs/ • *n* aruncare în sus *f* • *v* arunca în sus, azvârli; arunca cu banul

totally /'toʊt.(ə)l.i/ • *adv* total, totalmente

touch /tʌtʃ/ • *v* atinge; emoționa

touris|t /'tʊərɪst, 'tʊr.ɪst/ • *n* turist *m*, turiști, turistă *f* **~m** • *n* turism *n*

towel /taʊl/ • *n* prosop *n*

tower /'taʊ.ə(r), 'taʊər/ • *n* turn *n*; turlă *f*

town /taʊn/ • *n* oraș *n*, orașe

toxic /'tɒk.sɪk, 'tɑk.sɪk/ • *adj* toxic

toy /tɔɪ/ • *n* jucărie *f*

trace /treɪs/ • *n* urmă; cablaj imprimat *n*

track /træk/ • *n* drum, pistă de circulație, bandă rutieră; pistă *f*

trade /treɪd/ • *n* meserie **~mark** • *n* marcă înregistrată *f*, marcă *f* **~r** • *n* comerciant *m*

tradition /trə'dɪʃən/ • *n* tradiție *f*, datină *f* **~al** • *adj* tradițional

traffic /'træfɪk/ • *n* circulație *f*, trafic *n*, circulație rutieră *f*

tragedy /'trædʒɪdi/ • *n* tragedie *f*

train /treɪn/ • *n* tren *n* **~er** • *n* antrenor *m*, coach *m*, trainer *m*; adidas *m*, tenis *m* **~ing** • *n* antrenament *n*, antrenare *f*

transaction /træn'zækʃən/ • *n* afacere *f*; tranzacție *f*, operație comercială *f*

transcription /træn'skrɪpʃən/ • *n* transcriere *f*

transfer /trɑːns'fɜː, træns'fɝ/ • *v* transfera

transform /træn'zfɔːm, trænz'fɔrm/ • *v* transforma **~er** • *n* transformator *n* **~ation** • *n* transformare *f*; transformări; mutație *f*, mutare *f*

translat|e /trɑːn'zleɪt, 'trænzleɪt/ • *v* traduce **~ion** • *n* traducere *f*, translatare *f*; transmisie *f*; translație *f* **~or** • *n* traducător *m*, traducătoare *f*, interpret *m*, interpretă *f*, translator *m*, translatoare *f*

transmi|t /træns'mɪt/ • *v* transmite **~ssion** • *n* transmitere *f*, transmisie *f*; angrenaj *n*

transparen|t /træn(t)s'pærənt, træn(t)s'perənt/ • *adj* transparent *n*, străveziu; clar *n*, evident *n*, limpede *n*, vădit *n* **~cy** • *n* transparență *f*

transport /trænz'pɔːt, trænz'pɔrt/ • *n* transportare; mijloc de transport • *v* transporta, căra **~ation** • *n* transportare *f*, transport *n*

trash /træʃ/ • *n* lucru nevaloros *n*, rebut *n*, gunoi *n*, rămășite *n*, reziduu *n*, deșeu *n*; coș de hârtii *n*

traumatic • *adj* traumatic

travel /'trævəl/ • *n* voiaj *n*, călătorie *f* • *v* călători **~ler** •

n călător *m*, voiajor *m*, drumeț *m*
tray /tɹeɪ/ ● *n* tavă *f*
tread /tɹɛd/ ● *v* (*sp* trod, *pp* trodden) călca
treasure /ˈtɹɛʒɚ, ˈtɹɛʒə/ ● *n* comoară *f* ● *v* prețui
treat /tɹiːt/ ● *n* încântare *f*, desfătare *f*, tratație *f*, cinste *f*; surpriză *f* ● *v* trata; implora, conjura; negocia; îngriji; ospăta **~ment** ● *n* tratament
treaty /ˈtɹiːti, ˈtɹiːdi/ ● *n* tratat *n*
tree /tɹiː, tɹɪ/ ● *n* arbore *m*, copac *m*, pom *m*
trendy /ˈtɹɛndi/ ● *adj* la modă, trendy
trial /ˈtɹaɪəl/ ● *n* proces *n*, judecată *f*
trib|e /tɹaɪb/ ● *n* trib *n* **~al** ● *adj* tribal
trick /tɹɪk/ ● *v* înșela, păcăli
trim /tɹɪm/ ● *v* tăia, tunde, ajusta
trip /tɹɪp/ ● *n* călătorie *f*, voiaj *n*, excursie *f*; împiedicare *f*, poticneală *f*; piedică *f* ● *v* împiedica, poticni; călători
triple /ˈtɹɪpəl/ ● *n* triplu *n*
triumph /ˈtɹaɪ.ʌmf, ˈtɹaɪ.ʌmpf/ ● *n* triumf *n*; victorie *f* ● *v* triumfa, învinge
trod (*sp*) ▷ TREAD
trodden (*pp*) ▷ TREAD
trophy /ˈtɹoʊfi/ ● *n* trofeu *n*
tropical /ˈtɹɒp.ɪ.kəl, ˈtɹɒ.pɹ.kəl/ ● *adj* tropical
trouble /ˈtɹʌb(ə)l/ ● *n* necaz *n*
trout /tɹaʊt, tɹʌʊt/ ● *n* păstrăv *m*
truck /tɹʌk/ ● *n* camion *n*
true /tɹuː, tɹu/ ● *adj* adevărat; loial *n*, fidel *n*, sincer *n*

trunk /tɹʌŋk/ ● *n* trunchi *n*; cufăr *n*; trompă *f*; portbagaj *n*
trust /tɹʌst/ ● *n* încredere *f*; speranță *f*, sperare *f*; credit *n*; veridicitate *f*; trust *n*
truth /tɹuːθ/ ● *n* adevăr, sinceritate, bună credință *f*, veridicitate
try /tɹaɪ/ ● *n* încercare *f*, tentativă *f*, probă *f*; probare *f*, experimentare *f* ● *v* testa, proba; încerca; judeca; gusta; se forța, strădui
tsunami /suːˈnɑːmi, suˈnɑmi/ ● *n* tsunami *m*
Tuesday ● *adv* marți, marțea ● *n* marți *f*
tumor /ˈtjuː.mə, tuːˈmər/ ● *n* tumoare *f*
tuna /ˈtjuː.nə, ˈtuːnə/ ● *n* (*pl* tuna) ton
Tunisia ● *n* Tunisia *f* **~n** ● *n* tunisian ● *n* tunisian *m*, tunisiană *f*
tunnel /ˈtʌn(ə)l/ ● *n* tunel *n*
turkey /ˈtɜːki, ˈtəːki/ ● *n* curcan *m*, curcă
Turk|ey /ˈtɜːki, ˈtəːki/ ● *n* Turcia *f* **~ish** ● *adj* turc *m*, turcă *f*, turcesc *m*, turcească *f* ● *n* limba turcă *f*
Turkmenistan ● *n* Turkmenistan *n*
turn up ● *v* apărea
Tuvalu ● *n* Tuvalu *n*
twent|y /ˈtwɛnti, ˈtwʌnti/ ● *num* douăzeci **~ieth** ● *adj* douăzecilea
twin /twɪn/ ● *n* geamăn *m*, geamănă *f*

twist /twɪst/ • *v* răsuci, învârti, întortochea, stoarce
two /tuː, tu/ • *n* doi *m* • *num* două *f*
type /taɪp/ • *n* fel, gen **~face** • *n* garnitură de litere **~writer** • *n* mașină de scris *f*; dactilograf *m*, dactilografă *f*
typography /taɪˈpɒɡɹəfi, taɪˈpɑːɡɹəfi/ • *n* tipografie, tipar
tyre /taɪə(r)/ • *n* pneu, cauciuc *n*

U

UAE *(abbr)* ▷ UNITED ARAB EMIRATES
UFO • *n* (*abbr* Unidentified Flying Object) OZN
Uganda • *n* Uganda *f*
ugly /ˈʌɡli/ • *adj* urât; neplăcut
UK *(abbr)* ▷ UNITED KINGDOM
Ukrain|e • *n* Ucraina *f* **~ian** • *adj* ucrainean *m*, ucraineană *f* • *n* ucraineancă *f*, ucraineni, ucrainene, ucraince
ultimately /ˈʌltɪmətli/ • *adv* la urma urmei, în definitiv; recent, nu de mult
umbrella /ʌmˈbɹɛlə/ • *n* umbrelă *f*
unable /ʌnˈeɪbəl/ • *adj* incapabil *n*, neputincios *n*, incompetent *n*
unacceptable /ˌʌn.ækˈsɛp.tə.bl/ • *adj* neacceptabil *n*, inacceptabil, nesatisfăcător *n*

uncertain /ʌnˈsɜːtən/ • *adj* nesigur *n*, nesiguri, incert *n*; nedecis *n*, indecis *n*; instabil *n*, inconstant *n*, nestatornic *n*, nestabil *n*, instabili; neregulat, variabil *n*; imprevizibil *n*, imprevizibili **~ty** • *n* incertitudine, nesiguranță
uncle /ˈʌŋ.kəl/ • *n* unchi
unconscious /ˌʌnˈkɒnʃəs/ • *adj* inconștient
uncover • *v* descoperi, dezveli
under /ˈʌndə(ɹ), ˈʌndɚ/ • *adv* sub
underground • *adj* subteran • *n* mișcare clandestină, organizație clandestină
undermine /ˌʌndəˈmaɪn/ • *v* surpa, submina, săpa
understand /(ˌ)ʌndəˈstænd, ˌʌndɚˈstænd/ • *v* înțelege, pricepe **~ing** • *n* comprehensiune *f*
undertake /ˌʌndəˈteɪk/ • *v* întreprinde
underwear /ˈʌndəwɛɹ, ˈʌndəwɛə/ • *n* chiloți, lenjerie de corp, izmene, indispensabili
unemploy|ed • *adj* șomer **~ment** • *n* șomaj *n*
uneven /ʌnˈiːvən/ • *adj* denivelat
unexpected /ˌʌnɪkˈspɛktɪd/ • *adj* neașteptat *n*, neprevăzut *n*, neanticipat *n*
unfold /ʌnˈfəʊld, ʌnˈfoʊld/ • *v* desfășura
unfortunately • *adv* din pacate
unfriendly /ʌnˈfɹɛn(d)li/ • *adj* neprietenos, ostil
unhappy /ʌnˈhæpi/ • *adj* nefericit
uniform /ˈjuːnɪfɔːm, ˈjuːnəfɔɹm/ • *n* uniformă *f*

unif|y /ˈjuːnɪfaɪ/ • *v* unifica **~ication** • *n* unificare *f*
uninterested • *adj* neinteresat *n*, dezinteresat *n*, indiferent *n*
union /ˈjuːnjən/ • *n* unire *f*, unitate *f*, uniune *f*; reuniune *f*
unique /juːˈniːk, juˈniːk/ • *adj* unic *n*
unit /ˈjuːnɪt/ • *n* unitate *f*
unit|e /juˈnaɪt/ • *v* uni **~ed** • *adj* unit *n*, unită *f* **~y** • *n* unire, unitate *f*
United Arab Emirates • *n* Emiratele Arabe Unite
United Kingdom • *n* Regatul Unit al Marii Britanii și Irlandei de Nord *n*, Regatul Unit *n*
United States • *n* Statele Unite
universe /ˈjuːnɪˌvɜːs, ˈjuːnəˌvɜːs/ • *n* univers *n*
university /juːnɪˈvɜːsətiː, juniˈvɜːsəti/ • *n* universitate *f*
unknown /ʌnˈnəʊn, ʌnˈnoʊn/ • *adj* necunoscut, neștiut, obscur • *n* necunoscută *f*
unless /ənˈlɛs/ • *conj* cu excepția cazului în
unlikely /ʌnˈlaɪkli/ • *adj* improbabil, improbabilă *f* • *adv* în mod improbabil, puțin probabil
unnatural • *adj* artificial, nenatural *n*
unnecessary /ʌnˈnɛ.sə.s(ə).ɪɪ, ʌnˈnɛ.sə.sɛ.ɪi/ • *adj* inutil, nenecesar *n*, netrebuincios
unpleasant /ʌnˈplɛzənt/ • *adj* neplăcut *n*, nedorit, neagreat
unpopular • *adj* nepopular *n*
unsightly /ʌnˈsaɪtli/ • *adj* dizgrațios, inestetic

unstable /ʌnˈsteɪbəl/ • *adj* instabil, inconstant, variabil
until /ʌnˈtɪl/ • *prep* până, până când, până ce; până nu
unusual /ʌnˈjuːʒuəl/ • *adj* ciudat, insolit, neobișnuit
up /ʌp, ap/ • *adv* sus
upbeat /ˈʌpˌbiːt, ˈʌpˌbɪt/ • *adj* optimist
update /ˈʌpˌdeɪt, əpˈdeɪt/ • *n* actualizare *f* • *v* actualiza
upset /ˈʌpsɛt, ʌpˈsɛt/ • *adj* supărat, necăjit; deranjat • *n* surpriză *f*; deranjare *f*, greață *f*, disconfort *n*; capotare *f*; supărare *f*, deranj *n* • *v* tulbura, supăra, necăji; deranja, perturba, da peste cap; răsturna
upwards /ˈʌpwədz, ˈʌpwərdz/ • *adv* în sus, la deal
Uranus • *n* Uranus *m*
urban /ˈɜːbən, ˈɜbən/ • *adj* urban
urgency • *n* urgență *f*
Uruguay • *n* Uruguay *n* **~an** • *adj* uruguayan • *n* uruguayan *m*, uruguayană *f*
us /ʌs, əs/ • *pron* ne, nouă, noi
USA *(abbr)* ▷ UNITED STATES
use /juːs, juːz/ • *n* folosire *f*, uz *f*, întrebuințare *f*; utilitate *f*, folosință *f*; funcție *f* • *v* utiliza, folosi **~ful** • *adj* util, folositor, trebuincios *n* **~less** • *adj* inutil *n*, netrebuincios *n*, nefolositor *n* **~r** • *n* utilizator *m*, consumator *m*; narcoman *m*, toxicoman *m*; utilizatoare *f*; exploatator *m* **~d** • *adj* utilizat *m*, folosit *m*, întrebuințat *m*

usual /ˈjuːʒʊəl/ ● *adj* uzual *n*, obișnuit *n* **~ly** ● *adv* de obicei, în general

utility /juːˈtɪl.ɪ.ti/ ● *adj* utilitate, folos

utterly ▷ COMPLETELY

Uzbekistan ● *n* Uzbekistan *n*

V

vacation /vəˈkeɪʃ(ə)n, veɪˈkeɪʃən/ ● *n* vacanță *f*; anulare, golire

vaccin|e /ˈvæk.siːn/ ● *n* vaccin *n* **~ation** ● *n* vaccinare *f*

vacuum /ˈvæ.kjuːm/ ● *n* vid *n*

valid ● *adj* valid **~ity** ● *n* validitate *f*; valabilitate *f*

valley /ˈvæli/ ● *n* vale *f*

valu|e /ˈvæljuː, ˈvælju/ ● *n* valoare *f* **~able** ● *adj* valoros, prețios

van /væn/ ● *n* furgonetă *f*, dubă *f*, autodubă *f*, dubiță *f*, autodubiță *f*; vagon *n*

vanish /ˈvænɪʃ/ ● *v* dispărea; anula

Vanuatu ● *n* Vanuatu *n*

vari|able /ˈvɛə.ɹ.i.ə.bl̩, ˈvæɹ.i.ə.bl̩/ ● *adj* variabil *n*; schimbabil *n* ● *n* variabilă; parametru **~ation** ● *n* variație *f*, variere *f* **~ety** ● *n* varietate *f*, sort *n*, fel *n*, sortiment *n* **~ous** ● *adj* divers, variat, diferit, felurit

Vatican City ● *n* Vatican *n*, Sfântul Scaun, Statul Cetății Vaticanului *n*

vegetable /ˈvɛdʒtəbəl, ˈvɛdʒətəbəl/ ● *adj* vegetal *n* ● *n* vegetală *f*; legumă, legume

vehicle /ˈviː.ɪ.kəl, ˈviː.ə.kəl/ ● *n* vehicul *n*; mijloc de transport *n*

vein /veɪn/ ● *n* venă *f*, vână

vendor ● *n* vânzător, vânzătoare *f*

Venezuela ● *n* Venezuela *f* **~n** ● *adj* venezuelean *n* ● *n* venezuelean *m*, venezueleană *f*

venue /ˈvɛnjuː/ ● *n* locație

Venus ● *n* Venus *f*

verb /vɜːb, vɜːb/ ● *n* verb *n* **~al** ● *adj* verbal, oral

verify ● *v* verifica

versatile /ˈvɜːsətl̩, ˈvɜːsətaɪl/ ● *adj* versatil, multilateral; pivotant, inconstant

verse /vɜːs, vɜːs/ ● *n* vers; strofă *f*; verset *n*

versus /ˈvɜːsəs, ˈvɜːsəs/ ● *prep* contra, împotriva

vertical /ˈvɜːtɪkəl, ˈvɜːtɪkəl/ ● *adj* vertical

very /ˈvɛɹi/ ● *adj* același *n* ● *adv* foarte

vessel /ˈvɛs.əl/ ● *n* ambarcațiune *f*; recipient, vas *n*

via /ˈvaɪə/ ● *prep* via; prin

vice /vaɪs/ ● *n* viciu

victim /ˈvɪktɪm, ˈvɪktəm/ ● *n* victimă *f*, jertfă *f*

victor|y /ˈvɪkt(ə)ɹi/ ● *n* victorie *f* **~ious** ● *adj* victorios *n*

video /ˈvɪdɪˌoʊ/ ● *n* video

Vienna ● *n* Viena *f*

Vietnam • *n* Vietnam *n* **~ese** • *adj* vietnamez • *n* vietnamez *m*, vietnameză *f*

view /vju:/ • *n* vedere *f*; privelişte *f*; punct de vedere *n* • *v* vedea, privi, se uita

vigilant /ˈvɪdʒɪlənt/ • *adj* vigilent, precaut, atent

vigorous /ˈvɪɡərəs/ • *adj* viguros *n*, viguroasă *f*

village /ˈvɪlɪdʒ/ • *n* sat *n*

violate /ˈvaɪəˌleɪt/ • *v* viola, încălca

violen|t /ˈvaɪ(ə)lənt/ • *adj* violent **~tly** • *adv* violent, cu violenţă **~ce** • *n* violenţă *f*

virtual|ly /ˈvɜ˞.tʃwə.li/ • *adv* în mod virtual **~ reality** • *n* realitate virtuală *f*

virtu|e /ˈvɜː.tjuː/ • *n* virtute **~ous** • *adj* virtuos

virus /ˈvaɪ(ə)ɹɪs/ • *n* virus; virus de computer *m*, virus computeric *m*, virus informatic *m*

visa /ˈviːzə/ • *n* viză *f*

visib|le /ˈvɪzəb(ə)l/ • *adj* vizibil *n* **~ility** • *n* vizibilitate *f*

visit /ˈvɪzɪt/ • *n* vizită *f* • *v* vizita

vision /ˈvɪ.ʒ(ə)n/ • *n* vedere *f*; viziune *f*; obiectiv *n*; vedenie *f*, apariţie *f*

vitamin /ˈvɪt.ə.mɪn, ˈvaɪ.tə.mɪn/ • *n* vitamină *f*

voice /vɔɪs/ • *n* voce, voci, glas *n*, glasuri; sonoră *f*, consoană sonoră *f*, sunet sonor *n*, sunet fonic *n*; sunet, ton *n*; vorbire *f*, cuvinte, exprimare *f*, expresie *f*; vot *n*; diateză *f* **~less** • *adj* mut, fără voce

volcano /vɒlˈkeɪnəʊ, vɑlˈkeɪnoʊ/ • *n* vulcan *m*

volum|e /ˈvɒl.juːm, ˈvɑl.jum/ • *n* volum *n* **~inous** • *adj* voluminos *m*

volunt|arily • *adv* voluntar **~eer** • *n* voluntar *m*, voluntară *f*

vote /vəʊt, voʊt/ • *n* vot *n* • *v* vota **~r** • *n* votant *m*, alegător *m*

vow /vaʊ/ • *n* jurământ

vulnerability • *n* vulnerabilitate *f*

vulture /ˈvʌltʃə, ˈvʌltʃɚ/ • *n* vultur *m*

W

wage /weɪdʒ/ • *n* plată *f*, salariu *n*, leafă *f*

wagon /ˈwæɡ(ə)n, ˈwæɡən/ • *n* car *n*, căruţă *f*

waist /weɪst/ • *n* mijloc, talie

wait /weɪt/ • *n* aşteptare *f* • *v* aştepta; servi masa **~ing room** • *n* sală de aşteptare *f*

wait|er /ˈweɪtə, ˈweɪtɚ/ • *n* chelner *m*, ospătar *m* **~ress** • *n* chelneriţă *f*, ospătăriţa *f*

wake /weɪk/ • *n* priveghi *n*; siaj *n* • *v* (*sp* woke, *pp* woken) trezi **~ up** • *v* deştepta, scula, trezi

waked (*sp/pp*) ▷ WAKE

walk /wɔːk, wɔk/ • *n* plimbare *f*; drum *n*; pas *n*, mers *n*; cărare *f*, alee *f* • *v* merge, umbla

wall /wɔːl, wɒl/ • *n* perete *m*; zid

walnut /ˈwɑlnət, ˈwɔːlnʌt/ • *n* nuc *m*; nucă *f*; nuciu

wander /ˈwɑndər, ˈwɒndə/ • *v* umbla, plimba, colinda, cutreiera

want /wɒnt, wɑnt/ • *n* lipsă *f* • *v* vrea

war /wɔː, wɔːr/ • *n* război *n*, răzbel *n* **~fare** • *n* război *n*, luptă *f* **~rior** • *n* luptător *m*, luptătoare *f*

wardrobe /ˈwɔːdrəʊb, ˈwɔːrdroʊb/ • *n* garderobă *f*, dulap *n*, șifonier *n*

warehouse • *n* magazie *f*, antrepozit *n*, depozit *n* • *v* depozita, înmagazina

warm /wɔːm, wɔːrm/ • *adj* cald *m*, caldă *f*; apropiat *m*, apropiată *f* **~th** • *n* căldură *f*

warranty /ˈwɔːr.ən.ti, ˈwɒ.rən.ti/ • *n* garanție *f*

Warsaw • *n* Varșovia

was *(sp)* ▷ BE

wash /wɒʃ, wɔʃ/ • *v* spăla **~ing machine** • *n* mașină de spălat *f*

wasp /wɒsp, wɑsp/ • *n* viespe *f*

waste /weɪst/ • *adj* deșert, pustiu, sterp; prisos; superfluu, inutil • *n* deșeu *n*, gunoi *n*, rest *n*; excrement *n*; deșert *n*, pustietate *f*; irosire *f*, pierdere *f*; decădere *f* • *v* distruge, devasta; decădea; irosi, pierde, risipi; ucide, omorî; emacia, descărna, slăbi

watch /wɒtʃ, wɔtʃ/ • *n* ceas *n*; strajă, gardă, tură *f*, veghe *f*; străjer • *v* privi, urmări; veghea, păzi; avea grijă **~ful** • *adj* vigilent, atent

water /ˈwɔːtə, ˈwɒtə/ • *n* apă *f* • *v* uda, iriga; adăpa **~y** • *adj* apătos, apos

wav|e /weɪv/ • *n* val, undă, ondulație *f* • *v* undui, ondula, învălura **~y** • *adj* unduios

way /weɪ/ • *n* cale *f*, drum *n*; fel, mod **by the ~** • *phr* apropo

we /wiː, wi/ • *pron* noi

weak /wiːk/ • *adj* slab, debil, lâncend **~en** • *v* slăbi

wealth /wɛlθ/ • *n* avere *f*, bogăție *f* **~y** • *adj* bogat, avut

weapon /ˈwɛpən/ • *n* armă *f*

wear /weə, weə(r)/ • *n* îmbrăcăminte *f*, haine; uzură *f* • *v* (*sp* wore, *pp* worn) purta

weary /ˈwɪəri, ˈwiːri/ • *adj* obosit *m*, ostenit *m*

weasel /ˈwiːz(ə)l, ˈwizəl/ • *n* nevăstuică *f*

weather /ˈwɛðə, ˈwɛðər/ • *n* vreme *n*, stare atmosferică *f*, timp *n*; intemperii **~man** • *n* meteorolog *m*, meteorologist *m*

weave /wiːv/ • *v* (*sp* wove, *pp* woven) țese

website /ˈwɛbˌsaɪt/ • *n* site *n*, site web *n*

wed /wɛd/ • *v* (*sp* wed, *pp* wed) căsători, însura, mărita, cununa **~ding** • *n* nuntă *f*

wedded *(sp/pp)* ▷ WED

Wednesday • *adv* miercuri, miercurea • *n* miercuri *f*

weed /wiːd/ • *n* buruiană, bălării; iarbă *f* • *v* a plivi

week /wik, wiːk/ • *n* săptămână *f* **~end** • *n* sfârșit de săptămână *n*, weekend *n* **~ly** • *adj* săptămânal *n* • *adv* săptămânal *n*, hebdomadar *n*

weep /wiːp/ • *v* (*sp* wept, *pp* wept) plânge, lăcrima

weigh /weɪ/ • *v* cântări; evalua, chibzui, cumpăni; avea greutate, cântări greu **~t** • *n* greutate *f*; halteră, haltere • *v* îngreuna; pondera

weird /wɪəd, ˈwɪɚd/ • *adj* straniu, ciudat

welcome /ˈwɛlkəm/ • *adj* binevenit *m*, binevenită *f* • *interj* bine ai venit!, bine ați venit!, bun venit, bine ai venit • *v* întâmpina

well /wɛl/ • *adj* bine; foarte • *n* fântână *f*, puț *n* **~-being** • *n* bunăstare *f*, prosperitate *f*, sănătate *f*

went (*sp*) ▷ GO

wept (*sp*/*pp*) ▷ WEEP

were (*sp*) ▷ BE

west /wɛst/ • *n* vest *n*, apus *n*, occident **~ern** • *adj* vestic *n*, occidental *n*, apusean *n*

wet /wɛt/ • *adj* ud; umed; ploios • *v* (*sp* wet, *pp* wet) uda; excita

wetted (*sp*/*pp*) ▷ WET

whale /weɪl, ʍeɪl/ • *n* balenă *f*

what /wɔt, ʍɒt/ • *det* ce; care

whatsoever /ˌwɒtsoʊˈɛvə(ɹ), ˌ(h)wʌtsoʊˈɛvɚ/ • *adj* deloc, de nici-un fel

wheat /wiːt, ʍiːt/ • *n* grâu *m*, grâne

wheel /wiːl/ • *n* roată *f* **~chair** • *n* scaun rulant *n*, scaun cu rotile *n*

when /ʍɛn, ʍɪn/ • *adv* când • *n* atunci când • *pron* când

where /ʍɛə(ɹ), ʍɛɚ/ • *adv* unde • *conj* de unde; încotro **~as** • *conj* pe când

whether /ˈwɛðə(ɹ), ˈʍɛðə(ɹ)/ • *conj* dacă; în orice caz

which /wɪtʃ, ʍɪtʃ/ • *det* care • *pron* care; ce

while /ʍaɪl/ • *conj* în timp ce; deși; cât timp • *n* vreme *f*

whip /wɪp, ʍɪp/ • *n* bici

whiskey /ˈwɪski, ˈʍɪski/ • *n* whisky *n*

whisper /ˈ(h)wɪspə, ˈ(h)wɪspɚ/ • *n* șoaptă *f* • *v* șopti, susura

whistle /ˈwɪsl/ • *n* fluier *n*; fluierare *f*, fluierat *n*, fluierătură *f* • *v* fluiera, șuiera

white /waɪt, ʍaɪt/ • *adj* alb

who /huː/ • *pron* cine; care **~ever** • *pron* oricare

whole /həʊl, hoʊl/ • *adj* întreg; integral • *adv* total • *n* tot *n*, totalitate *f*, întreg *m*, total *n*

why /ʍaɪ/ • *adv* de ce, pentru ce

wicked /ˈwɪkɪd/ • *adj* rău *n*, răutăcios *n*, hain *m*

wid|e /waɪd, wɑɛd/ • *adj* larg, lat **~en** • *v* lărgi **~espread** • *adj* răspândit *m*, extins *m* **~th** • *n* lărgime *f*; lățime *f*, întindere *f*

widow /ˈwɪdəʊ, ˈwɪdoʊ/ • *n* văduvă *f* **~er** • *n* văduv *m*

wife /waɪf/ • *n* (*pl* wives) soție *f*, nevastă *f*, muiere

wild /waɪld/ • *adj* sălbatic; dezlănțuit

will /wɪl/ • *n* voință *f*; testament *n* **~ing** • *adj* voluntar **~ingness** • *n* voință *f*

win /wɪn/ • *n* victorie *f* • *v* (*sp* won, *pp* won) câștiga, învinge **~ner** • *n* câștigător *m*, câștigătoare *f*

wind /wɪnd, ˈwaɪnd/ • *n* vânt *n* **~y** • *adj* vântos

window /ˈwɪndəʊ, ˈwɪndoʊ/ • *n* fereastră *f*; perioadă de timp *f*, interval

wine /waɪn/ • *n* vin *n*

wing /wɪŋ/ • *n* aripă *f*

winter /ˈwɪntə, ˈwɪntər/ • *n* iarnă *f* • *v* ierna

wipe /waɪp/ • *v* șterge

wire /waɪə(r), ˈwaɪər/ • *n* fir *n*, sârmă *f* **~less** • *adj* fără fir; radio-

wis|e /waɪz/ • *adj* cu scaun la cap, înțelept **~dom** • *n* înțelepciune *f*, judecată *f*; sapiență *f*

wish /wɪʃ/ • *n* dorință *f* • *v* dori; ura

wit /wɪt/ • *n* schepsis *n*

with /wɪð, wɪθ/ • *prep* cu; alături **~out** • *prep* fără

withdraw /wɪðˈdrɔː/ • *v* retrage; preleva

witness /ˈwɪtnəs/ • *n* martor *m*, martoră *f*

wives (*pl*) ▷ WIFE

woke (*sp*) ▷ WAKE

woken (*pp*) ▷ WAKE

wolf /wʊlf, wʌlf/ • *n* (*pl* wolves) lup *m*

woman /ˈwʊmən/ • *n* (*pl* women) femeie *f*, muiere *f*, doamnă

womb /wuːm/ • *n* uter *n*, matcă *f*

women (*pl*) ▷ WOMAN

won (*sp/pp*) ▷ WIN

wonder /ˈwʌndə, ˈwʌndər/ • *n* minune, mirare *f* • *v* mira

wood /wʊd/ • *n* lemn *n* **~en** • *adj* lemnos, de lemn **~pecker** • *n* ghionoaie *f*, ciocănitoare *f*

wool /wʊl/ • *n* lână *f*

word /wɜːd, wɝd/ • *n* cuvânt *n*, vorbă *f*; cuvânt de onoare *n*

wore (*sp*) ▷ WEAR

work /wɜːk, wɝk/ • *n* muncă *f*, efort *n*, lucrare *f*; operă *f*, creație *f*; serviciu *n*, ocupație *f*, îndeletnicire *f* • *v* fermenta; lucra; folosi; produce; funcționa; se manifesta, se comporta; manifesta, simți; face, munci; opera, acționa **~er** • *n* lucrător *m*, lucrătoare *f*, muncitor *m*, muncitoare *f*, angajat *m*, angajată *f*; albină lucrătoare *f* **~ing** • *adj* funcțional **~shop** • *n* atelier *n*

world /wɜːld, wɝld/ • *n* lume *f*, pământ **~wide** • *adv* în toată lumea, în lumea întreagă

worm /wɜːm, wɝm/ • *n* vierme *m*, râmă *f*; balaur *m*; șarpe *m* • *v* a se târî

worn (*pp*) ▷ WEAR

worr|y /ˈwʌri, ˈwʊri/ • *n* grijă *f* **~ied** • *adj* îngrijorat, anxios, neliniștit

worship /ˈwɜːʃɪp, ˈwɝʃɪp/ • *v* închina

worthy /ˈwɜːði, ˈwɝði/ • *adj* demn

wound /wuːnd, wʊnd/ • *n* rană, plagă, leziune *f* • *v* răni, vătăma • (*also*) ▷ WIND

wove (*sp*) ▷ WEAVE

woven *(pp)* ▷ WEAVE

wrap /ɹæp/ ● *n* șal *n*, veșmânt *n* ● *v* înfășura, împacheta

wreck /ɹɛk/ ● *n* ruină *f*, epavă *f*; dărâmătură *f*; accident *n*, avarie *f*, coliziune *f* ● *v* distruge, avaria; ruina, părăgini, dărăpăna

wren /ɹɛn/ ● *n* pitulice *f*, ochiul-boului *m*

wring /ɹɪŋ/ ● *v* (*sp* wrung, *pp* wrung) stoarce

wrinkle ● *v* cuta, rida, încreți, zbârci, plisa

wrist /ɹɪst/ ● *n* încheietura mâinii *n*

writ|e /ɹaɪt/ ● *v* (*sp* wrote, *pp* written) scrie; A scrie **~er** ● *n* scriitor *m*, scriitoare *f*, autor **~ing** ● *n* scriere *f*; scriitură *f*; scris

written /ˈɹɪtn̩/ ● *adj* scris *n*, scrisă *f* ● (*also*) ▷ WRITE

wrong /ɹɒŋ, ɹɔŋ/ ● *adj* greșit, incorect; nedrept, imoral

wrote *(sp)* ▷ WRITE

wrung *(sp/pp)* ▷ WRING

X

xylophone /ˈzaɪ.lə.foʊn, ˈzaɪləˌfoʊn/ ● *n* xilofon *m*

Y

yacht /jɒt, jɑt/ ● *n* iaht *n*

yard /jɑːd, jɑɹd/ ● *n* curte *f*; vergă *f*

year /jɪə, jɪɹ/ ● *n* an *m* **~ly** ● *adj* anual *n*

yearn /jɜːn, jɝn/ ● *v* dori, jindui, tânji

yeast /jiːst, iːst/ ● *n* drojdie *f*, levură *f*, ferment

yell /jɛl/ ● *v* urla, țipa, striga

yellow /ˈjɛl.əʊ, ˈjɛl.oʊ/ ● *adj* galben; laș *m* ● *n* galben *m*, galbenă *f* ● *v* îngălbeni

Yemen ● *n* Yemen *n* **~i** ● *adj* yemenit ● *n* yemenit *m*, yemenită *f*

yes /jɛs/ ● *part* da

yesterday /ˈjɛstədeɪ, ˈjɛstəɹdeɪ/ ● *adv* ieri

yet /jɛt/ ● *adv* încă ● *conj* totuși

yield /jiːld/ ● *v* închina

yogurt /ˈjɒɡət, ˈjoʊɡəɹt/ ● *n* iaurt *n*

yolk /jəʊk, joʊk/ ● *n* gălbenuș *n*

you /juː, ju/ ● *pron* voi, dumneavoastră; tu, dumneata

young /jʌŋ/ ● *adj* tânăr, june ● *n* pui

your /jɔː, jɔːɹ/ ● *det* tău *m*, ta *f*; vostru *m*, voastră *f* **~s** ● *pron* tău *m*, ta *f*, tăi, tale; vostru *m*, voastră *f*, voștri, voastre

youth /juːθ, juθ/ ● *n* tinerețe *f*, junime *f*; tânăr *m*, tânără *f*, adolescent *m*, adolescentă *f*;

flăcău *m*, june *m*; tineret *n*, tinerime *f*

Yugoslavia ● *n* Iugoslavia *f* **~n** ● *adj* iugoslav ● *n* iugoslav *m*, iugoslavă *f*

yummy /ˈjʌm.i/ ● *adj* gustos

Z

Zambia ● *n* Zambia *f* **~n** ● *adj* zambian ● *n* zambian *m*, zambiană *f*

zeal /ziːl/ ● *n* zel *n*, ardoare *f*, râvnă *f*, sârguință *f*

zebra /ˈzɛbrə, ˈziːbrə/ ● *n* zebră *f*

zero /ˈzɪərəʊ, ˈzɪr(ˌ)oʊ/ ● *n* zero *n* ● *num* zero *n*

Zimbabwe ● *n* Zimbabwe

zinc /zɪŋk/ ● *n* zinc *n*

zombie /ˈzɒmbi, ˈzɑmbi/ ● *n* zombi *m*

zoo /zuː/ ● *n* zoo *f*, parc zoologic *n*, grădină zoologică *f*, zooparc *n*

zoom /zuːm/ ● *v* zooma

Zurich ● *n* Zürich *m*

Romanian-English

A

a • *v* fight • *interj* huh • *part* to
abandon • *n* abandonment, abortion
abandona • *v* abandon, forsake
abandonare • *n* abandonment
abătut • *adj* ill, sad
abătută • *adj* sad
abces • *n* boil
abdomen • *n* belly
abia • *adv* hardly, merely
abil • *adj* able, handsome
abilitat • *adj* able
abilitate • *n* ability, address, faculty, hand, skill
aboli • *v* abolish
abolire • *n* abolition
abona • *v* subscribe
abonament • *n* subscription
abordabil • *adj* approachable
abroga • *v* reverse
abrupt • *adj* steep
absent • *adj* absent, away
absentă • *adj* absent
absență • *n* absence
absolut • *adv* absolutely, stark • *adj* stark
absorbant • *n* absorbent
absorbi • *v* absorb
absorbire • *n* absorption
absorbție • *n* absorption
abstract • *adj* abstract
abstracție • *n* abstract, abstraction
absurd • *adj* absurd
absurditate • *n* nonsense
abundent • *adj* abundant
abundență • *n* abundance
abur • *n* steam
abureală • *n* fog
aburi • *v* steam
abuz • *n* abuse, excess
abuza • *v* abuse

ac • *n* needle
academic • *adj* academic
academică • *adj* academic
academie • *n* academy
acasă • *adv* home
accelera • *v* accelerate
accelerare • *n* acceleration
accelerator • *n* accelerator
accelerație • *n* acceleration
accent • *n* accent
accentua • *v* emphasize
accepta • *v* accept
acceptabil • *adj* acceptable
acceptanță • *n* acceptance
acceptare • *n* acceptance, tolerance
accepție • *n* acceptance
acces • *n* access, entry
accesibil • *adj* accessible, approachable
accesoriu • *adj* accessory
accident • *n* accident, chance, crash, wreck
accidental • *adj* accidental • *adv* accidentally
accidentală • *adj* accidental
acciză • *n* custom
acea • *pron* that
această • *det* this
aceea • *det* that
acei • *det* those
acel • *pron* that
acela • *det* that
același • *adj* same, very
acele • *det* those
aceră • *n* eagle
acest • *det* this
aceste • *det* these
acești • *det* these
achiziție • *n* acquisition, purchase
achiziționare • *n* acquisition
aci • *adv* here
acid • *adj* acid, sour
acolo • *adv* there
acomodare • *n* adjustment
acompania • *v* accompany
acompaniament • *n* accompaniment
acont • *n* earnest
acoperământ • *n* layer, roof
acoperi • *v* cover
acoperire • *n* coverage, disguise
acoperiș • *n* roof
acoperit • *adj* covered
acord • *n* accord, agreement
acorda • *v* allow
acreală • *n* sour
acru • *adj* acid, sour
act • *n* act, bill
actiona • *v* move
activ • *adj* active
activa • *v* activate, enable
activist • *n* activist
activistă • *n* activist
activitate • *n* activity
actor • *n* actor, player
actorie • *n* acting
actriță • *n* actor, actress, player
actual • *phr* at the moment • *adj* real
actualiza • *v* update
actualizare • *n* update
acționa • *v* work
acționar • *n* shareholder
acționară • *n* shareholder
acțiune • *n* action, share
acum • *adv* now, today
acumulare • *n* accumulation, storage
acuratețe • *n* accuracy

acuza • *v* charge
acuzare • *n* charge
acuzat • *adj* accused
acuzată • *n* accused
acuzativ • *adj* accusative
acuzator • *adj* accusative
acuzație • *n* accusation, allegation
acvilă • *n* eagle
adaos • *n* addition
adapta • *v* adapt
adaptat • *adj* adapt
adăpa • *v* water
adăpost • *n* asylum, harbor, refuge
adăposti • *v* harbor
adăuga • *v* add
adăugire • *n* addition
adânc • *adj* deep, profound • *adv* deeply • *n* deep
adâncă • *adj* deep
adânci • *adj* deep
adâncime • *n* deep, depth
adâncitură • *n* hollow
adecvat • *adj* adequate, applicable, appropriate, suitable
adevăr • *n* truth
adevărat • *adj* authentic, real, true
adeveri • *v* testify
adeverire • *n* acknowledgment
adiacent • *adj* adjacent
adică • *adv* namely
adictiv • *adj* addictive
adicție • *n* addiction
adidas • *n* trainer
adiere • *n* breeze
adio • *interj* goodbye
adițional • *adj* additional
administra • *v* administer

administrare • *n* administration
administrativ • *adj* administrative
administrator • *n* administrator
administrație • *n* administration
admira • *v* love
admirabil • *adj* admirable
admirare • *n* admiration
admiratoare • *n* fan
admirator • *n* fan
admirație • *n* admiration
admisie • *n* admission
admite • *v* allow
admitere • *n* admission
ADN • *n* DNA
adnota • *v* note
adnotare • *n* note
adolescent • *adj* adolescent • *n* teenager, youth
adolescentă • *n* adolescent, teenager, youth
adolescență • *n* adolescence
adopta • *v* adopt
adoptare • *n* adoption
adoptiv • *adj* adoptive
adopție • *n* adoption
adora • *v* love
adorabil • *adj* adorable
adorare • *n* adoration, praise
adorație • *n* adoration
adormit • *adj* asleep
adresa • *v* address
adresare • *n* address
adresă • *n* address
aduce • *v* bear, bring
adult • *adj* adult
adultă • *n* adult
adumbri • *v* shade
aduna • *v* add, gather
adunare • *n* addition

adverb • *n* adverb
advers • *adj* adverse
aer • *n* air
aera • *v* air
aerisi • *v* air
aeronavă • *n* aircraft
aeroplan • *n* airplane
aeroport • *n* airport
afacere • *n* affair, bargain, business, transaction
afacerist • *n* businessman
afaceristă • *n* businesswoman
afară • *adj* outside
afectuos • *adv* lovingly
Afganistan • *n* Afghanistan
afidă • *n* aphid
afide • *n* aphid
afirma • *v* maintain
afirmație • *n* assertion, proposition
afiș • *n* bill, poster
afla • *v* betray, find out, learn
afreta • *v* charter
Africa • *n* Africa
african • *adj* African
africană • *n* African
afuma • *v* smoke
afunda • *v* plunge, sink
agasa • *v* irritate
agăța • *v* hang, hang up, hook, stick, suspend
agendă • *n* agenda, calendar, schedule
agent • *n* broker, representative
agentă • *n* representative
agentură • *n* agency
agenție • *n* agency
ager • *adj* quick
agerime • *n* agility
agilitate • *n* agility
agita • *v* shake

agitat • *adj* restless
agitată • *adj* restless
agitație • *n* bother
aglomerat • *adj* crowded
aglomerație • *n* crowd
agrafă • *n* clip
agreabil • *adj* agreeable, pleasant
agreat • *adj* popular
agresiune • *n* aggression
agresiv • *adj* aggressive
agresivitate • *n* aggressiveness
agricol • *adj* agricultural
agricultură • *n* agriculture
ai • *n* garlic
aia • *det* that
aici • *adv* here
ajuna • *v* fast
ajunge • *v* arrive, reach, suffice
ajungere • *n* arrival
ajusta • *v* adjust, trim
ajustare • *n* adjustment, alignment
ajuta • *v* aid, assist, help, save
ajutaj • *n* jet
ajutător • *adj* helpful
ajutoare • *n* assistant, help
ajutor • *n* aid, assistance, assistant, help
alambicat • *adj* complicated
alăpta • *v* breastfeed, nurse
alătura • *v* join
alături • *prep* beside, with
alb • *adj* white
alba • *n* dawn
albanez • *adj* Albanian
albaneză • *n* Albanian
Albania • *n* Albania
albastru • *adj* blue
albatros • *n* albatross
albie • *n* riverbed

albină • *n* bee
alcătui • *v* compile
alcătuire • *n* composition
alcool • *n* alcohol
alcoolic • *adj* alcoholic • *n* drunk
alcoolică • *n* alcoholic
alcoolism • *n* alcoholism
alea • *det* those
aleatorie • *adj* random
aleatoriu • *adj* random
alee • *n* alley, walk
alegător • *n* voter
alege • *v* choose, elect
alegere • *n* election, selection
alenă • *n* breath
alerga • *v* run, tear
alergător • *n* runner
alfabetism • *n* literacy
alfabetizare • *n* literacy
Algeria • *n* Algeria
alia • *v* ally
alianță • *n* alliance, bond, league
aliat • *n* ally • *adj* allied
alică • *n* shot
alien • *n* alien
alienat • *adj* insane
alienă • *n* alien
aliment • *n* food
alimentară • *n* grocery
alimentare • *n* food, supply
alimente • *n* groceries
alina • *v* alleviate, ease
alinare • *n* relief
alinia • *v* align
aliniament • *n* alignment
aliniere • *n* alignment
alo • *interj* hello
aloca • *v* allocate
aloo • *interj* hello

alpinism • *n* mountaineering
alpinist • *n* climber
alpinistă • *n* climber
alt • *adj* other
alta • *det* another
altele • *n* others
alternare • *n* alternation
altorelief • *n* relief
altul • *det* another
alții • *n* others
aluat • *n* dough
aluminiu • *n* aluminium
alună • *n* nut
aluneca • *v* slide, slip
alunecare • *n* dive, slide
alunecos • *adj* slippery
alunga • *v* dismiss
alungi • *v* reach
aluniță • *n* mole
amabil • *adj* kind
amabilitate • *n* kindness, politeness
amant • *n* boyfriend, lover
amantă • *n* lover, mistress
amar • *adj* bitter
amator • *n* amateur • *adj* eager
amăgi • *v* deceive
amăgire • *n* smoke
amănunțit • *adj* detailed, minute, thorough
amărât • *adj* poor
amâna • *v* delay, postpone, put off, stay, suspend, table
amândoi • *det* both, either
amândouă • *det* both
ambalare • *n* race
ambarcațiune • *n* vessel
ambasadă • *n* embassy
ambasadoare • *n* ambassador
ambasador • *n* ambassador
ambele • *det* both

ambianță • *n* atmosphere, environment
ambient • *n* atmosphere, environment
ambii • *det* both
ambulanță • *n* ambulance
amendament • *n* amendment
amendă • *n* fine, ticket
amenința • *v* threaten
amenințare • *n* threat
american • *adj* American
americancă • *n* American
amerindian • *adj* Indian
amerindiancă • *n* Indian
amestec • *n* mix, mixture
amesteca • *v* blend, mix, scramble
amestecare • *n* mixture
amestecat • *adj* mixed
amestecătură • *n* mix, mixture
amfitrion • *n* host
amiază • *n* noon
amic • *n* boyfriend, friend
amical • *adj* friendly
amică • *n* friend, girlfriend
amiciție • *n* friendship
aminti • *v* recall, remember
amintire • *n* memory, remembrance
amor • *n* love
amorți • *v* numb
amorțit • *adj* numb
Amsterdam • *n* Amsterdam
amuletă • *n* charm
amuza • *v* amuse
amuzament • *n* amusement, fun
amuzant • *adj* comic, funny
an • *n* year
anaflabetă • *adj* illiterate
analfabet • *adj* illiterate

analist • *n* analyst
analistă • *n* analyst
analiza • *v* analyze
analiză • *n* analysis
analogie • *n* analogy
ancestral • *adj* ancestral
ancora • *v* anchor
ancoră • *n* anchor
Andorra • *n* Andorra
andrea • *n* needle
anevoios • *adj* difficult
anexat • *v* attach
angaja • *v* employ, hire
angajament • *n* engagement
angajat • *n* employee, worker
angajată • *n* employee, worker
angajator • *n* employer
angelic • *adj* angelic
anghilă • *n* eel
Angola • *n* Angola
angrenaj • *n* transmission
anima • *v* animate
animal • *adj* animal
animalic • *adj* animal
animare • *n* animation
animatoare • *n* animator
animator • *n* animator
aniversare • *n* anniversary, birthday
anod • *n* plate
anonim • *adj* anonymous • *n* anonymity
anonimitate • *n* anonymity
anormal • *adj* abnormal
anost • *adj* boring, lame
anotimp • *n* season
ansamblu • *n* assembly, set
Antarctica • *n* Antarctica
antecalcul • *n* estimate
antecalculație • *n* estimate

anterior • *adj* back, sometime • *prep* before
antic • *adj* ancient
anticipa • *v* anticipate
anticipabil • *adj* predictable
anticipare • *n* anticipation, expectation, prevention
anticipație • *n* anticipation, expectation
antilopă • *n* antelope
antipatie • *n* dislike
antrena • *v* coach, school
antrenament • *n* practice, training
antrenare • *n* training
antrenoare • *n* coach
antrenor • *n* coach, trainer
antrepozit • *n* warehouse
antreprenoare • *n* entrepreneur
antreprenor • *n* contractor, entrepreneur
anual • *adj* annual, yearly
anuar • *n* annual
anula • *v* cancel, kill, reverse, vanish
anulare • *n* vacation
anume • *adj* certain
anumit • *det* certain
anunț • *n* advertisement, announcement
anunța • *v* announce, bill
anvelopă • *n* envelope
anxietate • *n* anxiety
anxios • *adj* anxious, worried
aparat • *n* apparatus, device, instrument, set
aparataj • *n* hardware
aparatură • *n* apparatus, hardware
aparență • *n* appearance, impression
apariție • *n* apparition, appearance, ghost, vision
apartament • *n* apartment
apartenență • *n* membership
apă • *n* water
apăra • *v* defend, guard
apărare • *n* conservation, defense, defensive
apărătoare • *n* guard
apărător • *n* defender, guard
apărea • *v* appear, emerge, turn up
apăsa • *v* push
apătos • *adj* watery
apel • *n* appeal
apela • *v* appeal
apertură • *n* opening
apetit • *n* appetite
aplauda • *v* applaud
aplauze • *n* applause
apleca • *v* bow
aplicabil • *adj* applicable
aplicare • *n* application, practice
aplicație • *n* application
apoi • *adv* afterwards, then
apos • *adj* watery
apreciabil • *adj* sensible
apreciere • *n* acknowledgment, adoration, appreciation, recognition
aprehensiune • *n* apprehension
aprig • *adj* quick
aprilie • *n* April
aprinde • *v* light, switch on
aprins • *adj* alight, earnest, fiery, heated
aproape • *adv* almost • *adj* close, near
aprobare • *n* sanction

apropia • *v* approach, appropriate
apropiat • *adj* warm
apropiată • *adj* warm
apropiere • *n* access
apropo • *phr* by the way
aproviziona • *v* save
aprovizionare • *n* supply
aproximare • *n* approximation
aproximativ • *adv* approximately
aproximație • *n* approximation
apuca • *v* grab
apune • *v* fade, set
apus • *n* west
apusean • *adj* western
ara • *v* ear
arab • *adj* Arab
arabă • *n* Arab
aragaz • *n* cooker, stove
arahidă • *n* peanut
aramă • *n* copper
aranja • *v* arrange, sort
aranjament • *n* arrangement, distribution
aranjare • *n* arrangement
arămiu • *adj* copper
arăta • *v* exhibit, prove, show
arătos • *adj* handsome
arbitra • *v* referee
arbitrar • *adj* arbitrary • *adv* arbitrarily
arbitrariceşte • *adv* arbitrarily
arbitru • *n* judge, referee
arbore • *n* tree
arboret • *n* stand
arbust • *n* bush
arc • *n* bow, spring
arcadă • *n* eyebrow
arde • *v* burn
ardei • *n* pepper
ardent • *adj* burning, fiery
ardere • *n* burn, burning
ardoare • *n* appetite, zeal
areal • *n* area
arenă • *n* arena
arenda • *v* rent
arest • *n* apprehension, arrest, custody
aresta • *v* arrest
arestare • *n* apprehension, arrest
Argentina • *n* Argentina
argilă • *n* clay
argint • *n* silver
argintărie • *n* silver
argintie • *n* silver
argintiu • *adj* silver
argument • *n* argument
argumentabil • *adj* arguable
argumentare • *n* argument
argumentativ • *adj* argumentative
arhiplin • *adj* crowded
arhitect • *n* architect
arhitectă • *n* architect
arhitectonic • *adj* architectural
arhitectura • *v* architect
arhitectural • *adj* architectural
arhitectură • *n* architecture
arhiva • *v* archive
arhivă • *n* archive
arhivist • *n* librarian
arhivistă • *n* librarian
arici • *n* hedgehog
arid • *adj* dry
arie • *n* air, area
arii • *n* area
arină • *n* sand
arinos • *adj* sandy
aripă • *n* wing
aristocrat • *n* noble

arma • *v* arm
armat • *adj* armed
armată • *n* army
armă • *n* arm, weapon
Armenia • *n* Armenia
armonic • *adj* harmonious
armonie • *n* harmony, peace
armonios • *adj* harmonious, musical
armură • *n* armour
arogant • *adj* arrogant
aroganță • *n* arrogance
aromă • *n* nose
arsură • *n* burn
artă • *n* art
articol • *n* article, item
articula • *v* articulate
articulație • *n* articulation, joint
artificial • *adj* artificial, false, synthetic, unnatural
artificiu • *n* firework
artist • *n* artist, performer
artistă • *n* artist, performer
artistic • *adv* artistic
artizan • *n* craftsman
arunca • *v* discard, fling, throw, throw away
aruncare • *n* pitch
arvună • *n* earnest
arzător • *adj* burning, earnest
asalt • *n* storm
asalta • *v* storm
asambla • *v* assemble
asana • *v* drain
asasin • *n* killer
asasina • *v* assassinate, slay
asasinare • *n* assassination
asasinat • *n* assassination, murder
ascensor • *n* lift
asculta • *v* hear, listen

ascultare • *n* obedience
ascultător • *n* listener • *adj* obedient
ascunde • *v* conceal, hide, mask, obscure
ascuns • *adj* hidden, invisible, obscure
ascuți • *v* sharpen
ascuțiș • *n* edge
ascuțit • *adj* acute, sharp
asemănător • *adj* similar
asemenea • *adj* similar
aservi • *v* enslave
asfinți • *v* set
asfințit • *n* sun
Asia • *n* Asia
asiatic • *adj* Asian
asiatică • *n* Asian
asigura • *v* ensure
asigurare • *n* insurance
asigurat • *adj* secure
asin • *n* ass
asista • *v* assist, help
asistent • *adj* assistant
asistentă • *n* assistant
asistență • *n* assistance, audience, help
asociat • *adj* associate
asociație • *n* association, combination
asociere • *n* association, relationship
aspect • *n* appearance, aspect, look
aspirare • *n* aspiration
aspirator • *n* cleaner
aspirație • *n* aspiration
aspru • *adj* harsh, raspy, rough, stark
asta • *det* this
astăzi • *adv* today

astâmpăra • *v* calm down
astea • *det* these
asterisc • *n* star
astfel • *adv* thus
astronom • *n* astronomer
astronomă • *n* astronomer
astronomie • *n* astronomy
astupa • *v* plug
asuda • *v* sweat
asurzitor • *adj* deafening
așa • *adv* so, thus • *det* such
așadar • *adv* hence, therefore, thus • *conj* so
așchie • *n* chip
așeza • *v* put down, set, sit
așezare • *n* establishment
așezat • *adj* set
așezământ • *n* establishment, foundation
aștepta • *v* await, wait
așteptare • *n* expectation, wait
așteptat • *n* expectation
așterne • *v* reach, spread
așternut • *n* layer
atac • *n* attack, offensive, storm
ataca • *v* attack, storm
atacant • *n* attacker, offense
atacantă • *n* attacker
atacator • *n* attacker
atasat • *v* attach
atașa • *v* fasten
atașament • *n* attachment
atașare • *n* attachment
atârna • *v* hang, hang up, suspend
atât • *adv* so
atelier • *n* shop, workshop
Atena • *n* Athens
atent • *adj* attentive, careful, vigilant, watchful
atenție • *n* attention, mind

aterizare • *n* landing
atesta • *v* testify
atinge • *v* reach, touch
atingere • *n* contact
atipic • *adj* atypical
atitudine • *n* attitude
atlet • *n* athlete
atletă • *n* athlete
atlete • *n* athlete
atletic • *adj* athletic
atletism • *n* athletics
atleți • *n* athlete
atmosferă • *n* air, atmosphere
atomic • *adj* nuclear
atractiv • *adj* attractive, magnetic
atracție • *n* attraction
atrage • *v* appeal, attract, draw
atragere • *n* appeal, attraction
atrăgător • *adj* impressive
atribui • *v* assign
atribut • *n* property
atroce • *adj* atrocious, awful
atrocitate • *n* atrocity, outrage
atunci • *adv* then
ață • *n* line, thread
audiență • *n* audience
audio • *adj* audio
auditor • *n* listener
august • *n* August
aur • *n* or
auri • *v* gild
aurit • *adj* golden
auriu • *adj* gold, golden, or
auroră • *n* dawn
austral • *adj* southern
Australia • *n* Australia
australian • *adj* Australian
australience • *n* Australian
australieni • *n* Australian
Austria • *n* Austria

austriac • *adj* Austrian
austriacă • *adj* Austrian
austriece • *adj* Austrian
austrieci • *adj* Austrian
austrliancă • *n* Australian
autentic • *adj* authentic
autoare • *n* author
autobuz • *n* bus
autocar • *n* coach
autocontrol • *n* control
autodubă • *n* van
autodubiță • *n* van
autohton • *adj* indigenous, native
automat • *adj* automatic • *adv* automatically
automată • *adj* automatic
automatiza • *v* automate
automatizare • *n* automation
automobil • *n* automobile, car, machine
automobilist • *n* motorist
automobilistă • *n* motorist
autonom • *adj* autonomous
autonomie • *n* autonomy
autor • *n* author, composer, writer
autoritate • *n* authority, control
autorități • *n* authority
autorizare • *n* authorization
autorizație • *n* authorization
autoservice • *n* garage
autostradă • *n* highway
auz • *n* hearing
auzi • *v* hear
auzit • *n* hearing
avans • *n* earnest
avansa • *v* advance
avansat • *adj* progressive
avantaj • *n* advantage, benefit
avantaja • *v* advantage
avantajos • *adj* advantageous
avar • *adj* stingy
avaria • *v* damage, wreck
avarie • *n* damage, wreck
avariție • *n* greed
avânt • *n* boom
avea • *v* have, obtain, possess
aventură • *n* adventure
avere • *n* fortune, wealth
aversă • *n* shower
aversiune • *n* dislike
avertisment • *n* notice
avid • *adj* eager
aviditate • *n* greed
avion • *n* airplane
aviz • *n* notice
avocat • *n* lawyer
avocată • *n* lawyer
avort • *n* abort, abortion
avut • *adj* rich, wealthy
axă • *n* axis
Azerbaidjan • *n* Azerbaijan
azi • *adv* today
azil • *n* asylum
azuriu • *adj* blue
azvârli • *v* toss
ăia • *det* those
ăla • *det* that
ăsta • *det* this
ăștia • *det* these

B

babord • *n* port
bacșiș • *n* tip
bacterii • *n* bacteria

bagatelă • *pron* nothing
Bahamas • *n* Bahamas
Bahrain • *n* Bahrain
baie • *n* bath, bathroom
bal • *n* ball
balans • *n* balance, swing
balansa • *v* swing
balanță • *n* balance
balaur • *n* dragon, worm
balenă • *n* whale
balet • *n* ballet
balon • *n* balloon, bubble, football
baltă • *n* pond
ban • *n* ban, money
banal • *adj* dull
banan • *n* banana
banană • *n* banana
bananier • *n* banana
banc • *n* joke
bancă • *n* bank, bench
bancher • *n* banker
banchet • *n* dinner
bandaj • *n* bandage
bandă • *n* band, gang, tape
Bangladesh • *n* Bangladesh
bar • *n* bar, pub
bara • *v* bar
barabulă • *n* potato
baracă • *n* box
baraj • *n* dam
bară • *n* slash
Barbados • *n* Barbados
barbă • *n* beard
barcă • *n* boat
barieră • *n* bar, barrier
barman • *n* drawer
barză • *n* stork
baschet • *n* basket, basketball
baschetbal • *n* basketball
bascula • *v* reverse

baseball • *n* baseball
basorelief • *n* relief
baston • *n* bat, stick
bate • *v* bat, beat, defeat, fight, hit, pound, ring, set, strike
baterie • *n* battery
baterist • *n* drummer
bateristă • *n* drummer
batistă • *n* tissue
bază • *n* base, basis, foundation
băga • *v* fuck, insert
băiat • *n* boy, lad
bălării • *n* weed
bănui • *v* guess
bănuială • *n* idea
bărbat • *n* male, man
bărbați • *n* gentleman
bărbătesc • *adj* manly
bărbătos • *adj* manly
bărbătuș • *n* cock, male
bărbie • *n* chin
bărdacă • *n* pitcher
bărzăun • *n* bumblebee
bășică • *n* bubble
bătaie • *n* combat, fight
bătălie • *n* battle
bătrân • *adj* elderly, old
bătrână • *adj* elderly
bătrâni • *adj* elderly
băț • *n* rod, stick
băut • *adj* drunk
băutură • *n* drink
bârfă • *n* rumor
bâtă • *n* bat, club
bea • *v* drink
beat • *adj* drunk
beatitudine • *n* bliss
bebe • *n* baby
bebeluș • *n* baby, infant
bec • *n* light bulb

beci • *n* cellar
Beijing • *n* Beijing
Belarus • *n* Belarus
Belgia • *n* Belgium
belgian • *adj* Belgian
belgiană • *n* Belgian
belgiancă • *n* Belgian
belicos • *adj* belligerent
beligerant • *adj* belligerent
Belize • *n* Belize
belşug • *n* plenty
benedicţiune • *n* blessing
beneficii • *n* benefit
beneficiu • *n* benefit
benevolenţă • *n* humanity
Benin • *n* Benin
benzină • *n* gas, gasoline, oil
berărie • *n* bar
bere • *n* beer
Berlin • *n* Berlin
bestie • *n* beast
beton • *n* concrete
beţiv • *n* drunk
beţivan • *n* drunk
beţivană • *n* drunk
beţivă • *n* drunk
Bhutan • *n* Bhutan
biban • *n* bass, perch
biber • *n* beaver
Biblie • *n* Bible
bibliotecar • *n* librarian
bibliotecară • *n* librarian
bibliotecă • *n* library
bici • *n* whip
bicicletă • *n* bicycle, bike
Bielorusia • *n* Belarus
biet • *adj* poor
bifa • *v* check
bifă • *n* check
bifurcaţie • *n* fork
bijuterie • *n* jewel

bijuterii • *n* jewel
bijutier • *n* jeweler
bilanţ • *n* balance, statement
bilă • *n* ball, sphere
bilet • *n* fare, ticket
bine • *adv* all right, right, well • *n* good • *interj* OK • *adj* well
binecuvânta • *v* bless
binecuvântare • *n* blessing, mercy
bineînţeles • *adv* certainly, naturally
binevenit • *adj* welcome
binevenită • *adj* welcome
biografic • *adj* biographical
biografie • *n* biography
biologic • *n* biological
biologie • *n* biology
birocrat • *n* clerk
birocraţie • *n* bureaucracy
birou • *n* bureau, desk, office
birui • *v* overcome
biscuit • *n* biscuit
biserică • *n* church
bit • *n* bit
bizar • *adj* bizarre, curious, odd
blagoslovi • *v* bless
blama • *v* blame
blană • *n* fur, hide
blănos • *adj* furry
blând • *adj* benign
blid • *n* jar
blog • *n* blog
blondă • *adj* blond
blugi • *n* jeans
boală • *n* disease, illness
boare • *n* breeze
bob • *n* bean, grain
bodegă • *n* bar
bodyguard • *n* bodyguard
bogat • *adj* rich, wealthy

bogăție • *n* wealth
bol • *n* sphere
bold • *n* pin
Bolivia • *n* Bolivia
bolnav • *adj* ill
bolț • *n* bolt
bombardier • *n* bomber
bombă • *n* bomb
bombăni • *v* mutter
bomboană • *n* candy, chocolate, drop, sweet
bonă • *n* nurse
bondar • *n* bumblebee
bont • *adj* dull
bordură • *n* border
boreal • *adj* northern
bornă • *n* mark
borțos • *adj* pregnant
boscorodi • *v* mutter
Bosnia • *n* Bosnia
bosniac • *adj* Bosnian
bosniacă • *n* Bosnian
bostan • *n* pumpkin
boș • *n* ball, nut
bot • *n* nose
Botswana • *n* Botswana
bou • *n* ox, steer
bovină • *n* neat
bovine • *n* cattle
bowling • *n* bowling
branșă • *n* branch
braserie • *n* bar
braț • *n* arm
brav • *adj* brave
Brazilia • *n* Brazil
brânză • *n* cheese
brânzos • *adj* cheesy
brâu • *n* belt
breloc • *n* charm, keyring
breșă • *n* breach
breton • *n* bang

bridge • *n* bridge
britanic • *adj* British
britanici • *n* British
britonic • *adj* British
britonici • *n* British
briză • *n* breeze
broască • *n* frog, lock
bronz • *n* bronze
bronza • *v* bronze
bronzat • *adj* bronze
brotac • *n* frog
bruia • *v* jam
brumar • *n* November
brumărel • *n* October
brumăriu • *adj* gray
brun • *adj* brown
Brunei • *n* Brunei
brusc • *adj* sudden • *adv* suddenly
brut • *adj* gross, rough
brutal • *adj* brutal, rough
brutărie • *n* bakery
Bruxelles • *n* Brussels
buboi • *n* boil
bubuit • *n* boom
bucată • *n* bit, cake, fragment, item, piece, portion
bucă • *n* cheek
bucătar • *n* cook
bucătăreasă • *n* cook
bucătărie • *n* kitchen
buchet • *n* nose
buclă • *n* lock
bucura • *v* cheer up
bucurie • *n* happiness, joy
bucuros • *adj* glad, happy
bufniță • *n* owl
bufon • *n* fool
buget • *n* budget
building • *n* skyscraper
bulă • *n* bubble

bulb • *n* bulb
bulgar • *adj* Bulgarian
bulgară • *n* Bulgarian
Bulgaria • *n* Bulgaria
bulgăresc • *adj* Bulgarian
bulgăroaică • *n* Bulgarian
bum • *interj* boom
bumbac • *n* cotton
bun • *adj* good, hot, kind
bună • *adj* good • *interj* hello, hi
bunăstare • *n* well-being
bunătate • *n* goodness, humanity, kindness
bunăvoință • *n* kindness
bunic • *n* grandfather
bunică • *n* grandmother
burghiu • *n* bit, drill
burlac • *adj* single
bursă • *n* scholarship
burtă • *n* belly, stomach
buruiană • *n* weed
Burundi • *n* Burundi
businessman • *n* businessman
bust • *n* bust
buși • *v* thrust
buștean • *n* log
bute • *n* barrel
butelie • *n* bottle, container
butoi • *n* barrel
buton • *n* button
butucănos • *adj* clumsy
buză • *n* lip
buze • *n* lip
buzunar • *n* pocket

C

ca • *conj* as • *prep* like, than
cabalin • *n* horse
cabană • *n* box
cabină • *n* car
cablare • *v* cable
cablu • *n* cable, cord
cabluri • *n* cable
cactus • *n* cactus
cadă • *n* bath
cadou • *n* gift
cadru • *n* frame, framework
cafea • *n* coffee
cafeniu • *n* coffee
caiet • *n* notebook
Cairo • *n* Cairo
cal • *n* horse
calamitate • *n* disaster
cală • *n* hold
calcul • *n* calculation
calcula • *v* calculate, reckon
calculare • *n* calculation
calculatoare • *n* calculator
calculator • *n* calculator, computer
calculație • *n* calculation
cald • *adj* hot, warm
caldă • *adj* warm
cale • *n* road, way
calendar • *n* calendar
calificare • *n* qualification
calificat • *adj* qualified
calitate • *n* quality
calm • *adj* calm, composed, placid, quiet
calma • *v* alleviate, calm, still
calmar • *n* squid
cam • *adv* about, pretty, quite
camarad • *n* associate
Cambodgia • *n* Cambodia
cambulă • *n* halibut
cameleon • *n* chameleon

cameră • *n* chamber, house, room
Camerun • *n* Cameroon
camion • *n* truck
camping • *n* camping
campioană • *n* champion, championship
campion • *n* champion, championship
campionat • *n* championship
campus • *n* campus
Canada • *n* Canada
canadian • *adj* Canadian
canadiană • *adj* Canadian
canadiancă • *n* Canadian
canal • *n* canal, channel
canapea • *n* sofa
canapele • *n* sofa
canar • *n* canary
canava • *n* canvas
cancer • *n* cancer
candidat • *n* candidate
cant • *n* border, line
cantitate • *n* amount, magnitude, number, quantity
cap • *n* butt, head, nut
capabil • *adj* able, capable
capabilă • *adj* capable
capabilitate • *n* capability
capac • *n* lid
capacitate • *n* ability, capacity, faculty
capăt • *n* end
capital • *n* capital
capitalism • *n* capitalism
capitalist • *adj* capitalist
capitalistă • *n* capitalist
capitel • *n* capital
capitol • *n* chapter
capodoperă • *n* masterpiece
capotare • *n* upset

capră • *n* goat, horse
car • *n* cart, wagon
caracter • *n* character, letter, property
caracteristic • *adj* characteristic, particular
caracteristică • *n* characteristic, feature
caracteriza • *v* characterize
caracudă • *n* fry
caraghios • *adj* comic, funny
caramea • *n* chew
carapace • *n* shell
carbohidrat • *n* carbohydrate
carbon • *n* carbon
carburant • *n* fuel
carcasă • *n* shell
card • *n* card
carda • *v* card
care • *pron* what, which, who
caricatură • *n* cartoon
carieră • *n* career
carismatic • *adj* charming
carne • *n* flesh, meat
carotă • *n* carrot
carou • *n* check
carte • *n* book, card
cartier • *n* quarter
cartof • *n* potato
carusel • *n* roundabout
casă • *n* home, house, household
cască • *n* headphones, helmet
casnic • *adj* household
cast • *adj* pure
castel • *n* castle
castitate • *n* modesty
castor • *n* beaver
castron • *n* bowl, jar
caș • *n* cheese
cașcaval • *n* cheese

cat • *n* level
catastrofă • *n* disaster
catâr • *n* mule
categorie • *n* category
categorii • *n* category
categorisi • *v* label
categoriza • *v* assign
catolic • *adj* Catholic
cauciuc • *n* rubber, tyre
cauciucuri • *n* rubber
caustic • *n* caustic
cauza • *v* cause, prompt
cauză • *n* cause, lawsuit, matter, purpose
cavaler • *n* horse, horseman
cavalerie • *n* chivalry
cavalerism • *n* chivalry
cavernă • *n* cave
caz • *n* case, incident, instance, occurrence
cazare • *n* accommodation
cazarmă • *n* base
cazinou • *n* casino
cazuri • *n* case
că • *conj* that
căca • *v* shit
căcat • *n* shit
căci • *conj* for
căciulă • *n* cap
cădea • *v* fall
cădere • *n* collapse, decency, drop, fall
căişor • *n* tit
călăreţ • *n* horseman, rider
călătoare • *n* passenger
călător • *n* passenger, traveller
călători • *v* fare, journey, travel, trip
călătorie • *n* journey, travel, trip
călca • *v* iron, tread
călcâi • *n* heel

căldare • *n* bucket
căldură • *n* heat, warmth
călugăr • *n* monk
călugăriţă • *n* sister
căluşei • *n* roundabout
căluţ • *n* horse, tit
cămaşă • *n* shirt
cămilă • *n* camel
căpăţână • *n* skull
căpetenie • *n* chief, head
căpitan • *n* captain
căpiţă • *n* stack
căprioară • *n* deer
căpuşă • *n* tick
căra • *v* bear, carry, convey, transport
cărare • *n* path, walk
cărămidă • *n* brick
cărbune • *n* carbon, coal
cărindar • *n* January
căruţă • *n* cart, wagon
căsători • *v* marry, wed
căsătorie • *n* marriage
căsnicie • *n* marriage
cătare • *n* aim
către • *prep* to
căţărare • *n* climbing
căţărătoare • *n* climber
căţărător • *n* climber
căuta • *v* look up, look for, search, seek
căzut • *adj* down
câine • *n* dog
câini • *n* dog
câinos • *adj* evil
câmp • *n* field
câmpenesc • *adj* rural
câmpie • *n* plain
când • *conj* as, when • *pron* when
cândva • *adv* sometime

cânepă • *n* cannabis
cânta • *v* sing
cântare • *n* singing, song
cântăreață • *n* singer
cântăreț • *n* singer
cântări • *v* weigh
cântec • *n* song
cârciumă • *n* pub
cârlig • *n* hook
cârmă • *n* run
cârmui • *v* govern
cârpă • *n* cloth
cârtiță • *n* mole
câștig • *n* profit
câștiga • *v* earn, gain, net, win
câștigătoare • *n* winner
câștigător • *n* winner
cât • *adv* how
câteodată • *adv* occasionally, sometimes
câteva • *n* couple • *det* several
câțiva • *n* couple • *det* several
ce • *adv* how • *det* what • *pron* which
ceai • *n* tea
ceainic • *n* teapot
ceapă • *n* onion
ceartă • *n* argument, conflict, disagreement, quarrel
ceas • *n* clock, hour, time, watch
ceașcă • *n* cup
ceață • *n* fog, mist
cec • *n* draft
ceda • *v* give way
ceea • *det* that
ceh • *adj* Czech
cehă • *n* Czech
Cehia • *n* Czech Republic
cehoaică • *n* Czech
cel • *art* the

cela • *det* that
celebra • *v* celebrate
celebrare • *n* celebration
celebrație • *n* celebration
celebru • *adj* famous
celibatar • *n* monk • *adj* single
celular • *n* cell
celulă • *n* cell
centra • *v* center
central • *adj* central, middle
centrală • *n* headquarters, switch
centrist • *adj* moderate
centristă • *n* moderate
centru • *n* center, heart, middle
centură • *n* belt
centurie • *n* century
cenușă • *n* ash
cenușiu • *adj* gray, neutral
cenzor • *n* censor
cenzura • *v* censor
cenzură • *n* censorship
cer • *n* heaven, sky
cerb • *n* deer
cerc • *n* circle, sector
cerceta • *v* inquire, scan
cercetare • *n* research
cercetătoare • *n* researcher
cercetător • *n* researcher
cercui • *v* circulate
cere • *v* ask, demand, request
cereală • *n* corn
ceremonie • *n* ceremony
cerere • *n* demand, request
cerință • *n* need, requirement
cerneală • *n* ink
cerșetoare • *n* beggar
cerșetor • *n* beggar
cerși • *v* beg
cert • *adj* certain, sure
certa • *v* argue, quarrel, row

certăreț • *adj* belligerent
certifica • *v* certify
certificat • *n* certificate
certitudine • *n* certainty
cetate • *n* city
cetățean • *n* citizen
cetățenie • *n* citizenship
ceva • *n* anything • *pron* something
chairman • *n* chairman
chei • *n* platform
cheie • *n* key
chel • *adj* bald
chelner • *n* walter
chelneriță • *n* waitress
cheltui • *v* spend
chema • *v* call, summon
chemare • *n* call
chestie • *n* thing
chestii • *n* stuff
chestiune • *n* matter
chezaș • *n* guarantee
chiar • *adv* even, right
chibrit • *n* match
chibzui • *v* contemplate, weigh
chibzuit • *adj* sensible
chiftea • *n* meatball
Chile • *n* Chile
chilian • *adj* Chilean
chiliană • *n* Chilean
chilie • *n* cell
chilipir • *n* steal
chiloți • *n* underwear
chimic • *adj* chemical
chimie • *n* chemistry
chin • *n* pain, torture
China • *n* China
chinez • *n* Chinese
chineză • *n* Chinese
chinezesc • *adj* Chinese
chinezi • *n* Chinese

chinezoaică • *n* Chinese
chinezoaice • *n* Chinese
chinui • *v* torture
chipeș • *adj* handsome
chirie • *n* rent
chirurg • *n* surgeon
chirurgie • *n* surgery
chiștoc • *n* butt
chitanță • *n* acknowledgment, receipt
chitară • *n* guitar
chiuvetă • *n* sink
Ciad • *n* Chad
cicatrice • *n* scar
ciclism • *n* cycling
ciclu • *n* circuit, cycle
cifră • *n* digit
cilian • *adj* Chilean
ciliană • *n* Chilean
cimișir • *n* box
cimitir • *n* graveyard
cimpanzeu • *n* chimpanzee
cina • *v* dine
cină • *n* dinner
cinci • *n* five
cincilea • *adj* fifth
cincisprezece • *num* fifteen
cincizeci • *num* fifty
cine • *pron* who
cineast • *n* filmmaker
cineastă • *n* filmmaker
cinematografie • *n* cinema
cineva • *n* anything • *pron* somebody, someone
cinic • *adj* cynical
cinste • *n* honor, treat
cinsti • *v* honor
cinstit • *adj* honest
cinșpe • *num* fifteen
cinteză • *n* finch
cinzeci • *num* fifty

cioară • *n* crow
cioc • *n* bill, nose
ciocăni • *v* knock
ciocănitoare • *n* woodpecker
ciocnire • *n* collision
ciocolată • *n* chocolate
ciocolatiu • *adj* chocolate
ciolan • *n* limb
ciomag • *n* bat
ciopli • *v* hew
ciorap • *n* sock
ciorbă • *n* soup
ciorchine • *n* bunch, cluster, rape
ciorna • *n* draft
cip • *n* chip
cipriot • *adj* Cypriot
cipriotă • *n* Cypriot
Cipru • *n* Cyprus
circuit • *n* circuit
circular • *adj* circular
circulație • *n* traffic
circumstanță • *n* circumstance, instance
cireșar • *n* June
ciripitor • *n* ear
citare • *n* citation
citat • *n* citation, quote, quotation
citi • *v* read
citire • *n* read, reading
cititoare • *n* reader
cititor • *n* reader
ciudat • *adj* curious, odd, strange, unusual, weird
ciudă • *n* spite
ciudățenie • *n* oddity
ciumă • *n* plague
ciupercă • *n* mushroom
ciupi • *v* pluck
ciută • *n* deer

civilitate • *n* civilization, politeness
civilizare • *n* civilization
civilizat • *adj* civilized
civilizată • *adj* civilized
civilizație • *n* civilization
cizmă • *n* boot
cîine • *n* dog
clanță • *n* handle
clanță • *n* lock
clapă • *n* key
clar • *adj* apparent, bright, clear, explicit, obvious, transparent
clarifica • *v* clarify, spell
clarificare • *n* clarification
claritate • *n* clarity
clasă • *n* class, classroom, grade
clasic • *adj* classical
clasifica • *v* classify, distribute, sort
clasificare • *n* classification
clasificație • *n* classification
clauză • *n* term
claviatură • *n* keyboard
claxon • *n* horn
clădi • *v* build
clădire • *n* building, construction
clei • *n* glue
clește • *n* claw
clic • *n* click
clica • *v* click
clicare • *n* click
client • *n* buyer, client
climat • *n* environment
climă • *n* climate
clinică • *n* clinic
clipă • *n* blink, instant, moment
clipi • *v* blink
clipire • *n* blink

clipit • *n* blink
clipită • *n* blink
clopot • *n* bell
closet • *n* toilet
club • *n* club
coace • *v* bake, cook
coach • *n* coach, trainer
coadă • *n* line, ponytail, queue, stem, tail
coafor • *n* hairdresser
coaie • *n* ball
coajă • *n* shell, skin
coaliție • *n* league
coapsă • *n* thigh
coardă • *n* cord, rope, string
coarde • *n* string
coase • *v* sew
coastă • *n* coast, rib, shore
cobai • *n* guinea pig
coborî • *v* descend
cocaină • *n* cocaine
cocă • *n* dough
cochilie • *n* shell
cocktail • *n* cocktail
cocoș • *n* cock, rooster
cocteil • *n* cocktail
cod • *n* cod, code
codi • *v* hesitate
codire • *n* reluctance
codru • *n* forest
cognitiv • *adj* cognitive
coi • *n* ball, nut
coif • *n* helmet
coincide • *v* coincide
coincidental • *adj* coincidental
colabora • *v* collaborate
colaborare • *n* collaboration
colaborări • *n* collaboration
colaps • *n* collapse
colb • *n* dust
colecta • *v* gather

colectare • *n* collection
colecție • *n* collection, set
colecționar • *n* collector
coleg • *n* associate, colleague
colegă • *n* colleague
colegiu • *n* college, school
colină • *n* hill
colinda • *v* wander
coliziune • *n* collision, impact, wreck
colo • *adv* there
coloană • *n* column, file
colonial • *adj* colonial
colonie • *n* colony, establishment
colora • *v* color
colorat • *adj* colored
colosal • *adj* colossal
colț • *n* angle, corner
Columbia • *n* Colombia
columbian • *adj* Colombian
columbiană • *n* Colombian
columnă • *n* column
columnist • *n* columnist
comanda • *v* command, control, head, order
comandare • *n* conduct
comandă • *n* control, order
comă • *n* coma
combatant • *n* combatant, fighter
combatantă • *n* combatant, fighter
combate • *v* combat, fight
combativ • *adj* combative
combina • *v* combine
combinare • *n* combination
combinat • *n* combine • *adj* combined
combinație • *n* combination
combustibil • *n* fuel

comedian • *n* comic
comediană • *n* comic
comedie • *n* comedy
comentariu • *n* comment, note
comentator • *n* interpreter
comercial • *adj* commercial
comercială • *adj* commercial
comerciant • *n* merchant, trader
comerț • *n* commerce
comic • *adj* comic
comisie • *n* commission
comitat • *n* county
comite • *v* commit
comitet • *n* committee
comoară • *n* treasure
comod • *adj* comfortable, convenient
comodă • *n* chest
Comore • *n* Comoros
compact • *adj* solid
companie • *n* company
compara • *v* compare
comparabil • *adj* comparable
comparativ • *adj* comparative
comparație • *n* comparison
compasiune • *n* compassion, mercy, pity, sympathy
compătimire • *n* mercy, pity, sympathy
compensa • *v* compensate
compensare • *n* compensation
compensație • *n* compensation
competent • *adj* able, qualified
competență • *n* expertise, proficiency
competitiv • *adj* competitive
competitoare • *n* competitor
competitor • *n* competitor
competiție • *n* competition, contest
competițional • *adj* competitive
compila • *v* compile
complement • *n* complement
complementar • *adj* complementary
complementară • *n* complement
complet • *adv* altogether, completely, quite • *adj* complete, full, sound
completa • *v* complete
completamente • *adv* completely
complex • *adj* complex
complexitate • *n* complexity
complica • *v* complicate
complicat • *adj* complicated, difficult, sophisticated
complot • *n* plot
component • *n* component, constituent
componentă • *n* component, device
comportament • *n* behavior, conduct, manner
comportare • *n* address, behavior
compozitoare • *n* composer
compozitor • *n* composer
compoziție • *n* composition, mixture
comprehensiune • *n* comprehension, understanding
compromis • *n* compromise
compune • *v* compose
compunere • *n* composition
compus • *n* compound, mixture
computer • *n* calculator, computer
computere • *n* calculator

comun • *adj* common, general, pedestrian
comună • *n* parish
comunica • *v* speak
comunicare • *n* communication
comunicație • *n* communication
comunism • *n* communism
comunist • *adj* communist
comunistă • *n* communist
comunitate • *n* community
comuta • *v* switch
comutator • *n* switch
conac • *n* mansion
concediere • *n* dismissal, termination
concentra • *v* center
concentrare • *n* concentration, mind
concentrat • *n* abstract
concentrație • *n* concentration
concepe • *v* architect
concepere • *n* conception
concept • *n* conception, concept, draft
concepție • *n* apprehension, conception
concepții • *n* conception
concern • *n* concern
concert • *n* concert
concesie • *n* concession
concesiere • *n* concession
concesiune • *n* concession
conchide • *v* conclude, gather, resolve
concluziona • *v* conclude
concomitent • *phr* in parallel
concret • *adj* concrete
concupiscență • *n* lust
concura • *v* run
concurent • *n* competitor
concurentă • *n* competitor
concurență • *n* competition
concurs • *n* competition, contest
condac • *n* stock
condamna • *v* sentence
condamnare • *n* condemnation, sentence
condimenta • *v* season
condiție • *n* condition, requirement, term
condiționa • *v* condition
condițional • *adj* conditional
conducător • *n* driver, leader
conduce • *v* drive, govern, lead, master, run
conducere • *n* conduct, direction, ruling
conductă • *n* drain, pipeline
conductor • *n* cable
conduită • *n* manner
conecta • *v* bind, connect
conectare • *n* connection
conectat • *adj* connected
conectiv • *n* connective
conexa • *v* connect
conexare • *n* connection
conexiune • *n* connection
conferi • *v* confer
conferință • *n* conference
confesiune • *n* confession
confidență • *n* confidence
configura • *v* configure
configurare • *n* configuration
configurație • *n* configuration
confirma • *v* confirm
confirmare • *n* confirmation
confiscare • *n* seizure
conflict • *n* conflict
conform • *prep* according to • *adj* agreeable

conformitate • *n* accordance
confort • *n* comfort, ease
confortabil • *adj* comfortable
confrunta • *v* cope, face
confunda • *v* mistake
confuz • *adj* bewildered, confused, confusing
confuzie • *n* confusion
congela • *v* freeze, ice
Congo • *n* Congo
congregație • *n* congregation
conjuncție • *n* conjunction
conjura • *v* treat
conlucrare • *n* cooperation
consecință • *n* consequence
consecutiv • *adj* consecutive
consecvent • *adj* consistent
consecvență • *n* consistency
consens • *n* agreement
conserva • *v* husband
conservare • *n* conservation
conservatoare • *n* conservative
conservator • *adj* conservative
consfătui • *v* deliberate
considera • *v* consider, think
considerabil • *adv* considerably, significantly • *adj* sensible
considerare • *n* consideration
considerație • *n* consideration
considerent • *n* consideration
consilia • *v* counsel
consilier • *n* counselor
consilieră • *n* counselor
consiliere • *n* counseling
consista • *v* consist
consistență • *n* consistency
consolare • *n* comfort
consolidare • *n* consolidation
conspect • *n* abstract
conspirație • *n* conspiracy
consta • *v* consist

constant • *adj* constant • *adv* constantly
constantă • *adj* constant
constituent • *n* constituent
constituție • *n* constitution
constituțional • *adj* constitutional
constrângere • *n* constraint
constructor • *n* contractor, developer
construcție • *n* building, construction
construi • *v* construct, craft
construire • *n* building, construction
consultant • *n* consultant, counselor
consultantă • *n* consultant, counselor
consultanță • *n* counseling, counsel
consultare • *n* consultation
consultație • *n* consultation, counsel
consum • *n* consumption
consuma • *v* consume
consumator • *n* user
conștient • *adj* conscious, sensible
conștiință • *n* awareness, conscience, consciousness
cont • *n* account
contabil • *n* accountant
contabilă • *n* accountant
contabilitate • *n* accounting
contact • *n* contact
contacta • *v* contact
contagia • *v* infect
container • *n* container
contamina • *v* infect
conte • *n* count

contempla • *v* contemplate
contemporan • *adj* contemporary
conteni • *v* cease
context • *n* context
continent • *n* continent, mainland
continua • *v* continue
continuu • *adj* continuous, continued, ongoing
contor • *n* counter, meter
contra • *prep* against, versus
contraargumentare • *n* argument
contract • *n* contract
contractant • *n* contractor
contractantă • *n* contractor
contracție • *n* contraction
contradictoriu • *adj* contradictory
contradicție • *n* contradictory, contradiction
contrafăcut • *adj* false
contrapiesă • *n* counterpart
contrar • *adj* contradictory, contrary, opposed
contrariu • *n* reverse
contrast • *n* contrast
contrazice • *v* oppose
contrazicere • *n* contradictory, contradiction
contribuire • *n* contribution
contribuție • *n* contribution
control • *n* check, control
controla • *v* check, command, control, master
controlare • *n* inspection
controlor • *adj* controlling
controversabil • *adj* controversial
controversat • *adj* controversial
controversă • *n* contest, controversy, debate
contur • *n* outline
conține • *v* contain, hold
conținut • *n* content
convenabil • *adj* suitable
convenție • *n* convention
convențional • *adj* conventional
convențională • *adj* conventional
conversație • *n* conversation, dialogue, discourse
conversie • *n* conversion
conversiune • *n* conversion
converti • *v* convert
convertire • *n* conversion
convertit • *n* convert
convertită • *n* convert
convicțiune • *n* belief
convingător • *adj* convincing
convinge • *v* convince, decide, persuade
convingere • *n* belief, conviction
convoca • *v* summon
convorbire • *n* conversation
coopera • *v* cooperate
cooperare • *n* cooperation
cooperativă • *n* cooperation
cooperație • *n* cooperation
coordona • *v* coordinate
coordonare • *n* coordination
coordonată • *n* coordinate
coordonate • *n* coordinate
copac • *n* tree
copia • *v* copy
copie • *n* copy
copil • *n* baby, child
copilă • *n* child, girl
copilărie • *n* childhood
copilului • *adj* baby

copită • *n* hoof
copleși • *v* overwhelm
copleșitor • *adj* crushing, overwhelming
copt • *adj* ripe
cor • *n* choir
corabie • *n* ship
corb • *n* raven
corbiu • *adj* raven
cord • *n* heart
cordon • *n* belt, cord
corect • *adj* correct, right • *adv* correctly
corecta • *v* correct, right
corectare • *n* correction, edit
corecție • *n* correction
Coreea • *n* Korea
coreean • *adj* Korean
coreeană • *n* Korean
coreeancă • *n* Korean
corelație • *n* correlation
corespondent • *adj* corresponding
corespondență • *n* connection
corespunzător • *adj* corresponding
coridă • *n* bullfighting
coridor • *n* corridor
corn • *n* horn
cornuri • *n* horn
coroană • *n* crown
corp • *n* body, field
corporal • *adj* bodily, physical
corporatist • *adj* corporate
cort • *n* tent
cortină • *n* curtain
corupe • *v* corrupt
corupt • *adj* corrupt
coruptă • *adj* corrupt
corupție • *n* corruption
corvadă • *n* fatigue

cositor • *n* tin
cosor • *n* bill
cost • *n* cost
costa • *v* cost
costisitor • *adj* costly, expensive
costum • *n* costume, outfit, suit
coș • *n* basket
coșmar • *n* nightmare
cot • *n* elbow
coteț • *n* pen
cotidian • *adj* daily, everyday
cotire • *n* angle
cotitură • *n* angle
cotlet • *n* chop
covârși • *v* exceed
covârșitor • *adj* overwhelming
covor • *n* carpet
crab • *n* crab
crah • *n* crash
crainic • *n* broadcaster
craniu • *n* skull
crap • *n* carp
cratiță • *n* pan
cravașă • *n* crop
cravată • *n* necktie
Crăciun • *n* Christmas
crăpa • *v* break, crack
crăpătură • *n* break, crack
crâmpei • *n* fragment
crea • *v* author, create, father, generate
creangă • *n* branch, stick
creare • *n* creation
creastă • *n* ridge
creativ • *adj* creative
creativitate • *n* creativity
creator • *n* architect, developer • *adj* creative
creatură • *n* being, creature
creație • *n* creation, work

crede • *v* believe, think
credibil • *adj* credible
credibilitate • *n* credibility
credință • *n* belief, conviction, faith
credit • *n* credit, trust
credul • *adj* credulous
creier • *n* brain
creion • *n* pencil
crem • *n* cream
cremă • *n* cream
creșă • *n* nursery
crește • *v* expand, grow, increase
creștere • *n* increase
creștet • *n* crown
creștin • *adj* Christian
creștinătate • *n* Christianity
creștinism • *n* Christianity
creț • *adj* curly
crevetă • *n* shrimp
crimă • *n* crime, murder
criminal • *adj* criminal • *n* murderer
criminalitate • *n* crime
cristal • *n* crystal
cristalin • *n* lens
Cristian • *n* Christian
Cristiana • *n* Christian
Cristina • *n* Christian
criteriu • *n* criterion
critic • *n* critic • *adv* critically
critica • *v* criticize
critică • *n* critic, criticism
criză • *n* crisis
croat • *adj* Croatian
croată • *n* Croatian
Croația • *n* Croatia
croșeta • *v* knit
cruce • *n* cross
cruci • *v* cross

crucial • *adj* crucial
cruciform • *adj* crucial
crud • *adj* cruel, raw, stark
crunt • *adj* bloody, cruel
cruzime • *n* cruelty
cu • *prep* by, to, with
Cuba • *n* Cuba
cuban • *adj* Cuban
cubanez • *adj* Cuban
cubaneză • *n* Cuban
cuc • *n* cuckoo
cuceri • *v* conquer
cucui • *n* bump, egg
cufăr • *n* chest, trunk
cuget • *n* thought
cugeta • *v* contemplate, think
cugetare • *n* thought
cugetat • *adj* thoughtful
cui • *n* nail
cuib • *n* nest
cuibar • *n* nest
culca • *v* lay, love
culege • *v* collect, crop, gather, harvest
culegere • *n* selection
cules • *n* harvest
culise • *n* scenery
culme • *n* height, peak, summit, top
culoar • *n* corridor
culoare • *n* color, paint
culpă • *n* fault
cult • *n* cult
cultiva • *v* crop, culture
cultivare • *n* cultivation
cultivat • *adj* cultured
cultivată • *adj* cultured
cultivație • *n* cultivation
cultural • *adj* cultural
culturaliza • *v* culture

cultură • *n* civilization, crop, cultivation, culture
culturist • *n* bodybuilder
culturistă • *n* bodybuilder
cum • *conj* as • *adv* how
cumineca • *v* communicate
cumnat • *n* brother-in-law
cumnată • *n* sister-in-law
cumpăni • *v* weigh
cumpăra • *v* buy, purchase
cumpărare • *n* purchase
cumpărătoare • *n* buyer
cumpărător • *n* buyer
cumpărături • *n* shopping
cumpăt • *n* balance
cumpătare • *n* moderation
cumplit • *adj* cruel
cumva • *adv* somehow
cunoaște • *v* know
cunoaștere • *n* knowledge
cunoștințe • *n* knowledge
cununa • *v* marry, wed
cunună • *n* crown
cununie • *n* marriage
cupă • *n* cup, heart
cupla • *v* bind, connect, couple
cuplu • *n* couple
cuprinde • *v* comprehend
cuprinzător • *adj* comprehensive
cupru • *n* copper
cuptor • *n* July • *n* oven
cur • *n* ass, bottom, butt
curaj • *n* courage, nerve, sand
curajos • *adj* brave, courageous
curat • *adj* blank, clean, clear, pure
curăța • *v* clean
curățătorie • *n* cleaner
curând • *adv* soon
curba • *v* bend
curbat • *adj* curved
curbă • *n* curve
curbe • *n* curve
curcan • *n* turkey
curcă • *n* turkey
curea • *n* belt
curent • *n* current, stream
curge • *v* flow
curgere • *n* flow
curios • *adj* curious
curiozitate • *n* curiosity, oddity
curmală • *n* date
curs • *n* course, current, path
cursă • *n* racing
curte • *n* court, garden, mansion, yard
custodie • *n* custody
cusurgiu • *adj* fastidious
cușcă • *n* cage
cuta • *v* wrinkle
cuteza • *v* dare
cutie • *n* box, container
cutreiera • *v* wander
cutremur • *n* earthquake
cuțit • *n* knife
cuvânt • *n* term, word
cuvântare • *n* speech
cuviincios • *adj* proper
cuviință • *n* decency
cuvinte • *n* voice
cvadrat • *n* square

D

da • *v* give • *interj* right • *part* yes

dacă • *conj* if, whether
dactilograf • *n* typewriter
dactilografă • *n* typewriter
dală • *n* flag
damă • *n* queen
dame • *n* lady
Danemarca • *n* Denmark
danez • *adj* Danish
daneză • *n* Danish
dans • *n* dance
dansa • *v* dance, shake
dansatoare • *n* dancer
dansator • *n* dancer
dar • *conj* albeit, but • *n* gift
dare • *n* tax
darnic • *adj* generous
data • *v* date
dată • *n* date, time
date • *n* data
datină • *n* tradition
datora • *v* owe
datorie • *n* debt, duty
datorită • *conj* because
daună • *n* damage, prejudice
daune • *n* damage
dădacă • *n* nurse
dărăci • *v* card
dărăpăna • *v* wreck
dărâma • *v* demolish, tear
dărâmătură • *n* wreck
dărui • *v* gift
dăuna • *v* harm, prejudice
dăunat • *adj* prejudiced
dăunător • *adj* damaging, harmful
de • *prep* by, from, of
deal • *n* hill
dealer • *n* dealer
deasemenea • *adv* too
deasupra • *adv* above • *prep* on, over

debil • *adj* weak
debilita • *v* flag
debut • *n* beginning
debutant • *n* novice
decadă • *n* decade
decădea • *v* waste
decădere • *n* waste
decăzut • *adj* evil
decât • *prep* than
deceda • *v* pass away
decembrie • *n* December
deceniu • *n* decade
decent • *adj* proper
decență • *n* decency
decepție • *n* disappointment
deci • *conj* so • *adv* therefore, thus
decide • *v* decide
decis • *adj* earnest
decisiv • *adj* crucial
decizie • *n* award, decision
declara • *v* bear, state, testify
declarare • *n* declaration
declarație • *n* declaration, proposition, statement, testimony
declinare • *n* declension
declinație • *n* declension
deconecta • *v* switch off
deconsilia • *v* deter
decor • *n* backdrop, scenery
decora • *v* decorate
decorare • *n* decoration
decorație • *n* decoration
decupa • *v* crop
decupare • *n* cutting
dedesubt • *prep* below, beneath
dedicare • *n* devotion
dedicație • *n* dedication
deduce • *v* infer
defect • *adj* defective

defecta • *v* damage
defectiv • *adj* defective
defectuos • *adj* defective
defensiv • *adj* defensive
defensivă • *n* defensive
deficient • *adj* deficient
deficiență • *n* deficiency
deficit • *n* deficit
definire • *n* definition
definiție • *n* definition
deget • *n* digit, finger, toe
deghiza • *v* disguise, mask
deghizare • *n* disguise
deîmpărțit • *n* dividend
deja • *adv* already
delăsa • *v* neglect
delegat • *n* delegate, deputy
delegație • *n* delegation
delfin • *n* dolphin
delibera • *v* deliberate
deliberare • *n* deliberation
deliberat • *adj* deliberate • *adv* deliberately
delicat • *adj* delicate, soft
delicios • *adj* delicious, delightful
deliciu • *n* delight
delicvență • *n* crime
delimitare • *n* determination
delirant • *adj* insane
deloc • *det* no • *adj* whatsoever
demaror • *n* starter
dement • *adj* insane
demență • *n* insanity
demențial • *adj* insane
demisie • *n* resignation
demitere • *n* dismissal
demn • *adj* dignified, worthy
demnitate • *n* dignity, honor
democratic • *adj* democratic
democrație • *n* democracy
demodat • *adj* old-fashioned
demografic • *adj* demographic
demola • *v* tear
demon • *n* demon
demoniac • *adj* demonic
demonic • *adj* demonic
demonie • *n* possession
demonism • *n* possession
demonstra • *v* demonstrate, show
demonstrare • *n* demonstration
demonstrativ • *adj* demonstrative
demonstrație • *n* demonstration, show
denivelat • *adj* uneven
densitate • *n* density
dentist • *n* dentist
dentistă • *n* dentist
denumi • *v* designate
deoarece • *conj* as, because, since
deodată • *adv* suddenly
deosebire • *n* distinction
deosebit • *adj* different
departament • *n* department, office, section
departe • *adv* away, far • *adj* distant
depăși • *v* exceed
dependent • *adj* addictive, dependent
dependență • *n* addiction, dependence
depinde • *v* depend
deplasament • *n* displacement
deplasat • *phr* out of line
depozit • *n* deposit, store, storage, warehouse
depozita • *v* warehouse
depozitare • *n* storage

depoziție • *n* testimony
depravat • *adj* evil
depresionat • *adj* depressed
depresiune • *n* depression
deprimare • *n* depression
deprimat • *adj* blue, depressed, down
depune • *v* bank, deposit
depunere • *n* deposit
deputat • *n* deputy, representative
deputată • *n* representative
deranj • *n* bother, disturbance, harassment, upset
deranja • *v* bother, distress, disturb, upset
deranjament • *n* complaint, disturbance, incident
deranjare • *n* disturbance, upset
deranjat • *adj* upset
dereglare • *n* complaint
deriva • *v* derive
derivare • *n* derivation
derivat • *n* derivative
derivată • *n* derivative
derivație • *n* derivation
des • *adv* often • *adj* thick
desăvârșire • *n* performance
descărca • *v* discharge, download, empty
descărcare • *n* download
descărcătură • *n* shot
descărna • *v* waste
descânta • *v* charm
descântătură • *n* spell
descântec • *n* spell
deschide • *v* open
deschidere • *n* break, opening
deschis • *adj* open
deschizător • *n* pioneer

deschizătură • *n* mouth, opening
descinde • *v* descend
descompunere • *n* dissolution
descoperi • *v* betray, discover, find out, uncover
descoperire • *n* discovery, find
descrește • *v* decrease
descrie • *v* depict, describe, set
descriere • *n* description
descriptiv • *adj* descriptive
descripție • *n* description
descult • *adj* barefoot
descuraja • *v* deter, discourage
descurcăreț • *adj* smart
deseară • *adv* tonight
desemna • *v* designate
desemnare • *n* election
desen • *n* cartoon, drawing
desena • *v* draw
desenare • *n* drawing
desenat • *n* drawing
desenatoare • *n* drawer
desenator • *n* drawer
deseori • *adv* frequently
desert • *n* dessert
desface • *v* deploy, relax
desfășura • *v* deploy, unfold
desfătare • *n* delight, treat
desfrânare • *n* lust
desfrânat • *adj* evil, scarlet
deshidratat • *adj* dry
deși • *conj* though
design • *n* design
designa • *v* designate
designer • *n* designer
desigur • *adv* certainly, naturally
desime • *n* frequency
despărți • *v* divide, divorce, separate
despărțire • *n* divorce

despărțitură • *n* section
despera • *v* despair
desperare • *n* despair, desperation, hopelessness
desperație • *n* hopelessness
despica • *v* split
despotic • *adj* arbitrary
despre • *prep* about
despuia • *v* strip
destin • *n* destiny, fate
destina • *v* assign
destinare • *n* destination
destinație • *n* destination
destinde • *v* relax
destul • *adv* enough, sufficiently
deșert • *n* desert, waste • *adj* empty
deșerta • *v* empty
deșeu • *n* trash, waste
deși • *conj* although, while
deștept • *adj* bright, clever, intelligent, smart
deștepta • *v* awake, wake up
detaliat • *adj* detailed
detașa • *v* tear
detecta • *v* detect
detectiv • *n* detective
detergent • *n* cleaner
deteriora • *v* damage
deteriorare • *n* damage
determinare • *n* determination, purpose
detunătură • *n* boom, explosion
deține • *v* arrest, own, possess, restrain
deținere • *n* arrest
devasta • *v* devastate, waste
devastare • *n* devastation
developator • *n* developer
developer • *n* developer
deveni • *v* become

deviant • *adj* deviant
deviator • *adj* deviant
devotament • *n* devotion
devotare • *n* devotion
devoțiune • *n* devotion, praise
devreme • *adj* early
dexteritate • *n* address, ease
dezacord • *n* disagreement
dezactivat • *adj* disabled
dezagrea • *v* dislike
dezagreabil • *adj* obnoxious
dezamăgire • *n* disappointment
dezamăgit • *adj* disappointed
dezastru • *n* disaster
dezavantaj • *n* disadvantage
dezbatere • *n* contest, debate, discussion
dezbinare • *n* faction
dezbrăcat • *adj* naked
dezertor • *n* deserter
dezgolire • *n* exposure
dezgust • *n* repulsion
dezgustător • *adj* gross
deziderat • *n* desire
dezinteresat • *adj* uninterested
dezirabil • *adj* desirable
dezlănțuit • *adj* wild
dezlega • *v* loose, switch off
dezlocuire • *n* displacement
dezmățat • *adj* scarlet
dezolant • *adj* stark
dezvălui • *v* disclose
dezvăluire • *n* disclosure
dezveli • *v* uncover
dezvolta • *v* develop
dezvoltare • *n* development
DG • *n* CEO
diabet • *n* diabetes
diagnostic • *n* diagnosis
diagnostica • *v* diagnose
diagnoză • *n* diagnosis

diagramă • *n* diagram
dialog • *n* dialogue
dialoga • *v* dialogue
diamant • *n* diamond
diapozitiv • *n* slide
diateză • *n* voice
diavol • *n* devil
dibăcie • *n* ability, hand
dicta • *v* dictate, impose
dictator • *n* dictator
dictatură • *n* dictatorship
dicționar • *n* dictionary
diecează • *n* see
diez • *adj* sharp
diferență • *n* difference, distinction
diferenția • *v* differentiate
diferențiere • *n* differentiation, discrimination
diferit • *adj* different, various
dificil • *adj* prickly
difícil • *adj* difficult
dificultate • *n* difficulty
difuza • *v* broadcast
difuzare • *n* broadcast
difuzor • *n* speaker
digital • *adj* digital
digitală • *adj* digital
digitaliza • *v* digitize
dilemă • *n* dilemma
diligent • *adj* diligent
dimensiona • *v* dimension
dimensiune • *n* dimension
dimensiuni • *n* dimension
dimineață • *n* morning
diminua • *v* cut, diminish, reduce
dinastie • *n* house
dincolo • *adv* across
dineu • *n* dinner
dinte • *n* tooth

diplomat • *n* diplomat
diplomație • *n* diplomacy
direct • *adj* direct • *adv* directly, straight
directoare • *n* director
director • *n* director, executive, folder, manager, principal
direcție • *n* direction, line
direcționa • *v* route
direcționare • *n* guidance
dirija • *v* govern
dirijare • *n* conduct
disc • *n* disk, record
discernământ • *n* perception
discernere • *n* perception
disciplină • *n* discipline, subject
disconfort • *n* upset
discreție • *n* discretion
discriminare • *n* discrimination
discuri • *n* record
discurs • *n* address, discourse, speech
discuta • *v* argue, discuss, speak
discutabil • *adj* controversial
discutare • *n* discussion
discuție • *n* controversy, debate, disagreement, discussion
diseară • *adv* tonight
dislocare • *n* displacement
disoluție • *n* dissolution
dispariție • *n* disappearance
dispărea • *v* disappear, flee, go, vanish
dispărut • *adj* missing
display • *n* display
displăcea • *v* dislike
disponibil • *adj* available
disponibilitate • *n* availability
disponibilizare • *n* termination

dispozitiv • *n* device
dispreț • *n* spite
dispune • *v* cheer up
dispunere • *n* configuration
dispută • *n* argument, contest, controversy, dispute
distanța • *v* distance
distanță • *n* distance, interval, measure
distinct • *adj* discrete, distinct, distinguished
distinctiv • *adj* distinctive
distincție • *n* badge, distinction
distinge • *v* distinguish
distingere • *n* distinction
distingibilitate • *n* distinction
distorsiune • *n* distortion
distra • *v* entertain
distractiv • *adj* fun
distracție • *n* amusement, entertainment, fun
distrat • *adj* absent
distribui • *v* distribute, share
distribuire • *n* distribution
distribuit • *adj* shared
distribuție • *n* distribution
district • *n* district
distructiv • *adj* destructive
distrugător • *adj* destructive
distruge • *v* abolish, destroy, go, waste, wreck
distrugere • *n* destruction, harassment
divers • *adj* various
divertisment • *n* amusement, entertainment, fun
divide • *v* divide
divinizare • *n* praise
diviza • *v* divide, split
divizare • *n* division
divizie • *n* division

diviziune • *n* division
divorț • *n* divorce, separation
divorța • *v* divorce
divorțare • *n* separation
divulga • *v* disclose
dizgrațios • *adj* unsightly
dizolvare • *n* dissolution
Dna • *n* Mrs
doamnă • *n* lady, woman
doar • *adv* just, merely
dobândă • *n* interest
docil • *adj* obedient
doctor • *n* doctor, physician
doctorat • *n* doctorate
doctori • *v* doctor
doctoriță • *n* physician
doctrină • *n* doctrine
document • *n* document, paper
documenta • *v* document
documentar • *adj* documentary
documentație • *n* documentation
doi • *n* two
doică • *n* nurse
doilea • *adj* second
dolar • *n* dollar
domeniu • *n* domain, field
domestic • *adj* household
domestici • *v* domesticate
domiciliu • *n* residence
domina • *v* dominate
dominant • *adj* dominant
dominantă • *adj* dominant
dominanță • *n* dominance
domn • *n* gentleman, sir
domni • *n* gentleman • *v* reign, rule
domnie • *n* dominance
domnișoară • *n* queen
domnitor • *n* ruler
domol • *adv* slowly

- **dona** • *v* donate
- **donator** • *n* donor
- **donație** • *n* contribution, donation
- **donații** • *n* donation
- **dor** • *n* longing, pine
- **dori** • *v* desire, long, love, pine, thirst, wish, yearn
- **dorință** • *n* desire, wish
- **doritor** • *adj* anxious, eager
- **dormi** • *v* sleep
- **dormita** • *v* nod
- **dormitoare** • *n* bedroom
- **dormitor** • *n* bedroom, chamber
- **dornic** • *adj* eager
- **dos** • *n* back, bottom, reverse
- **dosar** • *n* file, folder
- **doua** • *adj* second
- **două** • *num* two
- **douăzeci** • *num* twenty
- **douăzecilea** • *adj* twentieth
- **dovadă** • *n* proof
- **dovedi** • *v* prove
- **dovleac** • *n* pumpkin
- **drac** • *n* demon, devil
- **drag** • *n* beloved, honey • *adj* dear
- **dragă** • *n* beloved, honey • *adj* dear
- **dragon** • *n* dragon
- **dragoste** • *n* love
- **drajeu** • *n* drop
- **dramatic** • *adj* dramatic • *adv* dramatically
- **dramă** • *n* drama
- **drapel** • *n* banner, flag
- **draperie** • *n* curtain
- **drastic** • *adj* stark
- **drăgălaș** • *adj* cute
- **drăgăstos** • *adv* lovingly
- **drăguț** • *adj* cute, pretty, sweet
- **drăguță** • *n* baby • *adj* pretty
- **dreapta** • *n* right
- **dreaptă** • *n* line
- **drenaj** • *n* drainage
- **drenare** • *n* drainage
- **drepnea** • *n* swift
- **drept** • *n* privilege, right • *adj* straight
- **dreptaci** • *n* right-handed
- **dreptate** • *n* justice
- **drepți** • *n* attention
- **dres** • *n* blush
- **drog** • *n* substance
- **drogat** • *adj* high
- **droguri** • *n* substance
- **drojdie** • *n* yeast
- **drug** • *n* pole
- **drum** • *n* path, road, route, track, walk, way
- **drumeț** • *n* traveller
- **drummer** • *n* drummer
- **dubă** • *n* van
- **dubios** • *adj* doubtful, suspicious
- **dubiță** • *n* van
- **dubiu** • *n* doubt
- **dubla** • *v* double
- **dublat** • *adj* double
- **dublu** • *adj* double
- **duce** • *v* bear, carry, go
- **duh** • *n* ghost, spirit
- **dulap** • *n* cupboard, wardrobe
- **dulce** • *adj* sweet, tender • *adv* sweetly • *n* sweet
- **duminica** • *adv* Sunday
- **duminică** • *adv* Sunday
- **dumneaei** • *pron* she
- **dumnealor** • *pron* they
- **dumnealui** • *det* he
- **dumneata** • *pron* you
- **dumneavoastră** • *pron* you

dumnezeu • *n* God, god
Dumnezeu • *n* God
după • *adv* after • *prep* behind
duplicare • *n* reproduction
duplicat • *n* copy, counterpart, reproduction
dur • *adj* hard, rough, stark, stern
dura • *v* endure, last
durată • *n* duration, life
durea • *v* hurt, pain
durere • *n* pain
dureros • *adj* sore
duș • *n* shower
dușman • *adj* enemy
dușmănie • *n* hostility
duză • *n* jet
duzină • *n* dozen

E

ea • *pron* she
echer • *n* square
echilibrat • *adj* balanced
echilibru • *n* balance
echipaj • *n* crew
echipament • *n* apparatus, equipment, hardware
echipare • *n* equipment
echipă • *n* team
echitate • *n* equity
echivalent • *adj* equivalent
echivalentă • *adj* equivalent
eclipsa • *v* steal
ecologic • *adj* ecological
ecologie • *n* ecology
econom • *adj* thrifty
economic • *adj* economic • *adv* economically
economică • *adj* economic
economicește • *adv* economically
economie • *n* economy, economics, saving
economisire • *n* saving
ecosistem • *n* ecosystem, environment
ecou • *n* echo
ecran • *n* display, screen
ecranizare • *n* screening
Ecuador • *n* Ecuador
ecuator • *n* line
ecuație • *n* equation
edificare • *n* building
edificiu • *n* building
Edinburgh • *n* Edinburgh
edita • *v* edit
editoare • *n* editor
editor • *n* editor
editorialist • *n* columnist
ediție • *n* edition
educa • *v* educate, school
educare • *n* education
educație • *n* education
efect • *n* effect
efectent • *adj* effective
efectiv • *adj* effective, factual
eficace • *adj* effective
eficacitate • *n* effectiveness
eficient • *adj* effective, efficient
eficiență • *n* effectiveness, efficiency
efigie • *n* brand
efort • *n* effort, work
egal • *adj* equal, even • *adv* equally • *n* match
egala • *v* be

egală • *n* match
egalitate • *n* draw, equality
Egipt • *n* Egypt
egiptean • *adj* Egyptian
egipteană • *n* Egyptian
egipteancă • *n* Egyptian
eglefin • *n* haddock
egoist • *n* egoist • *adj* selfish
ei • *det* her • *pron* hers, them, they
el • *det* he • *pron* him, it
elan • *n* moose
ele • *pron* them, they
electric • *adj* electric, electrical
electricitate • *n* electricity, power
electronic • *adj* electric, electronic
electronică • *n* electronics
elecțiune • *n* election
elefant • *n* elephant
elegant • *adj* sophisticated, stylish
eleganță • *n* grace
element • *n* device, element
elementar • *adj* elementary
elemente • *n* element
elev • *n* pupil, schoolboy
eleva • *n* pupil
elevă • *n* schoolgirl
elibera • *v* free
eliberare • *n* release
elice • *n* screw
elicopter • *n* helicopter
eligibil • *adj* eligible
eligibilitate • *n* eligibility
eliminare • *n* elimination, exclusion
elită • *n* elite
elogiu • *n* praise
eluda • *v* escape

Elveția • *n* Switzerland
elvețian • *adj* Swiss
elvețiană • *adj* Swiss
elvețiancă • *n* Swiss
emacia • *v* waste
embrion • *n* abortion
emerge • *v* emerge
emfază • *n* emphasis
emisie • *n* emission
emisiune • *n* broadcast, emission, issue, show
emite • *v* broadcast, emit
emoție • *n* emotion
emoționa • *v* move, touch
emoționabil • *adj* emotional
emoțional • *adj* emotional
emoționant • *adj* moving
emoționat • *adj* excited, nervous
empatie • *n* sympathy
empiric • *adj* empirical
energetic • *adj* energetic
energic • *adj* quick
energie • *n* energy
enerva • *v* irritate
enervare • *n* anger, annoyance
englez • *adj* English
engleză • *adj* English • *n* English
englezoiacă • *n* English
enoriaș • *n* parishioner
enorie • *n* parish
enorm • *adj* enormous, huge
entuziasm • *n* enthusiasm
entuziasmat • *adj* excited
entuziast • *n* enthusiast
epavă • *n* wreck
epidemic • *adj* epidemic
epidemie • *n* epidemic
epidemii • *n* epidemic
episcop • *n* bishop

episcopie • *n* see
episod • *n* incident
epocă • *n* age, era, time
epuizare • *n* exhaustion
epuizat • *adj* exhausted
eră • *n* age, era, time
erecție • *n* erection
Eritreea • *n* Eritrea
eroare • *n* error, mistake
eroic • *adj* heroic
eroină • *n* hero, heroine
erou • *n* hero
erudit • *n* brain, scholar
erudiție • *n* scholarship
erupere • *n* eruption
erupție • *n* eruption
esență • *n* abstract, core
esențial • *adj* essential • *adv* essentially
esențială • *adj* essential
est • *n* east
estetic • *adv* aesthetically
estetică • *n* aesthetics
estic • *adj* eastern
estimare • *n* estimate, estimation
eston • *adj* Estonian
estonă • *adj* Estonian
estone • *adj* Estonian
estoni • *adj* Estonian
Estonia • *n* Estonia
estonian • *adj* Estonian
estoniană • *n* Estonian
estradă • *n* platform
eșarfă • *n* scarf
eșec • *n* failure
etaj • *n* level
etaje • *n* level
etajeră • *n* rack
etapă • *n* situation
etate • *n* age

eter • *n* air
eternitate • *n* eternity, lifetime
etic • *adj* ethical
eticheta • *v* label
etichetă • *n* tag
Etiopia • *n* Ethiopia
eu • *pron* I
euforie • *n* bliss
euro • *n* euro
Europa • *n* Europe
european • *adj* European
europeană • *n* European
ev • *n* age
evada • *v* flee
evalua • *v* amount, weigh
evaluare • *n* assessment
evantai • *n* fan
eveniment • *n* event, occurrence
evident • *adj* apparent, evident, obvious, transparent
evita • *v* avoid
evolua • *v* evolve
evoluțial • *adj* evolutionary
evoluție • *n* evolution
evoluțional • *adj* evolutionary
evoluționar • *adj* evolutionary
evreică • *n* Jew
evreiesc • *adj* Jewish
evreu • *n* Jew
exact • *adv* accurately, even, right
exactitate • *n* accuracy, precision
exagera • *v* exaggerate
exagerare • *n* exaggeration, excess
exaltat • *adj* excited
examen • *n* examination, test
examinare • *n* check, examination

excava • *v* dig
exceda • *v* exceed
excela • *v* master
excelent • *adj* excellent
excelentă • *adj* excellent
excepție • *n* exception
excepțional • *adj* outstanding, superb
exces • *n* excess
excesiv • *adj* excessive
excesivă • *adj* excessive
excita • *v* excite, wet
excitare • *n* excitement
excitat • *adj* excited
excitație • *n* excitement
exclama • *v* exclaim
exclamare • *n* exclamation
exclamație • *n* exclamation
exclude • *v* exclude
excludere • *n* exclusion
excrement • *n* shit, waste
excursie • *n* trip
executa • *v* execute
executiv • *adj* executive
execuție • *n* execution
exemplar • *n* item, specimen
exemplu • *n* example, instance
exercita • *v* exert
exercițiu • *n* exercise, problem
exil • *n* exile
exila • *v* exile
exilare • *n* exile
exilat • *n* exile
exista • *v* be, exist
existent • *adj* existing
existență • *n* being, existence
exoschelet • *n* shell
exotic • *adj* exotic
expanda • *v* expand
expectativă • *n* expectation
expedia • *v* send

expeditiv • *adj* expedient
experienta • *n* experience
experiență • *n* experience
experimental • *adj* experimental
experimentare • *n* try
experimentat • *adj* experienced
expert • *adj* expert
expertiză • *n* counsel, expertise
explica • *v* explain
explicare • *n* explanation
explicație • *n* explanation
explicit • *adj* explicit
exploata • *v* exploit
exploatare • *n* exploitation
exploatator • *n* user
exploatație • *n* exploitation
explora • *v* scan
explorare • *n* exploration
explozie • *n* blast, explosion
export • *n* export
exportare • *n* export
exportatoare • *n* exporter
exportator • *n* exporter
expoza • *v* exhibit
expoziție • *n* display, exhibition, show
expres • *n* express
expresie • *n* expression, phrase, term, voice
expresiv • *adj* expressive
exprima • *v* express
exprimare • *n* voice
expune • *v* disclose, expose
expunere • *n* disclosure, exposure
extaz • *n* bliss
extensie • *n* extension
extensiune • *n* extension
extenua • *v* fatigue

extenuare • *n* exhaustion, fatigue
exterior • *n* outside
extern • *adj* external
extinde • *v* reach
extindere • *n* extension
extins • *adj* widespread
extract • *n* abstract, extract
extragere • *n* extraction
extraordinar • *adj* amazing, extraordinary, fabulous, outstanding
extras • *n* abstract, extract
extraterestră • *adj* alien
extraterestru • *adj* alien
extravagant • *adj* flamboyant
extrem • *adv* exceedingly • *adj* far
ezita • *v* hesitate
ezitare • *n* hesitation, reluctance

F

fabrica • *v* manufacture
fabricant • *n* maker, manufacturer
fabricare • *n* manufacture, manufacturing
fabrică • *n* factory
fabuloasă • *adj* mythological
fabulos • *adj* fabulous, mythological
face • *v* do, make, produce, work
facilita • *v* facilitate
facilitare • *n* facilitation
facilitate • *n* ease, facility
factoriza • *v* expand
factură • *n* bill, check
facțiune • *n* faction
facultate • *n* college, faculty, school
fad • *adj* tasteless
faimă • *n* fame, name, reputation
faimos • *adj* famous, renowned
falcă • *n* jaw
faleză • *n* cliff
faliment • *n* bankruptcy
fals • *adj* artificial, false
falsifica • *v* doctor
familial • *adj* household
familiar • *n* family • *adj* familiar
familie • *n* family, household
fan • *n* fan, lover
fană • *n* fan
fantasmă • *n* ghost
fantastic • *adj* fantastic
fantezie • *n* fantasy, imagination
fantomă • *n* ghost
fapt • *n* fact
faptă • *n* action, deed, fact
faptic • *adj* factual
far • *n* light
fard • *n* blush
farfurie • *n* plate
farmec • *n* charm, spell
fascina • *v* charm
fasole • *n* bean
fastidios • *adj* boring
fașă • *n* band, bandage
fatalmente • *adv* deadly
fată • *n* girl
față • *n* face, side
favoare • *n* favor

favorabil • *adj* favourable, golden
favorit • *adj* favourite
favorită • *adj* favourite
fazan • *n* pheasant
fază • *n* phase
făcătoare • *n* actor
făcător • *n* actor, maker
făgăduială • *n* promise
făgăduință • *n* promise
făină • *n* flour, meal
făptură • *n* being, creature
fără • *prep* without
fărâmă • *n* fragment
făta • *v* litter
făurar • *n* February
făuri • *v* forge
fân • *n* hay
fântână • *n* source, well
febră • *n* fever, temperature
febril • *adj* hot
februarie • *n* February
federal • *adj* federal
federativ • *adj* federal
fel • *n* kind, manner, sort, style, type, variety, way
felicita • *v* congratulate
felicitări • *interj* congratulations
felurit • *adj* various
femei • *n* lady
femeie • *n* woman
femeiesc • *adj* female, feminine
femelă • *n* cow, female
feminin • *adj* female, feminine
fenomen • *n* phenomenon
ferăstrău • *n* saw
ferbinte • *adj* burning
fereastră • *n* window
ferestrui • *v* saw
feri • *v* guard

ferici • *v* congratulate
fericire • *n* happiness, joy
fericit • *adj* happy
ferm • *adj* earnest
fermă • *n* farm
fermeca • *v* charm, enchant
fermecător • *adj* charming, glamorous, magic, magical
ferment • *n* yeast
fermenta • *v* work
fermier • *n* farmer
fermitate • *n* decision, determination
fermoar • *n* fly
feroce • *adj* fierce
feros • *adj* irony
fertil • *adj* productive
festival • *n* festival
festivitate • *n* celebration
fetică • *n* tit
fetișoară • *n* tit
fetiță • *n* tit
fi • *v* be
fiabil • *adj* reliable
fiabilitate • *n* reliability
fiară • *n* animal, beast
fibră • *n* fibre
ficat • *n* liver
fidel • *adj* true
fiecare • *det* each, either, every • *pron* everyone
fiecine • *pron* everybody
fier • *n* iron
fierărie • *n* forge
fierăstrui • *v* saw
fierbe • *v* boil
fierbinte • *adj* hot
figură • *n* figure
fiică • *n* child, daughter
fiindcă • *conj* as
ființă • *n* being, creature

Fiji • *n* Fiji
filială • *n* branch
Filipine • *n* Philippines
film • *n* movie
filma • *v* lens
filozof • *n* philosopher
filozofic • *adj* philosophical
filozofie • *n* philosophy
filtra • *v* filter, screen
filtru • *n* filter
final • *n* completion, ending, finish
financiar • *adj* financial
finic • *n* date
finisa • *v* close
Finlanda • *n* Finland
finlandez • *adj* Finnish
finlandeză • *n* Finnish
fior • *n* thrill
fioros • *adj* fierce
fir • *n* thread, wire
firește • *adv* naturally
firidă • *n* niche
firmă • *n* company
fisură • *n* crack
fișă • *n* plug
fișier • *n* file
fiu • *n* boy, child, son
fix • *adv* right, sharp
fixa • *v* fasten, set
fixat • *adj* set
fizic • *adj* physical
fizică • *adj* physical • *n* physics
fizician • *n* physicist
fiziciană • *n* physicist
fiziologic • *adj* physical
fiziologică • *adj* physical
flacără • *n* flame
flag • *n* flag
flagel • *n* disaster
flamboiant • *adj* flamboyant

flamură • *n* banner, flag
flăcău • *n* youth
flămând • *adj* hungry
flămânzi • *v* starve
fleac • *pron* nothing
flecar • *adj* talkative
flexibil • *adj* flexible
flexibilitate • *n* flexibility
flintă • *n* rifle
floare • *n* flower
florar • *n* May
flotă • *n* fleet
flotilă • *n* fleet
fluid • *adj* fluid
fluier • *n* whistle
fluiera • *v* blow, whistle
fluierare • *n* whistle
fluierat • *n* whistle
fluierătură • *n* whistle
fluture • *n* butterfly
fluviu • *n* river
flux • *n* current, flow, run, stream
foaie • *n* leaf, sheet
foame • *n* hunger
foamete • *n* famine, starvation
foarfecă • *n* scissors
foarfece • *n* scissors
foarte • *adv* strongly, very, well
fobie • *n* fear
foc • *n* fire
focă • *n* seal
focos • *adj* fiery
foileton • *n* feature
foiletonist • *n* columnist
folder • *n* folder
folie • *n* leaf
folos • *adj* utility
folosi • *v* use, work
folosință • *n* use
folosire • *n* use

folosit • *adj* used
folositor • *adj* useful
fond • *n* foundation, matter
fonda • *v* found
fondare • *n* foundation
fondator • *n* founder
fonetic • *adj* phonetic
fonetică • *n* phonetics
forja • *v* forge
forjă • *n* forge
forjărie • *n* forge
forma • *v* form
formal • *adj* formal
format • *n* format
formație • *n* band
formă • *n* figure, form, last, shape
formidabil • *adj* awesome
Formosa • *n* Taiwan
formula • *v* formulate
formular • *n* form
formulare • *n* formulation
formulă • *n* formula
forța • *v* exert, force
forță • *n* force, power, strength
fosilă • *n* fossil
fost • *adj* old, sometime
fotbal • *n* football, soccer
foto • *n* photograph
fotograf • *n* photographer
fotografă • *n* photographer
fotografia • *v* photograph • *n* photography
fotografie • *n* photograph, photography, picture
fotosensibilitate • *n* speed
fractură • *n* break
fracție • *n* fraction
fracțiune • *n* faction, fraction
fraged • *adj* tender
fragil • *adj* fragile

fragment • *n* chip, fragment, portion
fragmenta • *v* fragment
fragmentare • *n* fragmentation
francez • *adj* French
franceză • *n* French
francezi • *n* French
franșiză • *n* excess
Franța • *n* France
franțuzește • *n* French
frate • *n* brother
fraternitate • *n* brotherhood
fraterniza • *v* brother
frază • *n* phrase, sentence
frământare • *n* concern
frăție • *n* brotherhood
frâna • *v* brake
frână • *n* brake
frânge • *v* break
frânghie • *n* cable, line, rope
frânt • *adj* broken
frâu • *n* bit
freca • *v* rub
frecvent • *adj* frequent • *adv* frequently
frecvență • *n* frequency
frică • *n* dread, fear
fricos • *adj* cowardly, shy
frig • *n* cold
frigare • *n* spit
frige • *v* fry, roast
frigider • *n* refrigerator
friguros • *adj* chilly, cool
fringilid • *n* finch
fringilidă • *n* finch
friptură • *n* roast, steak
frizer • *n* hairdresser
frontieră • *n* border, boundary
fruct • *n* fruit
fructuos • *adj* profitable
frumoasă • *adj* beautiful

frumoaso • *n* baby
frumos • *adj* beautiful, handsome • *adv* beautifully
frumusețe • *n* beauty
frunte • *n* forehead
frunză • *n* leaf
frustrare • *n* frustration
frustrație • *n* frustration
fugaci • *adj* swift
fugar • *n* outlaw
fugă • *n* escape, flight, run
fugi • *v* flee, run, run away
fulg • *n* feather
fulger • *n* lightning
fum • *n* smoke
fuma • *v* smoke
fumătoare • *n* smoking
fumător • *n* smoking
fumători • *n* smoking
fumega • *v* smoke, steam
fumegară • *n* smoke
fumigen • *adj* smoking
fumigenă • *adj* smoking
fumuriu • *adj* smoke
funcție • *n* function, office, position, procedure, use
funcționa • *v* function, work
funcțional • *adj* functional, working
funcționar • *n* clerk, officer, official
funcționară • *n* official
funcțiune • *n* procedure
fund • *n* ass, bottom, butt
funda • *v* found
fundal • *n* backdrop
fundament • *n* base, foundation, fundamental
fundamental • *adj* elementary, essential, fundamental
fundamentare • *n* foundation

fundaș • *n* defender
fundație • *n* foundation
fundă • *n* ribbon
funie • *n* line, rope
fura • *v* rob, steal
furat • *n* steal
furătură • *n* steal
furcă • *n* fork
furculiță • *n* fork
furgonetă • *n* van
furie • *n* anger, outrage, rage
furios • *adj* furious
furișa • *v* steal
furnicar • *n* anteater
furnică • *n* ant
furt • *n* steal, theft
furtună • *n* blow, storm
furtunos • *adj* stormy
furuncul • *n* boil
fustă • *n* skirt
futai • *n* ass, fuck
fute • *v* fuck
futere • *n* fuck, fucking
fuziune • *n* fusion

G

Gabon • *n* Gabon
gagat • *n* jet
gaiță • *n* jay
gaj • *n* pledge
galanterie • *n* chivalry
galaxie • *n* galaxy
galaxii • *n* galaxy
galben • *adj* yellow
galbenă • *n* yellow

galerie • *n* gallery
gamă • *n* scale
gambă • *n* calf, leg
Gambia • *n* Gambia
garaj • *n* garage
garant • *n* guarantee
garanta • *v* guarantee, pledge
garanție • *n* guarantee, pledge, warranty
gară • *n* station, terminal
gard • *n* fence
gardă • *n* guard, soldier, watch
garderobă • *n* wardrobe
gardian • *n* caretaker, guard, guardian
garoafă • *n* pink
gata • *adj* set
gaură • *n* hole
gay • *adj* gay
gaz • *n* gas
gazdă • *n* host, landlord
gaze • *n* gas
gazelă • *n* gazelle
gazetar • *n* journalist
gazetară • *n* journalist
găină • *n* chicken
gălăgie • *n* noise
gălăgios • *adj* loud, noisy
gălbenuș • *n* yolk
găleată • *n* bucket
găsi • *v* find
găsire • *n* find
găsit • *n* find
găti • *v* cook
găuri • *v* drill
gând • *n* thought
gândac • *n* beetle, bug, cockroach
gândi • *v* mean, think
gândire • *n* thought
gânganie • *n* bug

gânsac • *n* goose
gârbov • *adj* bent
gâscă • *n* goose
gât • *n* neck, throat
geacă • *n* jacket
geamăn • *n* twin
geamănă • *n* twin
geamăt • *n* moan, sigh
geană • *n* eyelash
geantă • *n* handbag
gelos • *adj* jealous
gelozie • *n* jealousy
gem • *n* jam
geme • *v* moan
gen • *n* gender, kind, sort, style, type
genă • *n* gene
genera • *v* generate
general • *adj* general
generare • *n* generation
generație • *n* age, generation
generos • *adj* generous
genetic • *adj* genetic
genialitate • *n* genius
geniu • *n* genius
genocid • *n* genocide
gentil • *adj* tender
gentlemen • *n* gentleman
genunchi • *n* knee
geografic • *adj* geographic
geografie • *n* geography
geometrie • *n* geometry
Georgeta • *n* Georgia
Georgia • *n* Georgia
gerar • *n* January
gerbil • *n* gerbil
german • *adj* German
germană • *n* German
germancă • *n* German
Germania • *n* Germany
germanic • *n* German

germen • *n* abortion
gest • *n* gesture
Ghana • *n* Ghana
gheară • *n* claw
gheată • *n* shoe
gheață • *n* ice
gheenă • *n* hell
ghem • *n* ball
ghemui • *v* duck
gherghin • *n* may
gherilă • *n* guerrilla
ghid • *n* guide
ghida • *v* drive
ghidare • *n* guidance
ghimpos • *adj* prickly
ghionoaie • *n* woodpecker
ghitară • *n* guitar
gigant • *adj* enormous • *n* giant
gigantic • *adj* gigantic, huge
gimnast • *n* gymnast
gimnastă • *n* gymnast
gimnastică • *n* gymnastics
gimnaziu • *n* school
ginecologic • *adj* gynecological
ginecologie • *n* gynecology
gingaș • *adj* soft
girafă • *n* giraffe
giuvaeruri • *n* jewel
giuvaiergiu • *n* jeweler
glas • *n* voice
glasa • *v* ice
glasuri • *n* voice
gleznă • *n* ankle
gloată • *n* crowd
glob • *n* globe
glonte • *n* bullet
glonț • *n* bullet
glorie • *n* glory
glorificare • *n* praise
glorios • *adj* glorious
glucide • *n* sugar

glumă • *n* joke
glumi • *v* joke
gol • *adj* empty, naked • *n* goal
golf • *n* bay, golf, run
goli • *v* drain, empty
golire • *n* vacation
golit • *adj* empty
grad • *n* degree, level
grade • *n* degree, level
grafică • *n* graphic
grajd • *n* stable
graniță • *n* border, boundary, limit
gras • *adj* fat
gratis • *phr* for free
gratuit • *adj* free
grație • *n* charm, grace
grav • *adj* grave, heavy
grava • *v* brand
gravid • *adj* pregnant
graviditate • *n* pregnancy
gravitate • *n* gravity
grăbit • *adj* fast
grădinar • *n* gardener
grădină • *n* garden
grădinăreasă • *n* gardener
grădinări • *v* garden
grădinărit • *n* gardening
grămadă • *n* crowd, mountain
grăsime • *n* fat, grease
grătar • *n* barbecue
grăunte • *n* grain
grâne • *n* wheat
grâu • *n* wheat
greacă • *adj* Greek
greață • *n* upset
grec • *adj* Greek
grecesc • *adj* Greek
Grecia • *n* Greece
grecoaică • *n* Greek
gregar • *adj* gregarious

Grenada • *n* Grenada
greoi • *adj* clumsy
grepfrut • *n* grapefruit
greșeală • *n* fault, mistake
greși • *v* mistake
greșit • *adj* wrong
grețos • *adj* obnoxious
greu • *adj* difficult, hard, heavy
greutate • *n* gravity, weight
grevă • *n* strike
gri • *n* gray
grijă • *n* care, caution, worry
grijuliu • *adj* careful
grilă • *n* grid
grindă • *n* beam
grindina • *v* hail
grindină • *n* hail
gripă • *n* cold, flu
groapă • *n* pit
groază • *n* horrible
groaznic • *adj* ghastly, gruesome, horrible • *adv* terrible
gros • *adj* fat, thick
grosolan • *adj* clumsy
grotă • *n* cave
grotesc • *adj* grotesque
grup • *n* cluster, group, set
grupa • *v* group
grupă • *n* cluster, group
Guatemala • *n* Guatemala
Guineea • *n* Guinea
guler • *n* neck
gunoi • *n* garbage, trash, waste
guraliv • *adj* talkative
gură • *n* draft, mouth, mouthful
gureș • *adj* talkative
gust • *n* taste
gusta • *v* taste, try
gustar • *n* August
gustos • *adj* delicious, yummy

gușă • *n* crop
guvern • *n* government
guverna • *v* govern
guvernant • *n* governor, ruler
guvernare • *n* governance
guvernator • *n* governor
Guyana • *n* Guyana

H

habitat • *n* habitat
habitudine • *n* habit
hain • *adj* evil, wicked
haină • *n* clothing, dress
haine • *n* clothes, wear
haios • *adj* comic
haită • *n* pack
Haiti • *n* Haiti
halat • *n* dressing gown
halebardă • *n* bill
halebardier • *n* bill
halenă • *n* breath
halíce • *n* bullet
haló • *interj* hello
halteră • *n* weight
haltere • *n* weight
halucinogen • *adj* hallucinogenic
hambar • *n* barn, hold
hamster • *n* hamster
handicapat • *adj* lame
haos • *n* chaos
haotic • *adj* chaotic, confused, confusing
har • *n* grace
hardware • *n* hardware

harnic • *adj* busy, diligent, industrious
hartă • *n* map
hazard • *n* hazard, occasion
hazliu • *adj* humorous
hârciog • *n* hamster
hârtie • *n* paper
hebdomadar • *n* weekly
hei • *interj* hey
hibă • *n* fault
hidrogen • *n* hydrogen
hienă • *n* hyena
hiene • *n* hyena
himeră • *n* smoke
himeric • *adj* insane
hispanici • *n* Spanish
hlei • *n* clay
hoață • *n* thief
hobby • *n* hobby
hochei • *n* hockey
homar • *n* lobster
homo • *n* gay
homosexual • *n* gay
Honduras • *n* Honduras
hop • *interj* hey
hotar • *n* coast
hotărâre • *n* decision
hotărât • *adj* earnest, set
hotărî • *v* elect, resolve
hotel • *n* hotel
hoț • *n* thief
hrană • *n* food
hrăni • *v* feed
hyperlink • *n* link

I

iad • *n* hell
iaht • *n* yacht
ianuarie • *n* January
iarăși • *adv* again
iarbă • *n* garden, grass, weed
iarnă • *n* winter
iaurt • *n* yogurt
iazmă • *n* ghost
ibovnic • *n* lover
ibovnică • *n* lover, mistress
icoană • *n* icon
iconiță • *n* icon
ideal • *n* ideal
idealism • *n* idealism
idealist • *adj* idealistic
idee • *n* apprehension, conception, idea
identitate • *n* identity
ideologic • *adj* ideological
ideologie • *n* ideology
ideologii • *n* ideology
idioată • *n* idiot
idioate • *n* idiot
idiot • *n* ass, idiot
idioți • *n* idiot
idol • *n* god
ied • *n* kid
ieftin • *adj* cheap
iepure • *n* rabbit
ierarhic • *adj* hierarchical
ierarhie • *n* hierarchy
ieri • *adv* yesterday
ierna • *v* winter
ierta • *v* forgive
iertare • *n* forgiveness, mercy
ieși • *v* exit, go out
ieșire • *n* exit
ignorant • *adj* ignorant
ignorantă • *adj* ignorant
ignoranță • *n* ignorance
iguană • *n* iguana

ilar • *adj* hilarious
ilariant • *adj* hilarious
ilegal • *adj* illegal • *adv* illegally
ilegitim • *adj* illegitimate
ilogic • *adj* illogical
ilumina • *v* enlighten, light, radiate
iluminism • *n* enlightenment
ilustra • *v* depict, illustrate
iluzie • *n* illusion, smoke
iluzionare • *n* imagination
imagina • *v* dream, imagine
imaginar • *adj* imaginary
imaginare • *n* imagination
imaginație • *n* imagination
imagine • *n* conception, image, imagination, picture
imatur • *n* baby
imaturitate • *n* immaturity
imbracat • *n* dressing
imediat • *adj* immediate • *adv* immediately
imens • *adj* huge, immense
imi • *pron* me
imigrant • *n* immigrant
imigrare • *n* immigration
imigrație • *n* immigration
iminent • *adj* imminent
imita • *v* copy
imoportunare • *n* harassment
imoral • *adj* wrong
impaciență • *n* impatience
impact • *n* impact
impar • *adj* odd
impartire • *n* division
imparțial • *adj* impartial, neutral
imparțialitate • *n* equity, impartiality
imperiu • *n* empire
impertinent • *adj* cheeky

implora • *v* beseech, plead, treat
import • *n* import
importa • *v* import
important • *adj* essential, important, significant
importantă • *adj* essential
importanță • *n* importance, significance
imposibil • *adj* impossible
imposibilitate • *n* impossibility
impozant • *adj* dignified
impozit • *n* duty, tax
impresar • *n* manager
impresie • *n* impression
impresionabil • *adj* sensitive
impresionant • *adj* awful, impressive • *adv* terrible
imprevizibil • *adj* uncertain
imprevizibili • *adj* uncertain
imprima • *v* print
imprimantă • *n* printer
imprimare • *n* impression
imprimerie • *n* printing
improbabil • *adj* unlikely
improbabilă • *adj* unlikely
impropriu • *adj* Inappropriate
impuls • *n* clock, impulse
impulsiv • *adj* arbitrary, impulsive
impune • *v* impose
impur • *adj* mixed
in • *n* linen
inacceptabil • *adj* unacceptable
inadecvat • *adj* inadequate, inappropriate
inadecvată • *adj* inadequate
inamic • *adj* enemy
incandescent • *adj* fiery
incapabil • *adj* unable
incapabilitate • *n* inability

incapacitate • *n* inability
incendiu • *n* fire
incert • *adj* uncertain
incertitudine • *n* uncertainty
incident • *adj* incident • *n* instance
incidental • *adj* incident
incizie • *n* cut, section
inclina • *v* lean
inclinare • *n* pitch
inclusiv • *prep* including
incomoda • *v* bother
incomodare • *n* bother
incompetent • *adj* incompetent, unable
inconsistent • *adj* inconsistent
inconsistență • *n* inconsistency
inconstant • *adj* uncertain, unstable, versatile
inconștient • *adj* unconscious
incorect • *adj* incorrect, wrong
incredibil • *adj* fabulous, incredible
inculpa • *v* blame, charge
inculpare • *n* charge
indecent • *adj* dirty
indecis • *adj* soft, uncertain
independent • *adj* independent
independență • *n* independence
index • *n* index
India • *n* India
indian • *adj* Indian
indianca • *n* Indian
indiancă • *n* Indian
indica • *v* designate, mark, mean, spell
indicator • *n* indicator
indicație • *n* instruction
indiferent • *adj* uninterested

indigen • *adj* indigenous • *n* native
indispensabili • *n* underwear
indisponibil • *adj* away
indispoziție • *n* complaint
individ • *n* individual
individual • *adj* individual, single
individualism • *n* individualism
indolent • *adj* lazy
indolență • *n* indolence
Indonezia • *n* Indonesia
indonezian • *adj* Indonesian
indoneziană • *n* Indonesian
indonezianca • *n* Indonesian
indonezience • *n* Indonesian
indonezieni • *n* Indonesian
inducție • *n* influence
indulgent • *adj* gracious, indulgent
indulgentă • *adj* indulgent
indulgență • *n* indulgence, mercy
industrial • *adj* industrial
industrializat • *adj* industrial
industrie • *n* industry
industrios • *adj* industrious
inecuație • *n* inequality
inegalitate • *n* inequality
inel • *n* ring
inestetic • *adj* unsightly
inevitabil • *adj* inevitable • *adv* inevitably
inexistent • *adj* absent
inexistentă • *adj* absent
inexpresiv • *adj* blank
infam • *adj* infamous
infanterie • *n* infantry
infecta • *v* infect
infectare • *n* infection
infecție • *n* infection

infecțios • *adj* infectious	**insera** • *v* insert
infera • *v* infer	**inserare** • *n* insertion
inferior • *adj* inferior	**inserție** • *n* insertion
infern • *n* hell	**insignă** • *n* badge
infirmier • *n* nurse	**insipid** • *adj* tasteless
infirmieră • *n* nurse	**insista** • *v* insist
inflație • *n* inflation	**insistență** • *n* insistence
influența • *v* influence	**insolență** • *n* nerve
influențare • *n* influence	**insolit** • *adj* unusual
influență • *n* influence	**inspectare** • *n* inspection
influențător • *n* influence	**inspectoare** • *n* inspector
informativ • *adj* informative	**inspector** • *n* inspector
informator • *n* ear • *adj* informative	**inspecție** • *n* check
informație • *n* information	**inspecționare** • *n* inspection
infractoare • *n* criminal	**inspira** • *v* inspire
infractor • *n* criminal	**inspirație** • *n* aspiration, inspiration
infracțional • *adj* criminal	**instabil** • *adj* uncertain, unstable
infracțiune • *n* crime	**instabili** • *adj* uncertain
infrastructură • *n* infrastructure	**instala** • *v* deploy
inginer • *n* engineer	**instalare** • *n* establishment, installation
ingineră • *n* engineer	**instalație** • *n* installation
inginerie • *n* engineering	**instant** • *n* instant • *adv* instantly
ingredient • *n* ingredient	**instantaneu** • *adv* suddenly
inhiba • *v* inhibit	**instanță** • *n* instance
inhibare • *n* inhibition	**instituire** • *n* establishment
inhibiție • *n* inhibition	**institut** • *n* college, institute
inimă • *n* heart	**instituție** • *n* establishment, institution
inițiativă • *n* initiative	**instructoare** • *n* instructor
inițiere • *n* beginning	**instructor** • *n* instructor
injecta • *v* inject	**instrucțiune** • *n* instruction, statement
injecție • *n* injection, shot	**instrucțiuni** • *n* statement
injurie • *n* insult	**instrui** • *v* coach, educate, school, teach
injustiție • *n* injustice	**instruire** • *n* cultivation, instruction, learning, literacy
inocent • *adj* innocent	
inofensiv • *adj* harmless	
inoportun • *adj* inappropriate	
insa • *conj* although	
insanitate • *n* insanity	
insectă • *n* insect	
insecticid • *n* insecticide	

instrument • *n* instrument, tool
instrumental • *adj* instrumental
insuficient • *adj* deficient, insufficient
insuficiență • *n* deficiency
insulă • *n* island
insulta • *v* insult
insultă • *n* insult
insultător • *adj* insulting
insuportabil • *adj* obnoxious
intact • *adj* intact, sound
integra • *v* integrate
integral • *adj* integral, whole
integrală • *n* integral
integrare • *n* integration
integrat • *adj* integrated
integritate • *n* integrity
intelect • *n* brain
intelectual • *adj* intellectual
intelectuală • *n* intellectual
inteligent • *adj* intelligent, sensible
inteligență • *n* intelligence
intemperii • *n* weather
intens • *adj* intense
intensifica • *v* intensify
intensitate • *n* intensity
intenție • *n* aim, intention
intenţional • *phr* on purpose
intenționat • *adj* deliberate; *adv* deliberately, intentionally
interacționare • *n* interaction
interacțiune • *n* interaction
interdicție • *n* ban, prohibition
interes • *n* interest
interesa • *v* interest
interesant • *adj* interesting
interesat • *adj* interested
interfață • *n* interface
interferență • *n* interference
interimar • *adj* caretaker

interimat • *n* temporary
interior • *adj* inner, interior
interjecție • *n* interjection
interminabil • *adj* endless
intern • *adj* inner, interior
internaţional • *adj* international
interpret • *n* interpreter, performer, player, translator
interpreta • *v* interpret
interpretare • *n* interpretation
interpretator • *n* interpreter
interpretă • *n* interpreter, performer, translator
interpretor • *n* interpreter
interval • *n* interval, spell, window
intervenționism • *n* interventionism
intervieva • *v* interview
interviu • *n* interview
interzice • *v* ban, forbid, prohibit
intim • *adj* intimate
intimitate • *n* intimacy, privacy
intoleranță • *n* intolerance
intonare • *n* read
intonație • *n* accent
intoxica • *v* poison
intra • *v* enter
intrare • *n* entrance, entry, input
intrări • *n* input
introduce • *v* set
introducere • *n* introduction
introductiv • *adj* preliminary
inunda • *v* flood
inundație • *n* flood
inutil • *adj* unnecessary, useless, waste
invadator • *n* invader
invazie • *n* invasion
inventa • *v* invent
inventar • *n* bill

inventiv • *adj* creative, inventive
invenţial • *adj* inventive
invenţie • *n* invention
invenţii • *n* invention
invers • *adj* backwards, reverse
inversa • *v* reverse
inversă • *adj* reverse
investiga • *v* inquire, investigate
investigator • *n* investigator
investigaţie • *n* investigation
investitoare • *n* investor
investitor • *n* investor
invidia • *v* envy
invidie • *n* envy
invidios • *adj* envious
invita • *v* ask, invite
invizibil • *adj* invisible
Iordan • *n* Jordan
Iordania • *n* Jordan
ipotecă • *n* mortgage
ipotetic • *adj* hypothetical
ipoteză • *n* hypothesis
iradia • *v* radiate
Irak • *n* Iraq
irakian • *adj* Iraqi
irakiană • *n* Iraqi
Iran • *n* Iran
iranian • *adj* Iranian
iraniană • *n* Iranian
irascibil • *adj* prickly
iraţional • *adj* absurd
irelevant • *adj* irrelevant
irezistibil • *adj* irresistible
iriga • *v* water
iris • *n* flag
irita • *v* irritate
iritabil • *adj* prickly
iritare • *n* irritation
iritaţie • *n* irritation
Irlanda • *n* Ireland
irlandez • *adj* Irish

irlandeză • *n* Irish
ironic • *adj* ironic • *adv* ironically
ironie • *n* irony
irosi • *v* waste
irosire • *n* waste
iscusinţă • *n* ability
islam • *n* Islam
islamic • *adj* Islamic
islamică • *adj* Islamic
Islanda • *n* Iceland
ispiti • *v* tempt
ispravă • *n* feat
Israel • *n* Israel
israelian • *adj* Israeli
israeliană • *n* Israeli
Istanbul • *n* Istanbul
isteţ • *adj* smart
istoric • *adj* historic, historical • *n* historian
istorică • *adj* historical • *n* historian
istoriceşte • *adv* historically
istorici • *adj* historical
istorie • *n* history, story
istoriograf • *n* historian
istovit • *adj* exhausted
Italia • *n* Italy
italian • *adj* Italian
italiană • *n* Italian
italiancă • *n* Italian
italic • *adj* Italian
italienesc • *adj* Italian
iubi • *v* love
iubire • *n* baby, love
iubit • *adj* beloved, tender • *n* boyfriend, flame, friend, honey, love, lover
iubită • *adj* beloved • *n* flame, honey, love, lover
iubito • *n* baby

iubitor • *adv* lovingly
iubitule • *n* baby
iugoslav • *adj* Yugoslavian
iugoslava • *n* Yugoslavian
Iugoslavia • *n* Yugoslavia
iulie • *n* July
iunie • *n* June
iute • *adj* fast, hot, quick, swift
iuțeală • *n* speed
iuțitor • *n* accelerator
ivire • *n* apparition
izbutit • *adj* successful
izmene • *n* underwear
izola • *v* isolate
izolare • *n* separation
izolat • *adj* isolated
izvor • *n* source, spring
îdemânare • *n* address
îi • *pron* him, them
îl • *pron* him
îmbărbăta • *v* encourage
îmbătat • *adj* drunk
îmbătrâni • *v* age
îmbina • *v* combine, connect
îmbinare • *n* connection
îmbrăca • *v* address, clothe, dress
îmbrăcăminte • *n* clothes, clothing, wear
îmbrățișa • *v* embrace, hug
îmbrățișare • *n* cuddle, embrace, hug
îmbuca • *v* lap
îmbuiba • *v* stuff
îmbujora • *v* blush
îmbujorare • *n* blush
îmbunătăți • *v* better, improve
îmbunătățire • *n* improvement
împacheta • *v* wrap
împăca • *v* cope, reconcile
împăcare • *n* reconciliation

împăduri • *v* forest
împământare • *n* ground
împărat • *n* emperor
împărăteasă • *n* empress
împărăție • *n* empire
împărtăși • *v* share
împărți • *v* assign, distribute, divide, share, sort
împărțire • *n* distribution, division
împărțit • *adj* shared
împerechea • *v* couple, pair
împiedica • *v* deter, restrain, trip
împiedicare • *n* trip
împinge • *v* push, thrust
împleti • *v* knit
împlini • *v* fill, fill up, fulfill
împodobi • *v* grace
împodobire • *n* decoration
împopoțonat • *adj* ostentatious
împotriva • *prep* versus
împotrivire • *n* opposition
împovăra • *v* burden
împrejmui • *v* fence
împrejmuire • *n* enclosure
împrejurare • *n* circumstance
împrejurul • *prep* around
împreuna • *v* couple, join, pair
împreună • *adv* along, jointly, together
împrospăta • *v* refresh
împrumut • *n* loan
împrumuta • *v* borrow, lend, loan
împunge • *v* butt, sting, thrust
împurpura • *v* blush
împurpurare • *n* blush
împușca • *v* shoot
împuternicire • *n* authorization
împuțit • *adj* stinky
în • *prep* in

înaintat • *adj* progressive
înainte • *adv* ahead, along, before • *adj* forward
înalt • *adj* high, tall
înaltă • *adj* high
înapoi • *adv* back
înapoia • *v* give back, return
înapoiere • *n* return
înarmat • *adj* armed
înălța • *v* raise
înălțat • *adj* high
înălțime • *n* height, pitch
înăuntru • *adv* inside
încadra • *v* frame
încarcera • *v* imprison
încarcerare • *n* imprisonment
încă • *adv* also, still, yet
încălca • *v* violate
încăleca • *v* mount
încălțăminte • *n* shoe
încălzi • *v* sun
încălzit • *adj* heated
încăpea • *v* fit
încăpere • *n* room
încărca • *v* charge, load
încărcător • *n* charger
încărcătură • *n* charge, load
încânta • *v* charm, enchant
încântant • *adj* enchanting
încântare • *n* treat
încântătoare • *adj* enchanting
încântător • *adj* charming, enchanting, magical
începător • *n* novice
începe • *v* begin, commence, start
începere • *n* beginning
început • *n* beginning, birth, start
încerca • *v* attempt, test, try
încercare • *n* attempt, try

încercat • *adj* experienced
încet • *adj* quiet, slow, soft • *adv* slowly
înceta • *v* cease, pass away
încețat • *adj* foggy
încețoșa • *v* fog
încețoșat • *v* fog
încheia • *v* conclude
încheiere • *n* ending, termination
închide • *v* close, hang up, plug
închidere • *n* closure
închina • *v* bow, cross, pray, submit, worship, yield
închipui • *v* imagine
închipuire • *n* imagination, representation
închipuit • *adj* imaginary
închiria • *v* rent
închis • *adj* closed, dark
închisoare • *n* jail, prison
încinge • *v* cook
încleia • *v* glue
înclinare • *n* inclination
înclinație • *n* bias, inclination, notion, orientation, tendency
încoace • *adv* here
încolo • *adv* away
încomodare • *n* disturbance
înconjura • *v* fence, surround
încordare • *n* stress, tension
încorona • *v* crown, king, queen
încotro • *conj* where
încredere • *n* trust
încredința • *v* address
încreți • *v* wrinkle
încrunta • *v* frown
încruntare • *n* frown
încuia • *v* lock
încuietoare • *n* lock
încumeta • *v* dare

- **încununa** • *v* crown
- **încuraja** • *v* encourage
- **încurajare** • *n* encouragement, facilitation
- **încurca** • *v* confuse
- **încurcat** • *adj* confused
- **încurcător** • *adj* confusing
- **încuviinţare** • *n* allowance
- **îndată** • *adv* immediately
- **îndărăt** • *adv* behind
- **îndeletnicire** • *n* work
- **îndemânare** • *n* ability, hand
- **îndemânatic** • *adj* handy
- **îndeosebi** • *adv* mainly
- **îndepărta** • *v* remove
- **îndepărtare** • *n* recession
- **îndepărtat** • *adj* far
- **îndeplini** • *v* satisfy
- **îndeplinire** • *n* fulfillment, performance
- **îndesa** • *v* stuff
- **îndoi** • *v* bend, double, fold
- **îndoială** • *n* doubt
- **îndoielnic** • *adj* doubtful
- **îndoit** • *adj* bent
- **îndopa** • *v* stuff
- **îndrăgostit** • *phr* in love
- **îndrăzni** • *v* dare
- **îndrepta** • *v* address, right, straighten
- **îndruma** • *v* advise, route
- **îndrumare** • *n* advice, instruction
- **îndulci** • *v* sugar
- **îndulcit** • *adj* sweet
- **îndura** • *v* endure
- **îndurare** • *n* mercy
- **îndurera** • *v* pain
- **îneca** • *v* drown
- **înfăşura** • *v* wrap
- **înfăşurătoare** • *n* envelope
- **înfăţişa** • *v* depict
- **înfăţişare** • *n* appearance, aspect, exposure, look, representation
- **înfiera** • *v* brand
- **înfige** • *v* stick
- **înfiinţa** • *v* found
- **înfiinţare** • *n* foundation
- **înfiora** • *v* horrify
- **înfiorare** • *n* horrible
- **înfiorător** • *adj* awful
- **înflăcăra** • *v* flame
- **înflăcărat** • *adj* excited, fiery, passionate
- **înflori** • *v* flourish, flower
- **înfocat** • *adj* earnest, quick
- **înfometa** • *v* starve
- **înfrăţi** • *v* brother
- **înfrâna** • *v* restrain
- **înfrânge** • *v* defeat
- **înfrângere** • *n* defeat
- **înfricoşare** • *n* horrible
- **înfricoşătoare** • *adj* scary
- **înfricoşător** • *adj* scary
- **înfrigurat** • *adj* cold
- **înfrumuseţare** • *n* decoration
- **înfrunta** • *v* beard, cope, face, hold up
- **înfumurat** • *adj* conceited
- **înfunda** • *v* stuff
- **îngădui** • *v* allow, endure, tolerate
- **îngăduire** • *n* indulgence
- **îngăduitor** • *adj* gracious
- **îngălbeni** • *v* yellow
- **îngâmfare** • *n* pride
- **îngâmfat** • *adj* proud
- **îngenunchea** • *v* kneel
- **înger** • *n* angel
- **îngeresc** • *adj* angelic
- **înghesui** • *v* stuff

- **îngheța** • *v* freeze, ice
- **înghețat** • *adj* frozen
- **înghețată** • *n* ice, ice cream
- **înghiți** • *v* overwhelm, swallow
- **înghițitură** • *n* bite, draft
- **îngrădi** • *v* fence, restrain
- **îngrăditură** • *n* fence
- **îngrămădi** • *v* pile up
- **îngreuna** • *v* burden, weight
- **îngriji** • *v* care, doctor, nurse, treat
- **îngrijit** • *adj* careful
- **îngrijitoare** • *n* carer, caretaker
- **îngrijitor** • *n* carer, caretaker
- **îngrijora** • *v* concern, eat
- **îngrijorare** • *n* bother, concern
- **îngrijorat** • *adj* anxious, concerned, worried
- **îngropa** • *v* bury
- **îngropare** • *n* burial, funeral
- **îngropăciune** • *n* burial
- **îngrozi** • *v* horrify
- **îngrozitor** • *adj* awful, horrible • *adv* terrible
- **îngust** • *adj* narrow
- **îngusta** • *v* narrow
- **înhuma** • *v* bury
- **înhumare** • *n* burial, funeral
- **înjunghia** • *v* stab
- **înjura** • *v* swear
- **înlesni** • *v* facilitate
- **înlocui** • *v* change, replace, spell, substitute
- **înlocuitor** • *n* substitute
- **înmagazina** • *v* warehouse
- **înmagazinare** • *n* storage
- **înmiresmat** • *adj* sweet
- **înmormânta** • *v* bury
- **înmormântare** • *n* burial, funeral
- **înmuia** • *v* soften
- **înmulți** • *v* multiply
- **înmulțire** • *n* multiplication
- **înnămoli** • *v* mud
- **înnebunit** • *adj* crazy
- **înnebunitor** • *adj* insane
- **înnegura** • *v* cloud, fog
- **înnoi** • *v* renew
- **înnopta** • *v* overnight
- **înnoptare** • *n* overnight
- **înnoptat** • *n* overnight
- **înnora** • *v* cloud
- **înnorat** • *adj* cloudy
- **înot** • *n* swimming
- **înota** • *v* swim
- **înrăma** • *v* frame
- **înrâuri** • *v* influence
- **înregistra** • *v* register
- **înregistrare** • *n* record, recording, register
- **înrobi** • *v* enslave
- **înrolare** • *n* draft
- **înroși** • *v* blush
- **înroșire** • *n* blush
- **înrudire** • *n* connection, relationship
- **însă** • *conj* but
- **însănătoși** • *v* cure
- **însărcina** • *v* burden
- **însărcinare** • *n* mission
- **însărcinat** • *adj* pregnant
- **însângera** • *v* blood
- **înscenare** • *n* production
- **însemna** • *v* brand, mean
- **însemnătate** • *n* importance
- **înserare** • *n* night
- **înseta** • *v* thirst
- **însetat** • *adj* thirsty
- **însori** • *v* sun
- **însorit** • *adj* sunny
- **însoți** • *v* accompany
- **înspăimânta** • *v* frighten, terrify

înspăimântător • *adj* awesome • *adv* terrible
înspre • *prep* at
însufleți • *v* animate, encourage, move
însuflețire • *n* animation
însura • *v* marry, wed
însuși • *v* steal
însușire • *n* property
înșela • *v* deceive, trick
înșelăciune • *n* fraud
înștiințare • *n* notice
înșuruba • *v* screw
înșurubare • *n* screw
întări • *v* enforce, strengthen
întâi • *adv* first, firstly
întâietate • *n* priority
întâiul • *n* first
întâlni • *v* encounter
întâlnire • *n* date, match
întâmpina • *v* greet, welcome
întâmpla • *v* happen
întâmplare • *n* chance, happening, hazard, instance, occasion, occurrence
întâmplătoare • *adj* random
întâmplător • *adj* accidental, random • *adv* accidentally
întârzia • *v* delay, hold up, stay
întârziere • *n* delay
întemeia • *v* found
întemeiere • *n* foundation
întemeietor • *n* founder
întemnița • *v* imprison
întemnițare • *n* imprisonment
întinde • *v* reach, spread, stretch
întindere • *n* extension, extent, stretch, width
întipări • *v* brand
întoarce • *v* flip, return, reverse

întocmai • *adv* just
întortochea • *v* twist
întotdeauna • *adv* always
între • *prep* among, between
întreba • *v* ask, question
întrebare • *n* question
întrebuințare • *n* use
întrebuințat • *adj* used
întrece • *v* exceed
întrecere • *n* contest
întreg • *adj* entire, full, single, whole
întreprinde • *v* undertake
întreprindere • *n* business, company, concern, establishment
întrerupător • *n* switch
întrerupe • *v* interrupt, suspend
întrerupere • *n* break, interruption
întreține • *v* preserve
întrevedea • *v* envision
întrezări • *v* glimpse
întristare • *n* darkness, grief
întrucâtva • *adv* somewhat
întrunire • *n* convention
întuneca • *v* cloud, obscure
întunecat • *adj* dark
întunecime • *n* darkness
întunecos • *adj* obscure
întuneric • *n* dark, darkness, night
înțelege • *v* comprehend, perceive, understand
înțelegere • *n* accord, agreement, apprehension
înțelepciune • *n* wisdom
înțelept • *adj* wise
înțepa • *v* bite, sting
înțepător • *adj* stingy
înțesat • *adj* crowded

învălura • *v* wave
învăpăiat • *adj* quick
învăța • *v* learn, school, study, teach
învățare • *n* instruction, learning
învățat • *n* scholar, scientist
învățământ • *n* education, instruction
învățător • *n* teacher
învățătură • *n* instruction, learning
învârti • *v* roll, spin, twist
învechit • *adj* old-fashioned
înveliș • *n* envelope
învelitură • *n* envelope
învenina • *v* poison
înveseli • *v* cheer up
învia • *v* revive
învinge • *v* conquer, defeat, overcome, triumph, win
învinovăți • *v* blame
învinovățire • *n* accusation
învinui • *v* blame

J

jais • *n* jet
jalnic • *adj* lame
Jamaica • *n* Jamaica
jamaican • *adj* Jamaican
jamaicană • *n* Jamaican
japonez • *adj* Japanese
japoneză • *n* Japanese
Japonia • *n* Japan
jargon • *n* language
jazz • *n* jazz
jecmăni • *v* pluck
jefui • *v* hold up, pluck
jefuitor • *n* robber
jenat • *adj* shy
jenă • *n* embarrassment
jertfă • *n* sacrifice, victim
jertfi • *v* sacrifice
jet • *n* jet
jiclor • *n* jet
jidan • *n* Jew
jidancă • *n* Jew
jigni • *v* insult
jignire • *n* insult
jindui • *v* long, yearn
jivină • *n* animal
joc • *n* game, match, play
joi • *adv* Thursday
joia • *adv* Thursday
joncțiune • *n* connection, junction
jos • *adv* down • *adj* low
jovial • *adj* joyous
jovialitate • *n* joy
juca • *v* dance, play
jucărie • *n* toy
jucătoare • *n* player
jucător • *n* player
jucători • *n* player
judeca • *v* judge, think, try
judecare • *n* judgment
judecată • *n* intelligence, judgment, mind, trial, wisdom
judecătoare • *n* judge
judecător • *n* judge, justice, referee
județ • *n* county, district
juisare • *n* delight
jumate • *adj* half
jumătate • *adj* half
jumuli • *v* pluck

jumulire • *n* pluck
june • *adj* young • *n* youth
junglă • *n* jungle
junime • *n* youth
jupân • *n* master
Jupiter • *n* Jupiter
jura • *v* pledge, swear
jurământ • *n* pledge, profession, vow
juridic • *adj* legal • *adv* legally
juridicește • *adv* legally
jurisdicție • *n* jurisdiction
juriu • *n* jury
jurnalism • *n* journalism
jurnalist • *n* journalist
jurnalistă • *n* journalist
justețe • *n* justice
justifica • *v* justify
justificare • *n* justification
justificație • *n* justification
justiție • *n* justice

K

Kazahstan • *n* Kazakhstan
Kârgâzstan • *n* Kyrgyzstan
Kenya • *n* Kenya
kilometru • *n* kilometre
Kiribati • *n* Kiribati
kosovar • *adj* Kosovan
kosovară • *n* Kosovan
Kosovo • *n* Kosovo
Kuwait • *n* Kuwait
kuwaitian • *adj* Kuwaiti
kuwaitiană • *n* Kuwaiti
Kuweit • *n* Kuwait

L

la • *prep* at, to
laborator • *n* laboratory
laborios • *adj* industrious
lac • *n* finish, lake
lacăt • *n* lock
lacrimă • *n* tear
lactat • *adj* dairy
lactate • *n* dairy
ladă • *n* case
lady • *n* lady
lagăr • *n* camp
lamă • *n* blade, llama, slide
lamentabil • *adj* ghastly
lampă • *n* lamp
lansare • *n* release
lanț • *n* chain, stream
laolaltă • *adv* together
Laos • *n* Laos
lapte • *n* milk
laptop • *n* laptop
larg • *adj* wide
larmă • *n* noise
larvă • *n* larva, maggot
laser • *n* laser
laș • *n* coward • *adj* cowardly, yellow
lașă • *n* coward
lat • *adj* wide
latin • *adj* Latin
latină • *adj* Latin
latitudine • *n* line
latură • *n* hand, side
laudă • *n* praise
lăcătuș • *n* locksmith
lăcomie • *n* greed
lăcrima • *v* tear, weep

lăcustă • *n* grasshopper
lămâi • *n* lemon
lămâie • *n* lemon
lămpi • *n* lamp
lămuri • *v* enlighten, solve
lăptărie • *n* dairy
lăptos • *adj* milky
lărgi • *v* widen
lărgime • *n* width
lăsa • *v* allow, forsake, leave, let • *adj* quit
lăsnicior • *n* bittersweet
lăstar • *n* shoot
lăstun • *n* swallow
lățime • *n* width
lăuda • *v* praise
lăuntric • *adj* inner
lână • *n* wool
lâncred • *adj* weak
lângă • *prep* about, beside, by, next to
le • *pron* them
leafă • *n* salary, wage
leagăn • *n* swing
leapșa • *n* tag
lebădă • *n* swan
lectică • *n* litter
lectura • *v* read
lecturare • *n* read
lectură • *n* reading
lecție • *n* lesson
lega • *v* bind, connect, tie
legal • *adj* lawful, legal • *adv* legally
legalitate • *n* legality
legare • *n* conjunction, connection
legat • *phr* at bay • *adj* connected
legământ • *n* pledge, profession, promise
legăna • *v* rock, swing
legătură • *n* bond, communication, connection, contact, link, relation, relationship
lege • *n* act, law
legendar • *adj* fabulous, legendary, mythological
legendară • *adj* mythological
legendă • *n* key, legend, myth
leghe • *n* league
legislativ • *adj* legislative
legislator • *n* legislator
legitimitate • *n* legitimacy
legiuitor • *n* legislator
legumă • *n* cabbage, vegetable
legume • *n* vegetable
lemn • *n* wood
lemnos • *adj* wooden
lene • *n* indolence, sloth
leneș • *adj* lazy • *n* player, sloth
lenevi • *v* linger
lenjerie • *n* linen
lent • *adv* slowly
lentilă • *n* lens
leoaică • *n* lioness
lepăda • *v* abandon, forsake
lesbi • *n* lesbian
lesbiană • *n* lesbian
Lesotho • *n* Lesotho
lespede • *n* flag
letal • *adj* deadly
letargie • *n* lethargy
leton • *adj* Latvian
letonă • *n* Latvian
Letonia • *n* Latvia
leu • *n* lion
levură • *n* yeast
leziune • *n* wound
Liban • *n* Lebanon
libanez • *adj* Lebanese

libaneză • *n* Lebanese
libarcă • *n* cockroach
libelulă • *n* dragonfly
liber • *adj* clear, free, independent • *v* empty
liberalism • *n* liberalism
liberație • *n* liberation
Liberia • *n* Liberia
libertate • *n* freedom, liberty
Libia • *n* Libya
licență • *n* license
lichid • *adj* liquid
licitație • *n* auction
lider • *n* head, leader
Liechtenstein • *n* Liechtenstein
lift • *n* lift
ligă • *n* league
liliac • *n* bat
liman • *n* coast
limbaj • *n* language
limbă • *n* hand, language, tongue
limbut • *adj* talkative
limita • *v* limit
limitat • *adj* limited
limită • *n* boundary, coast, limit, term
limpede • *adj* clear, obvious, transparent
limpezi • *v* clarify
lin • *adj* smooth
lingură • *n* spoon, tablespoon
linguriță • *n* teaspoon
linie • *n* line, measure, rank, row, ruler
liniște • *n* calm, ease, peace, silence
liniști • *v* calm, ease, still
liniștit • *adj* calm, composed, placid, quiet
linte • *n* lens

linx • *n* lynx
lipi • *v* glue, stick
lipici • *n* glue
lipicios • *adj* sticky
lipsă • *n* deficiency, lack, want
liră • *n* pound
lis • *adj* smooth
Lisabona • *n* Lisbon
listă • *n* bill, list
litera • *v* spell
literală • *adj* literal
literally • *adj* literal
literalmente • *adv* literally
literar • *adj* literary
literară • *adj* literary
literari • *adj* literary
literatură • *n* literature
literă • *n* letter
litieră • *n* litter
Lituania • *n* Lithuania
lituanian • *adj* Lithuanian
lituaniană • *n* Lithuanian
lituaniene • *n* Lithuanian
lituanieni • *n* Lithuanian
livra • *v* deliver, distribute
livrare • *n* delivery
livră • *n* pound
loc • *n* place, room
local • *adj* local • *n* pub
locală • *adj* local
localizare • *n* localization, situation
localnic • *adj* native
localnică • *adj* native
locație • *n* venue
locațiune • *n* rent
locțiitor • *n* substitute
locui • *v* live
locuință • *n* residence
locuitoare • *n* inhabitant
locuitor • *n* inhabitant

logic • *adj* logical, sensible
logică • *n* logic
logistica • *n* logistics
logodire • *n* engagement
logodnă • *n* engagement
loial • *adj* true
loialitate • *n* loyalty
lojă • *n* box
Londra • *n* London
longitudine • *n* line
lor • *det* their • *pron* them
loterie • *n* lottery
loto • *n* lottery
lovi • *v* hit, kick
lovitură • *n* blow, shot • *adj* hit
lua • *v* take
luare • *n* take
luci • *v* shine
luciu • *n* shine
lucra • *v* net, work
lucrare • *n* work
lucrativ • *adj* profitable
lucrătoare • *n* worker
lucrător • *n* worker
lucrători • *n* labour
lucru • *n* object, thing
lucruri • *n* stuff
lui • *pron* him, his
lumânare • *n* candle
lume • *n* people, world
lumina • *v* light, shine
lumină • *n* light
luminism • *n* enlightenment
luminos • *adj* bright
lunar • *adv* monthly
lună • *n* month, moon
lunea • *adv* Monday
lunetă • *n* telescope
lung • *adj* long
lungi • *v* lengthen, reach
lungime • *n* length
luni • *adv* Monday
luntre • *n* boat
lup • *n* wolf
lupă • *n* magnifying glass
lupta • *v* fight, struggle
luptă • *n* combat, fight, struggle, warfare
luptătoare • *n* fighter, warrior
luptător • *n* fighter, warrior
lustru • *n* shine
lustrui • *v* shine
lut • *n* clay
lutră • *n* otter
Luxemburg • *n* Luxembourg
luxură • *n* lust
luxurios • *adj* luxurious

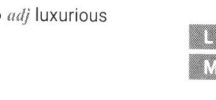

M

mac • *n* poppy
macaz • *n* switch
macedonean • *adj* Macedonian
macedoneană • *n* Macedonian
macedoneancă • *n* Macedonian
Macedonia • *n* Macedonia
machiaj • *n* makeup
Madagascar • *n* Madagascar
Madrid • *n* Madrid
maestru • *n* master
magazie • *n* store, storage, warehouse
magazin • *n* shop
maghiar • *adj* Hungarian
maghiară • *n* Hungarian
magic • *adj* magic, magical

magie • *n* magic
magistrală • *n* bus
magistrat • *n* magistrate
magnet • *n* magnet
magnetic • *adj* magnetic
magnific • *adj* gorgeous
magnitudine • *n* magnitude
mahmureală • *n* hangover
mai • *adv* any more, more • *n* liver • *n* May • *det* more
maică • *n* mother
maimuță • *n* monkey
maior • *n* major
maiori • *n* major
majorat • *n* age, majority
majoritate • *n* majority
mal • *n* coast, shore
mala • *n* hawk
maladie • *n* disease
Malaezia • *n* Malaysia
malaiez • *adj* Malaysian
malaieză • *adj* Malaysian
Malawi • *n* Malawi
Malaysia • *n* Malaysia
maldăr • *n* crowd
Maldive • *n* Maldives
Mali • *n* Mali
Malta • *n* Malta
maltez • *n* Maltese
malteză • *n* Maltese
maltezi • *n* Maltese
maltrata • *v* spite
mamaie • *n* grandmother
mamă • *n* mother
mamelon • *n* tit
mamut • *n* mammoth
manager • *n* manager
mandibulă • *n* jaw
mandibule • *n* jaw
mangustă • *n* mongoose

manieră • *n* current, fashion, manner
manifest • *adj* apparent
manifesta • *v* work
manifestare • *n* manifestation
manifestație • *n* manifestation
manipula • *v* manipulate
manipulator • *n* key
manual • *adj* manual • *n* textbook
manuscris • *n* manuscript
maraton • *n* marathon
marca • *v* brand, flag, mark, remark
marcaj • *n* note
marcator • *n* marker
marcă • *n* brand, mark, trademark
mare • *adj* big, great, high, large, sensible • *n* sea
maree • *n* tide
marfă • *n* commodity, goods
margine • *n* border, boundary, edge, limit
marin • *adj* marine
marinar • *n* navigator, sailor
maritim • *adj* marine
marker • *n* marker
marmeladă • *n* jam
marmotă • *n* marmot
marmură • *n* marble
maro • *adj* brown
Maroc • *n* Morocco
marocan • *adj* Moroccan
marocană • *adj* Moroccan
Mars • *n* Mars
marș • *n* march
martie • *n* March
martor • *n* witness
martoră • *n* witness
marțea • *adv* Tuesday

marți • *adv* Tuesday
masa • *n* bulk
masacra • *v* massacre
masacru • *n* massacre
masă • *n* mass, meal, table
masca • *v* disguise, mask
mascare • *n* disguise
mască • *n* mask
mascul • *adj* male
masculin • *adj* male, manly
mase • *n* mass
masiv • *adj* bulk, solid
mașină • *n* automobile, car, machine
mașinărie • *n* machinery
matcă • *n* womb
matelot • *n* sailor
matematic • *adj* mathematical
matematică • *n* mathematics • *adj* mathematical
material • *adj* material, physical • *n* matter
materială • *adj* material
materialism • *n* materialism
materialist • *adj* materialistic
materie • *n* material, matter, science, subject
matern • *adj* maternal, native
matrice • *n* matrix
matroz • *n* sailor
matur • *adj* mature, ripe
maturitate • *n* adulthood, maturity
Mauritania • *n* Mauritania
Mauritius • *n* Mauritius
maus • *n* mouse
maxilar • *n* jaw
maxim • *n* maximum
maximum • *n* maximum
mazăre • *n* pea
mă • *pron* me

măcar • *phr* at least
măcăleandru • *n* robin
măcina • *v* crush, grind, mill
măciucă • *n* bat
mădular • *n* limb, member
măgar • *n* ass
măicuță • *n* mum
mălai • *n* dough
mămică • *n* mum
mănunchi • *n* bunch, cluster, handful
mănușă • *n* glove
măr • *n* apple
mărginit • *adj* limited
mări • *v* expand, increase, magnify
mărime • *n* extent, magnitude, measurement, size
mărinimos • *adj* generous
mărire • *n* increase, power
mărita • *v* marry, wed
mărșălui • *v* march
mărșui • *v* march
mărturie • *n* testimony
mărturisi • *v* confess
mărturisire • *n* confession
mărțișor • *n* March
mărunt • *adj* minute
măruntaie • *n* pluck
măsălar • *n* August
măsura • *v* measure
măsurare • *n* measure, measurement
măsură • *n* amount, measure, measurement
măsurătoare • *n* measurement
mătase • *n* silk
mătura • *v* brush, sweep
mătușă • *n* aunt
mâhnire • *n* grief
mâine • *adv* tomorrow

mâna • *v* drive
mână • *n* hand
mânca • *v* eat
mâncare • *n* food
mâncător • *n* eater
mândrie • *n* arrogance, pride
mândru • *adj* proud
mânecă • *n* sleeve
mâner • *n* handle
mângâia • *v* pet, stroke
mânie • *n* anger, outrage, rage
mârâi • *v* mutter
mea • *pron* mine
mecanic • *n* engineer, mechanic • *adj* mechanical
mecanism • *n* machinery, mechanism
meci • *n* match
medalie • *n* award, medal
medic • *n* physician
medicament • *n* medicine
medicație • *n* medication
medică • *n* physician
medicină • *n* medicine
medie • *n* average, mean
mediocră • *adj* moderate
mediocru • *adj* moderate
mediu • *adj* average, mean, medium, middle, moderate • *n* environment, society
medium • *n* medium
meduză • *n* jellyfish
melodic • *adj* melodic
melodie • *n* melody, music
melodios • *adj* melodic, musical, sweet
membru • *n* limb, member
memorabil • *adj* memorable
memorare • *n* storage
memorie • *n* memory, mind, remembrance

menaj • *n* household
menajer • *adj* household
meniu • *n* menu
mensual • *adv* monthly
mental • *adj* mental
menține • *v* maintain
Mercur • *n* Mercury
mereu • *adv* always
merge • *v* go, walk
meridional • *adj* southern
merita • *v* deserve, pay
mers • *n* current, path, walk
mersi • *interj* thanks
mesaj • *n* communication, message
meserie • *n* profession, trade
mesteca • *v* chew, mix
meșteșugar • *n* craftsman
metaforă • *n* metaphor
metal • *n* metal
meteorit • *n* meteorite
meteorolog • *n* weatherman
meteorologie • *n* meteorology
meteorologist • *n* weatherman
meticulos • *adj* meticulous
metodă • *n* method
metodic • *adj* methodical
metodologie • *n* methodology
metru • *n* line, meter
meu • *pron* mine • *det* my
Mexic • *n* Mexico
mexican • *adj* Mexican
mexicană • *adj* Mexican
mexicancă • *n* Mexican
mexicane • *adj* Mexican
mexicani • *adj* Mexican
mezin • *n* baby
mezina • *n* baby
mia • *n* lamb
miazănoapte • *n* north
miazăzi • *n* south

mic • *adj* baby, little, small
mică • *adj* little
michiduță • *n* devil
mici • *adj* small
microfon • *n* bug
Micronezia • *n* Micronesia
micșora • *v* diminish, ease, reduce, shrink
micuț • *adj* tiny
mie • *num* thousand
miel • *n* lamb
mielușel • *n* lamb
miercurea • *adv* Wednesday
miercuri • *adv* Wednesday
miere • *n* honey
mieriu • *adj* honey
mierlă • *n* blackbird
miez • *n* core, middle, nucleus
migra • *v* migrate
migrare • *n* migration
migrație • *n* migration
mijloace • *n* means
mijloc • *n* center, heart, mean, middle, resource, waist
mijlocie • *adj* moderate
mijlociu • *adj* average, moderate
milă • *n* mercy, mile, pity
miliard • *n* billion
milion • *num* million
militar • *adj* military • *n* soldier
miliția • *n* militia
mina • *v* mine
mină • *n* mine
minciună • *n* lie
mine • *pron* me
miner • *n* miner
mineral • *n* mineral
minerale • *n* mineral
mineră • *n* miner
minerița • *n* miner

minge • *n* ball, football
miniatură • *n* miniature
minim • *n* minimum
minimal • *adj* minimal
minimum • *n* minimum
minister • *n* ministry, office
ministră • *n* minister
ministru • *n* minister
minoritate • *n* minority
mintal • *adj* mental • *adv* mentally
minte • *n* mind
minți • *v* lie
minuna • *v* amaze
minunat • *adj* great, magic, swell
minunăție • *n* miracle
minune • *n* miracle, wonder
minuscul • *adj* minute, tiny
minut • *n* minute
minuțios • *adj* fastidious, minute, thorough
mioară • *n* lamb
mira • *v* wonder
miracol • *n* miracle
miraculos • *adj* miraculous
mirare • *n* wonder
mirat • *adj* bewildered
mireasă • *n* bride
miriapod • *n* millipede
miros • *n* scent, smell
mirosi • *v* nose, smell
mirositor • *adj* smelly
misă • *n* mass
misionar • *n* missionary
misiune • *n* commission, mission
misiuni • *n* mission
mister • *n* mystery
misterios • *adj* mysterious
mișca • *v* move

mișcare • *n* motion, move, movement
mișcător • *adj* impressive, moving
mișel • *adj* cowardly
mișto • *adj* sick, sweet
mit • *n* legend, myth
mitic • *adj* fabulous, legendary, mythological
mitologic • *adj* mythological
mitologică • *adj* mythological
mitologie • *n* mythology
mitropolit • *n* metropolitan
mixt • *adj* mixed
mixtură • *n* mix, mixture
mizer • *adj* miserable, poor
mizerabil • *adj* miserable
mizericordie • *n* mercy
mizerie • *n* dirt, misery, poverty
moale • *adj* soft
moară • *n* mill
moarte • *n* death, exit
moartea • *n* death
moașă • *n* midwife
moaște • *n* relic
mobil • *n* cell • *adj* mobile
mobilă • *n* furniture
mod • *n* fashion, manner, way
modă • *n* fashion
model • *n* pattern
modela • *v* shape
modera • *v* moderate
moderare • *n* moderation
moderat • *adj* moderate
moderată • *adj* moderate
moderatoare • *n* host
moderator • *n* host • *adj* regulatory
moderație • *n* moderation
modest • *adj* modest
modestie • *n* modesty

modifica • *v* change, edit, modify
modificare • *n* change, edit, modification
mofturos • *adj* fastidious
mol • *n* mole
molecular • *adj* molecular
moleculă • *n* molecule
molie • *n* moth
momeală • *n* fly
moment • *n* instant, moment
momentan • *phr* at the moment
Monaco • *n* Monaco
monah • *n* monk
monarhie • *n* royalty
monedă • *n* coin
mongol • *adj* Mongolian
mongolă • *n* Mongolian
mongole • *n* Mongolian
mongoli • *n* Mongolian
Mongolia • *n* Mongolia
mongolic • *adj* Mongolian
monitor • *n* display, monitor
monopol • *n* monopoly
monoton • *adj* flat
monotonă • *adj* flat
monstru • *n* monster
monta • *v* assemble, mount
montaj • *n* assembly
montare • *n* assembly
montator • *n* editor
monteză • *n* editor
montoare • *n* editor
montor • *n* editor
monument • *n* monument
moralitate • *n* morality
morcov • *n* carrot
mormăi • *v* mutter
mormânt • *n* grave
mormântare • *n* funeral
mormoloc • *n* tadpole

morocănos • *adj* morose
moros • *adj* morose
mort • *adj* dead
mortal • *adj* deadly, mortal
moschee • *n* mosque
Moscova • *n* Moscow
Moscow • *n* Moscow
mostră • *n* sample
moși • *v* midwife
moșteni • *v* inherit
moștenire • *n* inheritance, legacy
moștenitor • *n* heir, successor
motiv • *n* consideration, motive, purpose, stimulus
motiva • *v* infer, motivate
motivare • *n* motivation
motivație • *n* motivation
motocicletă • *n* motorcycle
motor • *n* engine, motor
mov • *n* purple
Mozambic • *n* Mozambique
muc • *n* butt
muchie • *n* line
muia • *v* soak, soften
muiere • *n* wife, woman
muieresc • *adj* female
mul • *n* mule
mulaj • *n* cast
mulge • *v* milk
mult • *adv* much
multe • *det* many
multilateral • *adj* comprehensive, versatile
multiplica • *v* multiply
multiplicare • *n* multiplication
multiplicație • *n* multiplication
multiplu • *adj* multiple
multitudine • *n* army
mulți • *det* many

mulțime • *n* army, crowd, forest, quantity, set • *pron* many
mulțumesc • *interj* thanks
mulțumi • *v* content, satisfy
mulțumiri • *n* thanks
mulțumit • *adj* content, happy, proud, satisfied
mulțumitor • *adj* thankful
muncă • *n* labour, work
munci • *v* work
muncitoare • *n* worker
muncitor • *n* worker
muncitori • *n* labour
municipal • *adj* municipal
municipalitate • *n* municipality
munte • *n* mountain
Muntenegru • *n* Montenegro
murdar • *adj* dirty
murdări • *v* dirty
murdărie • *n* dirt, filth
murg • *n* bay • *adj* dark
muri • *v* die, exit, pass away
muribund • *adj* dying
muritor • *adj* mortal
musafir • *n* guest
muscă • *n* fly
muscular • *adj* muscular
musculos • *adj* muscular
must • *n* must
musulman • *adj* Muslim
mușca • *v* bite
mușcătură • *n* bite
mușchi • *n* muscle
mușchiular • *adj* muscular
mușchiulos • *adj* muscular
mut • *adj* mute, voiceless
muta • *v* move
mutare • *n* move, transformation
mutație • *n* transformation

mutual • *adj* mutual
muzeu • *n* museum
muzical • *adj* musical
muzică • *n* music
muzician • *n* musician, player
muziciană • *n* musician
Myanmar • *n* Myanmar

N

Namibia • *n* Namibia
narare • *n* relation
narator • *n* storyteller
narcoman • *n* user
narcotic • *n* substance
narcotică • *n* drug
nas • *n* nose
nasture • *n* button
naștere • *n* being, birth • *n* Christmas
nativ • *adj* native
NATO • *n* NATO
natriu • *n* sodium
natural • *adj* natural • *adv* naturally
naturală • *adj* natural
natură • *n* nature
național • *adj* national
națiune • *n* country, nation, people
Nauru • *n* Nauru
naval • *adj* naval
navă • *n* ship
naviga • *v* sail
navigatoare • *n* navigator
navigator • *n* navigator
navigație • *n* navigation
navlosi • *v* charter
nădăjdui • *v* hope
nădejde • *n* hope
nălucă • *n* ghost
născare • *n* birth
născoci • *v* invent
născut • *adj* born
ne • *pron* us
nea • *n* snow
neacceptabil • *adj* unacceptable
neadecvat • *adj* inadequate
neadecvată • *adj* inadequate
neadevăr • *adj* false
neagră • *n* black
neagreat • *adj* unpleasant
neajutorat • *adj* helpless
nealcoolic • *adj* alcohol-free
neam • *n* people, race
neamț • *n* German
neanticipat • *adj* unexpected
neascuțit • *adj* blunt
neașteptat • *adj* sudden, unexpected
neatent • *adj* absent
neatenție • *n* absence
nebun • *n* bishop, crazy, mind, nut • *adj* insane
nebună • *adj* crazy
nebunesc • *adj* insane
nebunie • *n* insanity
necaz • *n* pain, trouble
necăji • *v* bother, upset
necăjit • *adj* upset
necăsătorit • *adj* single
necesar • *adj* essential, necessary
necesitate • *n* necessity, need
necinstit • *adj* dishonest
necompletat • *adj* blank

necomplicat • *adj* simple
neconform • *adj* atypical
neconsistent • *adj* inconsistent
necontenit • *adj* ongoing
necontrolat • *adj* crazy
necorespunzător • *adj* inappropriate
necunoscut • *adj* unknown
necunoscută • *n* unknown
necuviincios • *adj* dirty
nedecis • *adj* uncertain
nedivizat • *adj* single
nedorit • *adj* unpleasant
nedrept • *adj* wrong
nedreptate • *n* injustice
nedureros • *adj* painless
neerlandez • *adj* Dutch, Netherlands
neerlandeză • *n* Dutch
neexistent • *adj* absent
neexpresiv • *adj* blank
nefavorabil • *adj* adverse
nefericit • *adj* depressed, unhappy
nefolositor • *adj* useless
nega • *v* forbid
negare • *n* negation
negativitate • *n* negativity
negație • *n* negation
neglija • *v* neglect
neglijent • *adj* careless
negocia • *v* treat
negociere • *n* negotiation
negreală • *n* darkness
negresă • *n* black
negru • *adj* black
negură • *n* cloud, fog, mist
negustor • *n* merchant
neinspirat • *adj* pedestrian
neinteresat • *adj* uninterested
neizbândă • *n* defeat

neîmpărțit • *adj* single
neîmpiedicat • *adj* free
neîncetat • *adj* continued
neîndemânatic • *adj* awkward, clumsy
neîndestulător • *adj* insufficient
neîntrerupt • *adj* continuous, continued, ongoing
nelegal • *adj* illegal, illegitimate • *adv* illegally
nelegat • *adj* free
neliniștit • *adj* anxious, restless, worried
nelogic • *adj* illogical
nemțească • *n* German
nemțește • *n* German
nemțoaică • *n* German
nemulțumire • *n* complaint
nenatural • *adj* artificial, strange, unnatural
nenecesar • *adj* unnecessary
nenormal • *adj* abnormal
nenorocire • *n* disaster
nenorocit • *adj* miserable
nenumărabil • *adj* countless
neobiectiv • *adj* partial
neobișnuit • *adj* curious, extraordinary, strange, unusual
neocolibil • *adj* inevitable
neocupat • *adj* free
neozeelandez • *n* New Zealand • *n* New Zealander
neozeelandeză • *n* New Zealander
Nepal • *n* Nepal
nepalez • *adj* Nepali
nepaleză • *n* Nepali
nepărtinire • *n* equity
nepărtinitate • *n* impartiality
nepărtinitor • *adj* impartial

nepăsător • *adj* careless
neplăcut • *adj* obnoxious, ugly, unpleasant
nepoată • *n* granddaughter
nepopular • *adj* unpopular
nepot • *n* grandson
nepotrivit • *adj* inadequate, inappropriate
neprevăzut • *adj* sudden, unexpected
neprezent • *adj* absent
neprietenos • *adj* unfriendly
Neptun • *n* Neptune
neputincios • *adj* unable
neputință • *n* inability
nerăbdare • *n* impatience
nerăbdător • *adj* anxious, eager, nervous
neregulat • *adj* uncertain
nerelevant • *adj* irrelevant
nerod • *adj* foolish
nerozie • *n* nonsense
nerozii • *n* nonsense
nerușinare • *n* nerve
nerușinat • *adj* cheeky, infamous
nerv • *n* nerve
nervi • *n* nerve
nervos • *adj* nervous
nervozitate • *n* nervousness
nervură • *n* nerve
nesatisfăcător • *adj* unacceptable
neschimbat • *adj* constant
nescris • *adj* blank
nesigur • *adj* uncertain
nesiguranță • *n* uncertainty
nesiguri • *adj* uncertain
nesimțit • *adj* inconsiderate
nestabil • *adj* uncertain
nestatornic • *adj* uncertain

nestemată • *n* jewel
nestemate • *n* jewel
nesuferit • *adj* obnoxious
nesuficient • *adj* insufficient
neștiut • *adj* unknown
net • *n* net
netă • *n* net
neted • *adj* flat, smooth
netipic • *adj* atypical
netrebuincios • *adj* unnecessary, useless
netulburat • *adj* composed
neutralitate • *n* neutrality
neutru • *adj* neuter, neutral
nevastă • *n* bride, wife
nevăstuică • *n* weasel
nevătămat • *adj* sound
nevătămător • *adj* harmless
nevinovat • *adj* innocent
nevoiaș • *adj* poor
nevoiași • *n* poor
nevoie • *n* need
Nicaragua • *n* Nicaragua
nicaraguan • *adj* Nicaraguan
nicaraguană • *n* Nicaraguan
nicăieri • *adv* nowhere
nici • *adv* either, neither • *det* no • *conj* nor
nicicând • *adv* never
niciodată • *adv* never
niciun • *det* no • *pron* no one
niciunde • *adv* nowhere
Niger • *n* Niger
Nigeria • *n* Nigeria
nigerian • *adj* Nigerian
nigeriană • *n* Nigerian
nimeni • *pron* no one, none • *n* nobody
nimeri • *v* reach
nimerire • *adj* hit
nimerit • *adj* suitable

nimfă • *n* nymph
nimic • *pron* anything, nothing
nimici • *v* destroy
ninge • *v* snow
ninsoare • *n* snow
nisip • *n* sand
nisipi • *v* sand
nisipiu • *adj* sand, sandy
nisipos • *adj* sandy
nișă • *n* bay, niche
niște • *det* some
nivel • *n* level
nivela • *v* level
nivelat • *adj* level
nivele • *n* level
noapte • *n* night
noastră • *pron* ours
noastre • *pron* ours
nobil • *n* noble
nobilime • *n* nobility
noblețe • *n* nobility
nociv • *adj* harmful
noi • *pron* us, we
noian • *n* mountain
noiembric • *n* November
nonsens • *n* nonsense
nonsensuri • *n* nonsense
nor • *n* cloud
nord • *n* north
nordestic • *adj* northeast
nordic • *adj* northern
nordvestic • *adj* northwest
normal • *adj* normal, ordinary
normalitate • *n* normality
normă • *n* norm
noroc • *n* fortune, luck • *interj* hello
norocos • *adj* golden, happy, lucky
noroi • *n* mud
noros • *adj* cloudy

Norvegia • *n* Norway
norvegian • *adj* Norwegian
norvegiană • *adj* Norwegian
norvegiancă • *n* Norwegian
norvegience • *n* Norwegian
norvegiene • *adj* Norwegian
norvegieni • *adj* Norwegian
nostalgic • *adj* old-fashioned
nostru • *det* our • *pron* ours
noștri • *pron* ours
nota • *v* note
notabil • *adj* notable, remarkable
notă • *n* bill, mark, note
notebook • *n* laptop
notificare • *n* notice, notification, sign
notiță • *n* note
noțiune • *n* notion
nou • *adj* new, novel
nouă • *num* nine • *pron* us
nouălea • *adj* ninth
nouăsprezece • *num* nineteen
nouășpe • *num* nineteen
nouăzeci • *num* ninety
noutate • *n* news
nu • *det* no • *part* no • *adv* not • *interj* right
nuc • *n* walnut
nucă • *n* nut, walnut
nuciu • *n* walnut
nuclear • *adj* nuclear
nucleu • *n* nucleus
nuia • *n* rod, stick
nulitate • *n* nobody
numai • *adv* just, only
numaidecât • *adv* immediately
număr • *n* number, numeral
număra • *v* count
numărare • *n* count
numărătoare • *n* count, counter

numărător • *n* counter
nume • *n* name, noun
numeral • *n* numeral
numerar • *n* cash
numeric • *adj* digital, numerical
numerică • *adj* numerical
numeriza • *v* scan
numerizare • *n* scan
numeros • *adj* numerous
numerota • *v* number
numi • *v* designate, name
nuntă • *n* marriage, wedding
nurcă • *n* mink
nursă • *n* nurse
nutreț • *n* dinner, feed
nutri • *v* nourish
nutrire • *n* nutrition
nutriție • *n* food, nutrition
nuvelist • *n* novelist
nuvelistă • *n* novelist

O

o • *num* an
oaie • *n* sheep
oală • *n* pot
oameni • *n* people
oară • *n* time
oaspete • *n* guest
oaste • *n* army
obedient • *adj* obedient
obez • *adj* obese
obezitate • *n* obesity
obicei • *n* custom, habit
obiect • *n* object, thing
obiecta • *v* object

obiectare • *n* objection
obiectiv • *n* aim, goal, objective, purpose, vision
obiectivitate • *n* impartiality, objectivity
obiecție • *n* objection
obișnuință • *n* custom
obișnuit • *adj* common, normal, usual
obliga • *v* enforce, oblige
obligare • *n* obligation
obligat • *adj* bound
obligator • *adj* compulsory
obligație • *n* constraint, obligation
oboseală • *n* fatigue
obosit • *adj* exhausted, tired, weary
obosită • *adj* tired
obositor • *adj* tiring
obraz • *n* cheek
obraznic • *adj* cheeky
obscen • *adj* dirty
obscur • *adj* obscure, unknown
obscura • *v* obscure
obsedant • *adj* obsessive
observa • *v* observe
observabil • *adj* sensible
observare • *n* notice, observation
observație • *n* observation, remark
obsesie • *n* obsession
obstacol • *n* difficulty, obstacle
obține • *v* obtain
obuz • *n* shell
ocazie • *n* chance, instance, occasion
ocazional • *adj* occasional • *adv* occasionally, sometimes
occident • *n* west

occidental • *adj* western
ocean • *n* ocean
Oceania • *n* Oceania
ochelari • *n* spectacles
ochi • *n* eye • *v* target
ocol • *n* roundabout
ocoli • *v* avoid
ocroti • *v* protect
ocrotire • *n* protection
octombrie • *n* October
oculta • *v* obscure
ocupare • *n* occupation, tenure
ocupație • *n* occupation, work
odaie • *n* room
odată • *adv* once
odihnă • *n* rest
odihni • *v* rest
ofensa • *v* spite
ofensant • *adj* offensive
ofensantă • *adj* offensive
ofensator • *adj* insulting
ofensă • *n* offense
ofensivă • *n* offense, offensive
oferi • *v* offer
offline • *adj* offline
oficial • *adj* formal, official
oficialitate • *n* official
oficiu • *n* office
ofițer • *n* officer
oftat • *n* sigh
oglindă • *n* mirror
olan • *n* tile
Olanda • *n* Netherlands
olandez • *adj* Dutch, Netherlands
olandeză • *adj* Dutch
olandeze • *n* Dutch
olandezi • *n* Dutch
olărie • *n* pottery
olărit • *n* pottery
olimpiadă • *n* Olympics

olimpian • *adj* Olympic
olimpic • *adj* Olympic
olog • *adj* lame
om • *n* man
Oman • *n* Oman
omăt • *n* snow
omenesc • *adj* human
omenește • *adv* humanly
omenire • *n* humanity, mankind
omenos • *adj* humane
omidă • *n* caterpillar
omorî • *v* kill, slay, waste
ondula • *v* wave
ondulație • *n* wave
onest • *adj* honest, straightforward
onestitate • *n* honesty
online • *adj* online
onoare • *n* honor
onora • *v* grace, honor
onorabil • *adj* honorable
opera • *v* work
operare • *n* operation
operatoare • *n* operator
operator • *n* operator
operație • *n* operation
operațional • *adj* operational
operațiune • *n* operation
operă • *n* construction, opera, work
opinie • *n* apprehension, notion, opinion, sentence
oponent • *n* critic
oponentă • *n* critic
oportunitate • *n* opportunity
opozant • *n* critic • *adj* opposed
opozantă • *n* critic
opoziție • *n* opposition
opri • *v* arrest, cease, deter, kill, restrain, stop
opt • *num* eight

opta • *v* opt
optime • *n* eighth
optimism • *n* optimism
optimist • *adj* upbeat
optsprezece • *num* eighteen
optulea • *adj* eighth
optzeci • *num* eighty
opune • *v* object, oppose
opunere • *n* opposition, resistance
opus • *adj* adverse, contrary, opposite
opusă • *adj* adverse, opposite
oral • *adj* verbal
oranj • *adj* orange
orar • *n* schedule
oraș • *n* city, town
orașe • *n* town
oratoare • *n* speaker
orator • *n* speaker
oră • *n* hour, time
orb • *adj* blind
orbire • *n* blindness
orbită • *n* orbit
orchestral • *adj* orchestral
orchestră • *n* orchestra
ordin • *n* order
ordinar • *adj* ordinary
ordine • *n* order
ordona • *v* arrange, command, order, prescribe
ordonanță • *n* orderly
oregano • *n* oregano
orez • *n* rice
organ • *n* organ
organism • *n* organism
organiza • *v* organize
organizare • *n* organization
organizat • *adj* organized
organizație • *n* organization
orgă • *n* organ

orgolios • *adj* proud
orgoliu • *n* pride
ori • *conj* or
oribil • *adj* awful, ghastly, horrible
oricare • *det* any • *pron* whoever
orice • *det* any • *pron* anything
oricine • *pron* any, anyone, everybody, everyone
orient • *n* east
oriental • *adj* eastern
orientare • *n* orientation
orificiu • *n* mouth
original • *n* master • *adj* novel
originar • *adj* native
originară • *adj* native
origină • *n* origin
origine • *n* birth, origin
oripila • *v* horrify
oriunde • *adv* anywhere
orizont • *n* horizon
orizontal • *adv* across • *adj* horizontal
orizontală • *n* horizontal
orizonturi • *n* horizon
orna • *v* decorate
ornament • *n* decoration
ornamentație • *n* decoration
ornitorinc • *n* platypus
os • *n* bone
osatură • *n* frame
oscila • *v* swing
ospăta • *v* treat
ospătar • *n* waiter
ospătăriță • *n* waitress
ospitalitate • *n* hospitality
ostaș • *n* soldier
ostatic • *n* hostage
ostatică • *n* hostage
ostenit • *adj* tired, weary

ostentativ • *adj* ostentatious
ostentațios • *adj* ostentatious
ostil • *adj* adverse, hostile, unfriendly
ostilitate • *n* hostility
otarie • *n* sea lion
otravă • *n* poison
otrăvi • *v* poison
otrăvitor • *adj* poisonous
oțel • *n* steel
ou • *n* egg, nut
oua • *v* lay
ovul • *n* egg
oxida • *v* rust
oxigen • *n* oxygen
oximoron • *n* oxymoron
OZN • *n* UFO

P

pa • *interj* bye, goodbye
pace • *n* ease, peace, rest
pachet • *n* package, packet
pagină • *n* page
pagubă • *n* damage
pagube • *n* damage
pahar • *n* glass
pai • *n* straw
paie • *n* straw
paisprezece • *num* fourteen
paișpe • *num* fourteen
pajură • *n* eagle
Pakistan • *n* Pakistan
pakistanez • *adj* Pakistani
pakistaneză • *n* Pakistani
pal • *adj* pale

palat • *n* mansion, palace
Palau • *n* Palau
Palestina • *n* Palestine
palestinian • *adj* Palestinian
palestiniană • *n* Palestinian
palid • *adj* pale
palmă • *n* palm
Panama • *n* Panama
panamez • *adj* Panamanian
panameză • *n* Panamanian
pană • *n* feather
panda • *n* panda
panică • *n* panic
panou • *n* panel
pansament • *n* bandage
pantalon • *n* pants
pantă • *n* cliff, inclination, slope
pantof • *n* shoe
papagal • *n* parrot
papagaliza • *v* parrot
papură • *n* rush
par • *adj* even • *n* pole, stake
paradă • *n* parade
paragraf • *n* paragraph
Paraguay • *n* Paraguay
paralel • *adj* parallel • *phr* in parallel
paralelă • *n* parallel
paralelism • *n* parallelism
paralelitate • *n* parallelism
parametru • *n* parameter, variable
paranteză • *n* parenthesis
parașută • *n* parachute
paravan • *n* screen
pară • *adj* even • *n* flame
parc • *n* garden, park
parca • *v* park
parcare • *n* parking
pardon • *n* forgiveness
parfumat • *adj* sweet

Paris • *n* Paris
parlament • *n* parliament
parlamentar • *adj* parliamentary
parohie • *n* parish
parolă • *n* password
partaja • *v* share
parte • *n* division, hand, part, party, section, share, side
partener • *n* associate, partner
parteneră • *n* partner
participa • *v* participate
participant • *n* actor, participant, party
participantă • *n* actor, participant, party
particular • *adj* particular
particularitate • *n* feature
particulă • *n* element, particle
partidă • *n* match
partitură • *n* music
partizan • *n* guerrilla, supporter
parțial • *adj* partial • *adv* partially
pas • *n* pace, pitch, run, step, walk
pasa • *v* pass, set
pasager • *n* passenger
pasageră • *n* passenger
pasaj • *n* passage, pedestrian crossing
pasăre • *n* bird
pasibil • *adj* liable
pasiune • *n* passion
pasiv • *n* bottom • *adj* passive
pastor • *n* minister
pașaport • *n* passport
pași • *n* step
pașnic • *adj* peaceful
pat • *n* bed, butt
pată • *n* mark, spot

patern • *adj* paternal
patimi • *n* passion
patrie • *n* country, homeland
patron • *n* master
patru • *num* four
patrulare • *n* patrol
patrulea • *adj* fourth
patruzeci • *num* forty
pauper • *adj* poor
paupertate • *n* poverty
pauză • *n* break, half time, pause
pava • *v* flag
pază • *n* soldier
paznic • *n* caretaker, guard, guardian
păcat • *n* guilt, pity, sin
păcăli • *v* fool, screw, trick
păcătos • *adj* sinful
păcătui • *v* sin
păcură • *n* oil
păducel • *n* may
păduche • *n* louse
păduchios • *adj* lousy
pădure • *n* forest
păgubitor • *adj* harmful
păianjen • *n* spider
pălărie • *n* hat
pământ • *n* country, dirt, earth, ground, land, world
Pământ • *n* globe
păpușă • *n* doll
păr • *n* hair
părăgini • *v* wreck
părăsi • *v* abandon, forsake • *adj* quit
părea • *v* appear, look, seem
părere • *n* apprehension, idea, opinion
părinte • *n* father, parent
păros • *adj* furry, hairy

părticică • *n* element
părtinitor • *adj* partial
părți • *n* share
păs • *n* care, suffering
păsa • *v* mind
păsărică • *n* beaver
păstaie • *n* bean
păstra • *v* husband, keep
păstrare • *n* custody
păstrăv • *n* trout
păși • *v* step
păta • *n* stain
pătimaș • *adj* fiery
pătrar • *n* quarter
pătrat • *n* place, square
pătrime • *n* quarter
pătrunde • *v* penetrate
pătură • *n* blanket
păți • *v* experience
păun • *n* peacock
păzi • *v* guard, watch
păzitor • *n* guard, guardian
pâine • *n* bread, loaf
până • *prep* until
pântec • *n* bowel
pântece • *n* belly, bowel
pânză • *n* canvas, cloth, material, sail
pârâu • *n* stream
pârjoală • *n* meatball
pe • *det* each • *prep* on
peaj • *n* toll
pedeapsă • *n* penalty, punishment
pedepsi • *v* punish
pedepsire • *n* punishment
pedestru • *adj* pedestrian
peduncul • *n* stem
peisaj • *n* landscape, scenery
pelican • *n* pelican
peluză • *n* lawn

penalizare • *n* penalty, punishment
penar • *n* pencil case
pendul • *n* pendulum
penetra • *v* penetrate
peni • *v* pluck
penis • *n* penis
pensie • *n* retirement
pentru • *prep* for
percepere • *n* notice, perception
perceptibil • *adj* sensible
perceptiv • *adj* perceptive
percepție • *n* perception
perdea • *n* curtain
perdele • *n* curtain
pereche • *n* couple, pair
perete • *n* wall
perfect • *adj* perfect
perfecta • *v* perfect
perfecțiune • *n* perfection
performanță • *n* performance
peria • *v* brush
periat • *n* brush
pericol • *n* danger, distress
periculos • *adj* dangerous
perie • *n* brush
periferic • *n* terminal
perină • *n* pillow
perioadă • *n* age, era
permis • *n* permit
permisiune • *n* allowance, permission
permite • *v* allow
permitere • *n* allowance, permission
pernă • *n* pillow
peron • *n* platform
persan • *adj* Persian
persană • *n* Persian
persevera • *v* persevere

perseverență • *n* perseverance, pluck
Persia • *n* Persia
persistență • *n* persistence
persoană • *n* person
personaj • *n* character
personal • *adj* intimate • *n* personnel, staff
personalitate • *n* personality
perspectivă • *n* outlook
perspicace • *adj* perceptive
pertinent • *adj* relevant
pertinență • *n* relevance
perturba • *v* upset
perturbare • *n* disturbance
perturbație • *n* disturbance, noise
Peru • *n* Peru
peruan • *adj* Peruvian
peruană • *n* Peruvian
peruș • *n* parakeet
peruvian • *adj* Peruvian
pescaj • *n* draft
pescar • *n* fisherman
pescăreasă • *n* fisherman
pescărie • *n* fishing
pescui • *v* angle, fish
pescuire • *n* fish, fishing
pescuit • *n* fish
pestă • *n* plague
peste • *prep* above, across, after, over
pește • *n* fish
peșteră • *n* cave
peștișor • *n* fry
petic • *n* patch
petici • *v* patch
petiție • *n* claim, petition
petrece • *v* happen, party
petrecere • *n* celebration, entertainment, party

petrol • *n* oil
peți • *v* propose
pfund • *n* pound
pian • *n* piano
pianist • *n* pianist
pianistă • *n* pianist
piatră • *n* stone
piață • *n* market, place, square
picant • *adj* hot
picătură • *n* drop
picior • *n* foot, leg, stem
picta • *v* brush, depict, paint
pictare • *n* painting
pictor • *n* painter
pictoriță • *n* painter
pictură • *n* painting
piedică • *n* difficulty, obstacle, trip
piele • *n* leather, skin
piept • *n* breast, chest
pierde • *v* lose, waste
pierdere • *n* waste
pierdut • *adj* lost
pieritor • *adj* mortal
piesă • *n* device, element
pieton • *n* pedestrian
pietonal • *adj* pedestrian
piețe • *n* square
pilar • *n* column
pilă • *n* file
pilot • *n* driver, pilot
pilulă • *n* pill
pin • *n* pin, pine, plug
pingea • *n* sole
pingeli • *v* sole
pinguin • *n* penguin
pionier • *n* pioneer
pipeline • *n* pipeline
piper • *n* pepper
pipera • *v* pepper
pipirig • *n* rush

pirania • *n* piranha
pirat • *n* pirate
pisa • *v* grind, pound
pisălog • *n* pain
pisică • *n* queen
pistă • *n* track
pistol • *n* gun, pistol
pișca • *v* sting
pișcător • *adj* biting, stingy
piton • *n* python
pitulice • *n* wren
piuliță • *n* nut
pivniță • *n* cellar
pivotant • *adj* versatile
pix • *n* pen
pizmaș • *adj* envious
pizza • *n* pizza
placardă • *n* bill
placă • *n* plate, tile
placid • *adj* placid
plafon • *n* ceiling
plagă • *n* sore, wound
plajă • *n* beach, sand, strand
plan • *n* draft, layout, plan, plane • *adj* flat, level
planetarlu • *n* planetarium
planetă • *n* planet
planifica • *v* schedule
planșeu • *n* floor
planta • *v* plant
plantă • *n* plant
plasă • *n* net
plat • *adj* even, flat, level, shallow
platan • *n* plane
plată • *n* pay, payment, salary, wage
platou • *n* plate, set
plauzibil • *adj* credible
plăcea • *v* like, please

plăcere • *n* delight, fun, pleasure
plăcintă • *n* pie
plăcut • *adj* agreeable, fun, pleasant
plăcută • *adj* pleasant
plămân • *n* lung
plămâni • *n* lung
plăti • *v* pay
plătire • *n* payment
plânge • *v* complain, cry, weep
plângere • *n* bill, complaint
plânset • *n* cry
pleca • *v* leave • *adj* quit
plecare • *n* departure
pleda • *v* argue, plead
pleoapă • *n* eyelid
pleșuv • *adj* bald
plia • *v* fold
plic • *n* envelope
plicticos • *adj* boring
plictisit • *adj* bored
plictisitor • *adj* boring, lame
plimba • *v* wander
plimbare • *n* walk
plin • *adj* full, lousy, solid
plisa • *v* wrinkle
plisc • *n* bill
ploaie • *n* rain
ploios • *adj* rainy, wet
plomba • *v* fill
plonja • *v* dive
plonjare • *n* dive
ploua • *v* rain
plumb • *n* lead, shot
plumieră • *n* pencil case
plus • *prep* plus
plută • *n* float
pluti • *v* float
plutitor • *n* float
pneu • *n* tyre

poamă • *n* fruit
poarcă • *n* sow
poartă • *n* gate, goal
poate • *adv* maybe, perhaps
poc • *interj* pop
pod • *n* bridge
podea • *n* floor
podium • *n* platform
poem • *n* poem
poet • *n* poet
poetă • *n* poet
poetic • *adj* poetic
poezie • *n* poetry
poftă • *n* appetite
poker • *n* poker
pol • *n* pole
polemică • *n* debate
polemizat • *adj* controversial
policar • *n* thumb
politețe • *n* politeness
politic • *adj* political • *adv* politically
politică • *n* policy • *v* politics • *adj* political
politicește • *adv* politically
politician • *n* politician
politicos • *adj* polite
poliță • *n* shelf
poliție • *n* police
polițist • *n* policeman
polon • *adj* Polish
polonă • *n* Polish
polonez • *adj* Polish
poloneză • *n* Polish
Polonia • *n* Poland
pom • *n* tree
pompa • *v* pump
pompare • *n* pump
pompă • *n* pump
pompier • *n* firefighter
pondera • *v* weight

ponei • *n* pony
popă • *n* king
popice • *n* bowling
poponar • *n* gay
popor • *n* people
poporan • *n* parishioner
popou • *n* ass
popula • *v* people, populate
popular • *adj* popular
populară • *adj* popular
popularitate • *n* popularity
populație • *n* population
porc • *n* pig
porni • *v* start
port • *n* harbor, port
portar • *n* caretaker, doorman
portativ • *n* staff
portbagaj • *n* trunk
portocal • *n* orange
portocală • *n* orange
portocaliu • *adj* orange
portret • *n* portrait
Portugalia • *n* Portugal
portughez • *adj* Portuguese
portugheză • *n* Portuguese
porție • *n* portion, serving
porționat • *adj* single
porțiune • *n* portion
porumbă • *n* pigeon
porumbel • *n* dove, pigeon
poruncă • *n* order
porunci • *v* command, order
poseda • *v* possess
posedare • *n* possession
posesie • *n* holding, possession, property, tenure
posesiune • *n* ownership, possession, property
posibil • *adv* perhaps • *adj* possible • *n* possibility
posibilă • *n* possibility

posibilitate | 205 | pregătitor

- **posibilitate** • *n* possibility
- **post** • *n* situation
- **poster** • *n* bill, poster
- **posti** • *v* fast
- **postură** • *n* attitude
- **posturi** • *n* situation
- **poștă** • *n* mail
- **potcovi** • *v* shoe
- **potecă** • *n* path
- **potență** • *n* power
- **potențial** • *n* potential
- **poticneală** • *n* trip
- **poticni** • *v* trip
- **potoli** • *v* calm, ease
- **potrivi** • *v* adjust, appropriate, set
- **potrivit** • *adj* agreeable, applicable, appropriate, right, suitable
- **povară** • *n* burden
- **povață** • *n* counsel
- **povățui** • *v* counsel
- **povățuire** • *n* counseling
- **povârniș** • *n* inclination
- **poveste** • *n* story, tale
- **povesti** • *v* narrate
- **povestire** • *n* history, relation
- **povestitor** • *n* storyteller
- **poză** • *n* image, photograph
- **pozitiv** • *adj* plus, positive
- **poziție** • *n* attitude, exposure, position, situation, status
- **poziționa** • *v* locate, position, set
- **practic** • *adj* practical, sensible
- **practică** • *n* practice
- **practician** • *n* practitioner
- **practiciană** • *n* practitioner
- **pradă** • *n* prey, raven, spoil
- **praf** • *n* dust, powder
- **prag** • *n* threshold

- **pralină** • *n* chocolate
- **praștie** • *n* sling
- **prăbuși** • *v* collapse
- **prăbușire** • *v* collapse • *n* drop
- **prăda** • *v* hold up, pluck, sack
- **prăji** • *v* fry
- **prăjitură** • *n* cake
- **prânz** • *n* dinner, lunch
- **prânzi** • *v* lunch
- **prea** • *adj* real • *adv* too
- **precaut** • *adj* careful, conservative, reluctant, shy, vigilant
- **precauție** • *n* caution
- **preceda** • *v* precede
- **precedent** • *n* precedent
- **precedență** • *n* precedence
- **precis** • *adv* accurately, precisely
- **precizamente** • *adv* precisely
- **precizie** • *n* accuracy, precision
- **precum** • *conj* as
- **predica** • *v* preach
- **predicator** • *n* preacher
- **predictibil** • *adj* predictable
- **predicție** • *n* prediction
- **predominant** • *adj* dominant
- **preface** • *v* pretend
- **prefacere** • *n* conversion
- **prefera** • *v* choose, prefer
- **preferabil** • *adv* preferably
- **preferabilă** • *adv* preferably
- **preferată** • *n* preference
- **preferință** • *n* bias, like, preference
- **prefix** • *n* prefix
- **pregăti** • *v* address, prepare, set
- **pregătire** • *n* preparation
- **pregătit** • *phr* at the ready • *adj* set
- **pregătitor** • *adj* preliminary

pregeta • *v* hesitate
pregnant • *adj* pregnant
preîntâmpinare • *n* prevention
prejudecată • *n* prejudice
prejudicia • *v* prejudice
prejudiciabil • *adj* harmful
prejudiciat • *adj* prejudiced
prejudiciu • *n* prejudice
preleva • *v* withdraw
preliminar • *adj* preliminary
prelucrare • *n* processing
prelungi • *v* reach
premeditat • *adv* intentionally
premisă • *n* premise
premiu • *n* prize
preocupa • *v* concern
preocupare • *n* concern, interest
preocupat • *adj* concerned
preot • *n* priest
prepara • *v* address, cook, prepare
preparare • *n* preparation
preparat • *n* preparation
preponderent • *adj* dominant
prepune • *v* assume
presă • *n* press
prescrie • *v* prescribe
prescripție • *n* prescription
presiune • *n* pressure
prestație • *n* performance
prestigiu • *n* prestige
presupune • *v* assume, guess, presume, suppose
președintă • *n* president
președinte • *n* chairman, president, speaker
pretenție • *n* claim
pretențios • *adj* pretentious
pretinde • *v* pretend
preț • *n* price

prețios • *adj* precious, valuable
prețui • *v* cost, treasure
prevăzător • *adj* reluctant
prevedea • *v* anticipate
prevenire • *n* prevention
prevestire • *n* prediction
previzibil • *adj* predictable
previziune • *n* prediction
prezent • *adj* present
prezenta • *v* broadcast, introduce
prezentare • *n* appearance, exposure, introduction, pitch, presentation
prezentatoare • *n* anchor, presenter
prezentator • *n* anchor, host, presenter
prezență • *n* presence
prezervare • *n* conservation
prezervativ • *n* condom
prezice • *v* predict
prezida • *v* preside
prezidare • *n* moderation
prezumție • *n* hypothesis
pricepe • *v* perceive, understand
pricepere • *n* apprehension, skill
priceput • *adj* happy, skillful
pricinui • *v* cause
prier • *n* April
prieten • *n* boyfriend, friend
prietenă • *n* friend, girlfriend
prietenește • *adv* friendly
prietenie • *n* friendship
prietenos • *adj* friendly
prim • *adj* first • *adv* firstly
primar • *n* mayor • *adj* primary
primăreasă • *n* mayor
primăriță • *n* mayor

primăvară • *n* spring
primejdie • *n* danger, distress
primi • *v* gain, get, receive
primire • *n* acceptance
primitor • *adj* receptive
primul • *n* first
prin • *prep* across, through, via
principal • *adj* main, principal
principiu • *n* principle
prinde • *v* catch
printre • *prep* among
prinț • *n* prince
prințesă • *n* princess
prioritate • *n* priority
prisos • *n* excess • *adj* waste
privat • *adj* closed, private
privată • *n* toilet
priveghi • *n* wake
priveliște • *n* outlook, sight, view
privi • *v* look, view, watch
privighetoare • *n* nightingale
privilegiu • *n* honor, privilege
privitor • *n* spectator
proaspăt • *adj* fresh, sweet
proba • *v* prove, test, try
probabil • *adj* probable • *adv* probably
probabilitate • *n* chance, likelihood, probability
probare • *n* try
probă • *n* proof, test, try
problemă • *n* issue, matter, problem
proceda • *v* proceed
procedeu • *n* procedure
procedură • *n* procedure
procent • *n* percent
proces • *n* lawsuit, process, trial
procesare • *n* processing
procesor • *n* processor

proclamație • *n* proclamation
procrea • *v* beget, father, generate
procreare • *n* generation
procurabil • *adj* available
procuror • *n* prosecutor
producător • *n* manufacturer, producer
produce • *v* father, generate, manufacture, produce, work
producere • *n* production
productiv • *adj* productive
productivitate • *n* productivity
producție • *n* output, product, production
produs • *n* product
proeminent • *adj* prominent
proeminență • *n* bump, prominence
profesie • *n* profession
profesional • *adj* professional
profesionist • *adj* professional
profesiune • *n* profession
profesoară • *n* professor, teacher
profesor • *n* professor, teacher
profit • *n* profit
profitabil • *adj* profitable
profund • *adj* deep, profound • *adv* deeply
profunzime • *n* depth
program • *n* calendar, program, show
programare • *n* programming
programatoare • *n* programmer
programator • *n* developer, programmer
progres • *n* progress
progresa • *v* progress
progresist • *adj* progressive
progresistă • *adj* progressive

progresiv • *adv* gradually • *adj* progressive
proiect • *n* project
proiectare • *n* projection
proiectil • *n* missile
proiectile • *n* missile
proiecție • *n* projection
promisiune • *n* pledge, promise
promite • *v* pledge, promise
prompt • *adj* prompt
pronume • *n* pronoun
pronunța • *v* pronounce
pronunțare • *n* pronunciation
pronunție • *n* pronunciation
propagandă • *n* propaganda
proporție • *n* degree
proporții • *n* degree
proporțional • *adj* proportional
proporțională • *adj* proportional
propoziție • *n* sentence
proprietar • *n* master, owner
proprietate • *n* feature, ownership, possession, property
proprietăți • *n* ownership
propriu • *adj* proper
propti • *v* support
propune • *v* move, propose, purpose
propunere • *n* proposal, proposition, suggestion
prosop • *n* towel
prosper • *adj* golden
prospera • *v* flourish
prosperitate • *n* boom, prosperity, well-being
prost • *n* fool • *adj* foolish, poor, stupid
prostește • *adv* stupidly
prosti • *v* fool
prostie • *n* nonsense

prostime • *n* crowd
protector • *n* protective
protecție • *n* guard, protection
proteină • *n* protein
proteja • *v* guard, preserve
protejare • *n* protection
protejat • *adj* secure
protest • *n* objection
protesta • *v* protest
protocol • *n* protocol
proveni • *v* descend
provincie • *n* province
provizie • *n* provision, supply
provizii • *n* groceries
provoca • *v* challenge
provocare • *n* challenge
provocator • *adj* ostentatious
prozaic • *adj* pedestrian
prudent • *adj* careful, conservative, shy
prudență • *n* prudence
psihanalist • *n* analyst
psihanalistă • *n* analyst
psihiatră • *n* psychiatrist
psihiatrie • *n* psychiatry
psihiatru • *n* psychiatrist
psiholog • *n* psychologist
psihologă • *n* psychologist
psihologic • *adj* psychological
psihologie • *n* psychology
public • *n* public
publicare • *n* publication
publicație • *n* publication
publicitate • *n* advertising, publicity
puchină • *n* sleep
pudră • *n* powder
puf • *n* down
pui • *n* baby, calf, chicken, young
puicuță • *n* queen

pula • *adv* fucking • *n* prick
pulă • *n* penis
pulbere • *n* dust, powder
pulmon • *n* lung
pulpană • *n* skirt
pulpă • *n* calf
pulveriza • *v* crush
pumn • *n* fist, handful
punct • *n* dot, point, stop
puncta • *v* emphasize
punctual • *adj* prompt
punctualitate • *n* punctuality
punctuație • *n* punctuation
pune • *v* place, put, set
pungă • *n* bag, envelope
punge • *v* butt
punte • *n* bridge
pupa • *v* kiss
pupic • *n* kiss
pupilă • *n* pupil
pur • *adj* clean, pure
purcea • *n* sow
purice • *n* flea
purifica • *v* clarify
puritate • *n* modesty
purpuriu • *n* purple
purta • *v* bear, carry, wear
purtare • *n* behavior, manner
pustietate • *n* waste
pustiire • *n* harassment
pustiu • *n* desert • *adj* waste
pușcă • *n* gun, rifle
pușcăriaș • *n* prisoner
pușcărie • *n* jail, prison
putea • *v* can, may
putere • *n* nerve, power, strength
puternic • *adj* robust, stark, strong • *adv* strongly
putință • *n* ability, faculty
putoare • *n* stink

putred • *adj* rotten
puturos • *adj* lazy
puț • *n* well
puți • *v* stink
puțin • *det* few
puțin • *adv* little, slightly
puține • *det* few
puțini • *det* few
puzderie • *n* army

Q

Qatar • *n* Qatar

R

rabat • *n* dIscount
rabin • *n* rabbi
rabota • *v* plane
rachetă • *n* missile, rocket
radar • *n* radar
radiație • *n* radiation
radical • *n* root
radio • *n* radio
radioactiv • *adj* radioactive
radioactivă • *adj* radioactive
radioactivitate • *n* radioactivity
radioreceptor • *n* radio
rafală • *n* blast
rafinat • *adj* sophisticated
raft • *n* rack, shelf

rage • *v* howl
rahat • *n* shit
rai • *n* heaven
raion • *n* district
ram • *n* branch
ramă • *n* frame, framework
ramifica • *v* branch
ramificare • *n* branch
ramură • *n* branch
rană • *n* injury, wound
ranchiună • *n* spite
randament • *n* performance, power
rapacitate • *n* raven
rapid • *adj* fast, prompt, quick, rapid, swift • *adv* quickly, rapidly
rapiditate • *n* speed
raport • *n* relationship
rar • *adj* rare • *adv* rarely, seldom
rarefiat • *adj* rare
rareori • *adv* rarely, seldom
rasă • *n* breed, race
rasism • *n* racism
rasist • *n* racist
rasistă • *n* racist
rata • *v* miss
rată • *n* rate
raţă • *n* duck
raţional • *adj* rational, sensible
raţiune • *n* motive, reason
rază • *n* radius, ray
răbda • *v* endure
răbdare • *n* endurance, nerve, patience
răceală • *n* cold
răci • *v* ice
rădăcinal • *adj* radical
rădăcină • *n* root
răgaz • *n* leisure

rămas • *v* left
rămăşiţe • *n* trash
rămâne • *v* linger, remain, stay
răni • *v* hurt, wound
răpciune • *n* September
răpi • *v* rape
răpire • *n* rape
răposa • *v* pass away
răsări • *v* rise
răsărit • *n* dawn, east, sun
răsăritean • *adj* eastern
răscoală • *n* rebellion
răsfăţa • *v* spoil
răspândit • *adj* widespread
răsplată • *n* reward
răspunde • *v* answer, reply, respond
răspundere • *n* burden
răspuns • *n* answer
răspunzător • *adj* liable
răsturna • *v* flip, reverse, upset
răsturnat • *adj* reverce
răsuci • *v* twist
răsuflare • *n* blow
răsuna • *v* echo
răsunător • *adv* loudly
răsunet • *n* noise
răşină • *n* pitch
răţoi • *n* duck
rău • *adj* angry, bad, evil, wicked • *adv* badly • *n* evil
răutate • *n* evil, spite
răutăcios • *adj* evil, wicked
războl • *n* war
război • *n* war, warfare
războinic • *n* fighter
războinică • *n* fighter
răzbuna • *v* revenge
răzbunare • *n* revenge
râde • *v* laugh
râmă • *n* worm

rânced • *adj* rank
rând • *n* row
rânduială • *n* order
rândunea • *n* swallow
rândunică • *n* swallow
râs • *n* laugh, laughter, lynx
râset • *n* laugh, laughter
râu • *n* river
râvnă • *n* appetite, zeal
rea • *adj* angry
reacţia • *n* reaction
reacţie • *n* feedback, reaction
real • *adj* real
realism • *n* realism
realist • *adj* realistic
realitate • *n* reality
realiza • *v* perceive, realize
realizare • *n* performance
realizări • *n* performance
realmente • *adv* quite
reamintire • *n* remembrance
reanima • *v* revive
reazem • *n* support
rebeliune • *n* rebellion
rebut • *n* trash
rece • *adj* cold
recent • *adj* recent • *adv* recently, ultimately
receptiv • *adj* receptive, sensitive
receptor • *n* set
recepţiona • *v* receive
recesie • *n* recession
recesiune • *n* recession
rechin • *n* shark
recicla • *v* recycle
reciclare • *n* recycling
recipient • *n* container, tank, vessel
recipisă • *n* acknowledgment
reciproc • *adj* mutual

reclama • *v* complain
reclamaţie • *n* claim, complaint
reclamă • *n* advertisement, advertising, commercial
recolta • *v* crop, harvest
recoltă • *n* crop, harvest
recomanda • *v* advise, counsel, move
recomandare • *n* prescription
recompensă • *n* consideration, reward
reconcilia • *v* reconcile
reconciliere • *n* reconciliation
reconstituire • *n* reconstruction
reconstrucţie • *n* reconstruction
reconstruire • *n* reconstruction
record • *n* record
recorduri • *n* record
recrutare • *n* draft
recul • *n* repulsion
recunoaşte • *v* acknowledge, distinguish, recognize
recunoaştere • *n* acknowledgment, allowance, confession, recognition
recunoscător • *v* appreciate • *adj* grateful, thankful
recunoştinţă • *n* acknowledgment, recognition
recupera • *v* recover
recuperare • *n* recovery, retrieval
recurs • *n* appeal
reda • *v* give back
redactare • *n* edit
redactoare • *n* editor
redactor • *n* editor
reduce • *v* cut, diminish, ease, reduce
reducere • *n* reduction

referendum • *n* referendum
referent • *n* referee
referință • *n* reference
reflectare • *n* reflection
reflectiv • *adj* reflective
reflecție • *n* reflection
reflexie • *n* reflection
reformă • *n* reform
refugiu • *n* harbor, refuge
refuza • *v* reject
regal • *adj* royal
regală • *adj* royal
regalitate • *n* royalty
regat • *n* kingdom
rege • *n* king
regie • *n* direction
regim • *n* regime
regină • *n* queen
registru • *n* register
regiune • *n* district, region
regizor • *n* director
regla • *v* adjust, govern, set
reglare • *n* regulation
reglementa • *v* govern
reglementare • *n* regulation
reglor • *adj* regulatory
regn • *n* kingdom
regret • *n* regret
regula • *v* regulate
regulament • *n* regulation
regulare • *n* moderation
regulariza • *v* govern
regulat • *adj* regular
regulator • *n* governor • *adj* regulatory
regulă • *n* norm, regulation, rule
reînnoi • *v* renew
reîntoarcere • *n* return
reînvia • *v* revive
relatare • *n* account, relation
relativ • *adj* relative

relație • *n* connection, relation, relationship
relaționat • *adj* related
relaxa • *v* relax
relaxare • *n* relaxation
relaxat • *adj* relaxed
releva • *v* emphasize
relevant • *adj* relevant
relevanță • *n* relevance
relicvă • *n* relic
relief • *n* relief
religie • *n* religion
reluctanță • *n* reluctance
remarca • *v* remark
remarcabil • *adj* notable, remarkable
remarcă • *n* remark, statement
remiză • *n* draw
ren • *n* reindeer
renova • *v* renew
rentă • *n* rent
renume • *n* name
renumit • *adj* renowned
renunța • *v* abandon, forsake
renunțare • *n* abandonment
repara • *v* repair
repartiza • *v* allocate, distribute, split
repaus • *n* ease, relaxation, rest
repauza • *v* rest
repede • *adj* fast, quick, rapid, swift • *adv* quickly, rapidly
reper • *n* anchor, benchmark
repezitor • *n* accelerator
reporta • *v* report
reportaj • *n* feature
reporter • *n* journalist, reporter
reporteră • *n* journalist, reporter
reprezenta • *v* depict, represent
reprezentant • *n* ambassador, deputy, representative

reprezentantă • *n* representative
reprezentare • *n* depiction, production, representation
reprezentativ • *adj* representative
reprezentație • *n* display
reproduce • *v* generate, reproduce
reproducere • *n* reproduction
reproducție • *n* reproduction
republican • *adj* conservative, republican
republicană • *adj* republican
republică • *n* republic
repulsie • *n* reluctance, repulsion
reputabil • *adj* reputable
reputație • *n* name
resentiment • *n* resentment
respect • *n* consideration, honor, respect
respecta • *v* respect
respectabil • *adj* dignified
respectuos • *adj* respectful
respingător • *adj* obnoxious
respinge • *v* reject
respingere • *n* dismissal, repulsion
respira • *v* breathe
respirație • *n* breath, breathing
responsabil • *adj* liable, responsible
responsabilă • *adj* responsible
responsabilitate • *n* accountability, liability, responsibility
rest • *n* rest, waste
restaurant • *n* restaurant
restaurare • *n* reconstruction
restaurație • *n* reconstruction

restitui • *v* return
restrânge • *v* limit, restrain
restrictiv • *adj* restrictive
restricție • *n* restriction
resursă • *n* resource
resurse • *n* resource
resuscita • *v* revive
reșou • *n* stove
reticent • *adj* reluctant
retrage • *v* retreat, withdraw
retragere • *n* recession, retirement, retreat
retras • *adj* obscure
returna • *v* return
rețea • *n* grid, net, network
rețele • *n* network
rețelizat • *adj* online
rețetă • *n* prescription, recipe
reține • *v* restrain, retain
reținere • *n* custody
reuni • *v* assemble
reuniune • *n* union
reuși • *v* obtain, succeed
reușit • *adj* successful
revărsa • *v* flood
revărsare • *n* overflow
revela • *v* disclose
revelare • *n* revelation
revelator • *n* developer
revelație • *n* disclosure, revelation
revendica • *v* claim
revendicare • *n* claim
revenire • *n* return
revers • *n* reverse
revistă • *n* magazine, publication
revoca • *v* reverse
revocare • *n* dismissal
revoltător • *adj* outrageous
revoluție • *n* revolution

revoluționar • *adj* revolutionary
revoluționară • *n* revolutionary
revolver • *n* gun
rezema • *v* lean
rezerva • *v* book
rezervat • *adj* shy
rezervă • *n* discretion, modesty, supply
rezervor • *n* storage, tank
rezident • *n* resident
rezidență • *n* residence
reziduu • *n* trash
rezista • *v* resist
rezistare • *n* resistance
rezistent • *adj* resistant
rezistentă • *adj* resistant
rezistență • *n* endurance, nerve, resistance, tolerance
rezolva • *v* resolve, solve
rezolvare • *n* answer, solution
rezonabil • *adj* logical, reasonable, sensible
rezonanță • *n* resonance
rezultat • *n* result, solution
rezumat • *n* abstract
rida • *v* wrinkle
ridica • *v* arise, get up, lift, raise, stand
ridicat • *adj* high
ridicol • *adj* ridiculous
rigid • *adj* stark
riglă • *n* measure, ruler
rindea • *n* plane
rinichi • *n* kidney
rinocer • *n* rhinoceros
risc • *n* risk
risca • *v* chance, risk
risipi • *v* waste
ritm • *n* meter, pace, rhythm
ritual • *n* ritual
rival • *n* rival

rivalitate • *n* faction
roade • *v* eat, gnaw
roată • *n* wheel
rob • *n* slave
robi • *v* enslave
robie • *n* slavery
robinet • *n* tap
robot • *n* robot
robust • *adj* robust, sound
robustă • *adj* robust
rocă • *n* rock
rochie • *n* dress
rochii • *n* dress
rod • *n* fruit, harvest
rodnic • *adj* productive
Roma • *n* Rome
roman • *adj* Latin, Roman • *n* novel
romană • *n* Latin
romancier • *n* novelist
romancieră • *n* novelist
romantic • *adj* sentimental
român • *adj* Romanian
română • *n* Romanian
româncă • *n* Romanian
românesc • *adj* Romanian
românește • *n* Romanian
România • *n* Romania
rost • *n* purpose
rosti • *v* spell
rostogoli • *v* roll
roșeață • *n* blush
roși • *v* blush
roșie • *n* tomato
roșu • *adj* red
rotație • *n* cycle
roti • *v* roll, rotate
rotund • *adj* round
roz • *adj* pink, rose
rozacee • *n* rose
roză • *n* rose

rozmarin • *n* rosemary
Ruanda • *n* Rwanda
rubin • *n* ruby
rubiniu • *adj* ruby
rudă • *n* relative
rudenie • *n* relation, relationship
rufă • *n* laundry
rufe • *n* clothes, laundry
ruga • *v* ask, beg, pray, request
rugăciune • *n* prayer
rugbi • *n* rugby
rugby • *n* rugby
rugină • *n* rust
rugini • *v* rust
ruginit • *adj* rusty
ruginiu • *n* rust
ruina • *v* spoil, wreck
ruină • *n* ruin, wreck
ruj • *n* lipstick
ruletă • *n* roulette
ruliu • *n* roll
rumoare • *n* rumor
rupe • *v* break, tear
rupere • *n* break, tear
rupt • *adj* broken
ruptură • *n* break, rupture, tear
rural • *adj* country, rural
rus • *adj* Russian
rusă • *n* Russian
rusesc • *adj* Russian
rusește • *n* Russian
Rusia • *n* Russia
rusoaică • *n* Russian
rușinat • *adj* ashamed, shy
rușine • *n* shame
rușinos • *adj* outrageous
rut • *n* heat
ruta • *v* route
rută • *n* route, run
rutină • *n* routine

Rwanda • *n* Rwanda

S

sa • *pron* hers, his
sabie • *n* sword
sabla • *v* sand
sac • *n* bag, envelope, sack
sacrifica • *v* sacrifice
sacrificiu • *n* sacrifice
sacru • *adj* sacred
sadea • *adj* pure
salamandră • *n* salamander
salariu • *n* salary, wage
salată • *n* salad
sală • *n* hall
sale • *pron* hers, his • *det* their
salt • *n* leap
salut • *n* greeting • *interj* hello, hi
saluta • *v* greet, hail
salutare • *n* greeting
salva • *v* save
salvamar • *n* lifeguard
salvgarda • *v* safeguard
Samoa • *n* Samoa
samsar • *n* broker
sanctuar • *n* asylum
sancțiune • *n* sanction
sandviș • *n* sandwich
sapiență • *n* wisdom
sarcină • *n* burden, charge, duty, load, pack, task
sare • *n* salt
sat • *n* country, countryside, village

satan • *n* devil
satelit • *n* satellite
satisface • *v* fulfill, satisfy
satisfacere • *n* fulfillment, satisfaction
satisfacție • *n* fulfillment, satisfaction
satisfăcător • *adj* reasonable
satisfăcut • *adj* happy, satisfied
Saturn • *n* Saturn
sau • *conj* or
savant • *n* scholar, scientist
savantă • *n* scientist
savura • *v* enjoy
savurabil • *adj* pleasant
să • *v* may
săgeată • *n* arrow
săi • *pron* hers, his • *det* their
sălbatic • *adj* animal, wild
sălta • *v* jump, leap
săltare • *n* leap
sămânță • *n* seed
sănătate • *n* health, well-being
sănătos • *adj* healthy, right, sound
săpa • *v* dig, undermine
săptămânal • *adj* weekly
săptămână • *n* week
săpun • *n* soap
săpuni • *v* soap
săra • *v* salt
sărac • *adj* poor
săraci • *n* poor
sărat • *adj* salt
sărăcie • *n* poverty
sărbătoare • *n* celebration, holiday
sărbători • *v* celebrate
sărbătorire • *n* celebration
sări • *v* branch, jump, leap
săriți • *interj* help

sărman • *adj* poor
sărut • *n* kiss
săruta • *v* kiss
sătul • *adj* full
săturat • *adj* full
său • *det* her, his • *pron* hers
sâcâi • *v* irritated
sâmbăta • *adv* Saturday
sâmbătă • *adv* Saturday
sâmbure • *n* pit
sân • *n* bowel, breast, tit
sânge • *n* blood
sângera • *v* bleed
sângeros • *adj* bloody
sânt • *n* saint
sântă • *n* saint
sârb • *adj* Serbian
sârbă • *n* Serbian
sârbesc • *adj* Serbian
sârboaică • *n* Serbian
sârguință • *n* appetite, zeal
sârmă • *n* wire
sâsâit • *n* hiss
scalpa • *v* scalp
scana • *v* scan
scanare • *n* scan
scanat • *n* scan
scandalos • *adj* outrageous
scaner • *n* scanner
scaneriza • *v* scan
scanerizare • *n* scan
scară • *n* ladder, scale, stair, staircase
scaun • *n* chair, seat
scădea • *v* decrease
scăpa • *v* drop, escape, flee, run away, shake
scăpare • *n* escape
scăpăta • *v* set
scărmăna • *v* card, pluck
scărpina • *v* scratch

scândură • *n* board
scânteia • *v* spark
scânteie • *n* spark
scârbos • *adj* gross
scenariu • *n* scenario, script
scenă • *n* platform, stage
schelet • *n* frame, framework
schepsis • *n* wit
schi • *n* ski, skiing
schia • *v* ski
schimb • *n* change, exchange
schimba • *v* change, edit, exchange, switch
schimbabil • *adj* variable
schimbare • *n* change
schiopatand • *adj* lame
schiță • *n* draft, outline, sketch
scinda • *v* split
sclav • *n* slave
sclavie • *n* slavery
scoate • *v* pluck, remove, tear
scobitură • *n* hollow
scoică • *n* shell
sconcs • *n* skunk
scop • *n* aim, goal, purpose
scor • *n* mark, score
scorbură • *n* hollow
scorni • *v* invent
scorpion • *n* scorpion
scrâșni • *v* grit
screening • *n* screening
scrie • *v* author, write
scriere • *n* writing
scriitoare • *n* writer
scriitor • *n* writer
scriitură • *n* writing
scrima • *v* fence
script • *n* script
scris • *n* writing • *adj* written
scrisă • *adj* written
scrisoare • *n* letter
scroafă • *n* sow
scrum • *n* ash
scruta • *v* scan
scuamă • *n* scale
scufunda • *v* sink
scufundare • *n* dive
scuipa • *v* spit
scuipat • *n* spit
scula • *v* arise, awake, get up, wake up
sculă • *n* penis, tool
sculpta • *v* hew, sculpture
sculptură • *n* sculpture
scump • *adj* costly, dear, expensive
scund • *adj* short
scurge • *v* drain
scurt • *adj* brief, short
scutura • *v* dust, shake
scuturare • *n* shake
scuza • *v* excuse
scuzați • *interj* sorry
scuză • *n* forgiveness • *interj* sorry
se • *pron* herself, himself
seară • *n* evening
searbăd • *adj* tasteless
sec • *adj* dry
secătuit • *adj* exhausted
secera • *v* harvest
seceriș • *n* harvest
secetă • *n* drought
secol • *n* century
secret • *adj* secret
secretar • *n* clerk, secretary
secretară • *n* secretary
secretă • *adj* secret
secretețe • *n* secrecy
secretism • *n* secrecy
sector • *n* department, section, sector

secție • *n* section
secționare • *n* section
secțiune • *n* section
secund • *adj* second
secunda • *v* second
secundar • *adj* secondary
secundă • *n* second
securitate • *n* safety, security
secvență • *n* sequence
secvențial • *adj* sequential
sediu • *n* headquarters, residence
segment • *n* line, section, segment
segmenta • *v* segment
seif • *n* safe
Seișele • *n* Seychelles
selectare • *n* selection
selectiv • *adj* selective
selector • *n* switch
selecție • *n* election, selection
semăna • *v* resemble, sow
semidreaptă • *n* ray
seminar • *n* academy
semn • *n* mark, note, sign
semna • *v* sign
semnal • *n* signal
semnala • *v* flag
semnaliza • *v* flag
semnalizator • *n* indicator, signal
semnătură • *n* signature
semnificant • *adj* significant
semnificanță • *n* significance
semnificativ • *adv* considerably, significantly • *adj* significant
semnificativitate • *n* significance
semnificație • *n* interpretation, meaning
senatoare • *n* senator

senator • *n* senator
Senegal • *n* Senegal
senegalez • *adj* Senegalese
senegaleză • *n* Senegalese
senin • *adj* clear, serene
sens • *n* meaning, sense
sensibil • *adj* sensible, sensitive, sore
sensibilitate • *n* sensitivity
sentiment • *n* feeling, sentiment
sentimental • *adj* feeling, sentimental
sentimente • *n* feeling
sentință • *n* decision, sentence
senzațional • *adj* swell
separa • *v* separate, split, switch off
separare • *n* separation
separat • *adj* separate, single
separată • *adj* separate
septembrie • *n* September
septentrion • *n* north
septentrional • *adj* northern
seră • *n* greenhouse
serbare • *n* celebration
Serbia • *n* Serbia
serial • *adj* serial • *n* series
serie • *n* series, string
serios • *adj* earnest, heavy, serious • *adv* seriously
seriozitate • *n* seriousness
sertar • *n* drawer
serv • *n* slave
servi • *v* serve
serviciu • *n* service, work
servitor • *n* servant
servus • *interj* hello
sesizabil • *adj* sensible
set • *n* set
sete • *n* thirst

setos • *adj* thirsty
sever • *adj* hard, harsh, stern
sex • *n* gender, sex
sexos • *adj* sexy
sexual • *adj* sexual
sexuală • *adj* sexual
sexualitate • *n* sexuality
sexy • *adj* sexy
Seychelles • *n* Seychelles
sezon • *n* season
sezonal • *adj* seasonal
sezonier • *adj* seasonal
sfat • *n* advice, counsel
sfărâma • *v* break
sfătui • *v* advise, counsel
sfătuire • *n* counseling, counsel
sfătuitoare • *n* counselor
sfătuitor • *n* advisor, counselor
sfânt • *adj* holy • *n* saint
sfântă • *adj* holy • *n* saint
sfârc • *n* tit
sfârlează • *n* top
sfârși • *v* end, end up, pass away
sfârșit • *n* back, end, ending, finish
sfâșia • *v* tear
sferă • *n* field, sphere
sferic • *adj* spherical
sfert • *n* quarter
sfida • *v* beard, defy
sfinţenie • *n* sainthood
sfoară • *n* line
sfredel • *n* drill
shot • *n* shot
showman • *n* showman
siaj • *n* wake
SIDA • *n* AIDS
sigiliu • *n* seal
sigur • *adj* certain, reliable, safe, secure, sound, sure

siguranţă • *n* certainty, confidence, safety, security
silenţios • *adj* quiet
siluetă • *n* figure
silvă • *n* forest
simbol • *n* symbol
simbolic • *adj* symbolic
simie • *n* monkey
similar • *adj* similar
similaritate • *n* similarity
simpatic • *adj* sweet
simpatie • *n* sympathy
simplifica • *v* simplify
simplu • *adj* simple, straightforward
simptom • *n* symptom
simptomatic • *adj* symptomatic
simţ • *n* sense
simţământ • *n* feeling
simţi • *v* feel, sense, work
simţit • *adj* sensible
simţitor • *adj* sensible, sensitive
simula • *v* simulate
simultan • *adv* simultaneously
sincer • *adj* sincere, straightforward, true
sinceritate • *n* sincerity, truth
sinciput • *n* crown
Singapore • *n* Singapore
singular • *adj* single
singur • *adv* alone • *adj* only, single, sole • *n* soul
sintagmă • *n* phrase
sintetic • *adj* synthetic
sinteză • *n* synthesis
sinucidere • *n* suicide
sinucigaş • *n* suicide
sinucigaşă • *n* suicide
Siria • *n* Syria
sirian • *adj* Syrian
siriană • *n* Syrian

sistem • *n* system
sistematic • *adj* systematic
sistemic • *adj* systematic
sită • *n* screen
site • *n* website
situare • *n* situation
situație • *n* situation, status
slab • *adj* lame, lean, poor, skinny, soft, thin, weak
slash • *n* slash
slavă • *n* glory
slăbi • *v* flag, thin, waste, weaken
slobod • *adj* free • *n* freedom
slogan • *n* slogan
slovac • *adj* Slovakian
slovacă • *n* Slovakian
Slovacia • *n* Slovakia
Slovenia • *n* Slovenia
slugă • *n* servant
slujbă • *n* church
slujitor • *n* servant
smântână • *n* cream
smoală • *n* pitch
smulge • *v* pluck, tear
smulgere • *n* pluck
snob • *n* snob • *adj* snobby
snobistic • *adj* snobby
soacră • *n* mother-in-law
soare • *n* sun, sunshine
soartă • *n* destiny, fate, fortune, luck
sobă • *n* fire, oven, stove
sobol • *n* mole
soc • *n* elder
sociabil • *adj* gregarious, sociable
social • *adj* social
socialism • *n* socialism
socialist • *adj* socialist
socialistă • *n* socialist

socializa • *v* network
societate • *n* company, society
socoteală • *n* check
socoti • *v* calculate, reckon • *n* count
socru • *n* father-in-law
sodiu • *n* sodium
sofa • *n* sofa
sofisticat • *adj* sophisticated
soft • *n* software
software • *n* software
sol • *n* earth, ground, soil
solă • *n* sole
soldat • *n* soldier
solicitare • *n* effort
solid • *adj* solid, sound
solidaritate • *n* solidarity
solo • *adj* solo
soluție • *n* answer, solution
soluționa • *v* answer, solve
soluționare • *n* answer, solution
solz • *n* scale
somalez • *adj* Somali
somaleză • *n* Somali
somali • *n* Somali
Somalia • *n* Somalia
somn • *n* sleep
somnolent • *adj* sleepy
somnoros • *adj* sleepy
somon • *n* salmon
sonat • *n* crazy
sonată • *n* crazy
sonda • *v* scan
sonoră • *n* voice
soră • *n* sister
sori • *v* sun
sort • *n* variety
sorta • *v* sort
sortiment • *n* variety
sos • *n* sauce
sosi • *v* arrive

sosire • *n* arrival
soț • *n* husband
soție • *n* wife
sovârf • *n* oregano
sovietic • *adj* Soviet
spadă • *n* sword
spagat • *n* split
spaimă • *n* fear, terror
Spania • *n* Spain
spaniol • *adj* Spanish
spaniolă • *n* Spanish
spanioli • *n* Spanish
spate • *n* back, behind, reverse
spațiu • *n* break, room, space
spăla • *v* wash
spălare • *n* laundry
spălat • *n* laundry
spălătorie • *n* laundry
spărtură • *n* break
spânzura • *v* hang, neck
speaker • *n* speaker
special • *adj* particular, special
specială • *adj* special
specie • *n* species
specific • *adj* particular, specific
specimen • *n* specimen
spectacol • *n* display, entertainment, show, sight, spectacle
spectacular • *adj* spectacular
spectaculos • *adj* spectacular
spectator • *n* spectator
spectru • *n* ghost, spectrum
speculant • *n* bear
spera • *v* hope
speranță • *n* hope, trust
sperare • *n* trust
speria • *v* frighten, scare
speriat • *adj* frightened
sperietoare • *n* dread

spic • *n* ear
spicher • *n* broadcaster
spinare • *n* back
spinos • *adj* prickly
spinteca • *v* split
spioană • *n* spy
spion • *n* spy
spiona • *v* spy
spirit • *n* ghost, soul, spirit
spiritual • *adj* spiritual
spital • *n* hospital
splendid • *adj* gorgeous, splendid
sponsoriza • *v* sponsor
spontan • *adj* spontaneous
spontaneitate • *n* spontaneity
spori • *v* increase
sporire • *n* increase
sport • *n* sport
spovedi • *v* confess
spovedire • *n* confession
sprânceană • *n* eyebrow
spre • *prep* at, to
sprijin • *n* support
sprijini • *v* anchor, support
sprijinire • *n* support
sprinten • *adj* quick
spune • *v* say, tell
spurca • *v* dirty, soil
srilankez • *adj* Sri Lankan
srilankeză • *n* Sri Lankan
sta • *v* linger, stand, stay
stabil • *adj* constant, secure, stable
stabili • *v* establish, prove, set
stabiliment • *n* establishment
stabilire • *n* establishment
stabilit • *adj* set
stabilitate • *n* stability
stacojiu • *adj* scarlet
stadion • *n* stadium

stadiu • *n* situation
stafie • *n* ghost
stană • *n* rock
standard • *n* standard
standarde • *n* standard
standardizare • *n* standardization
staniu • *n* tin
star • *n* star
stare • *n* condition, shape, situation, state, status
start • *n* beginning
stat • *n* country, nation, state
statistic • *adj* statistical
statistică • *n* statistics
statuă • *n* statue
statuie • *n* statue
statut • *n* status
stație • *n* station, terminal
staul • *n* stable, stall
stăncuță • *n* jackdaw
stăpân • *n* master
stăpâni • *v* command, master
stăpânire • *n* possession
stărui • *v* persevere
stăruință • *n* perseverance
stăvilar • *n* lock
stăvili • *v* hold up
stâlp • *n* column, pole, post
stâncă • *n* cliff, rock
stâng • *adj* left
stânga • *n* left
stângaci • *adj* awkward, clumsy • *n* left-handed
stângă • *n* left
stea • *n* star
steag • *n* banner, flag
stejar • *n* oak
steluță • *n* star
sterp • *adj* waste
sters • *adj* lame

sticlă • *n* bottle, glass
stigmatiza • *v* brand
stil • *n* manner, style
stilat • *adj* stylish
stilou • *n* pen
stimate • *adj* dear
stimă • *n* adoration
stimul • *n* stimulus
stimulare • *n* encouragement, stimulation
stimulator • *n* stimulant
stimulent • *n* stimulant
stindard • *n* banner, flag, standard
stinge • *v* put out
stivă • *n* stack
stivui • *v* stack
stoarce • *v* squeeze, twist, wring
stoc • *n* store
stocare • *n* storage
Stockholm • *n* Stockholm
stofă • *n* cloth, material
stomac • *n* stomach
stop • *n* stop
stopa • *v* kill, stop
stradă • *n* street
stradelă • *n* alley
strajă • *n* guardian, watch
strangula • *v* neck
straniu • *adj* curious, eerie, odd, strange, weird
strat • *n* layer
strategie • *n* conduct, strategy
străbun • *n* ancestor, grandfather
străbunic • *n* grandfather
strădanie • *n* endeavor
strădui • *v* endeavor, try
străduță • *n* alley

- **străin** • *adj* alien, foreign • *n* foreigner
- **străină** • *adj* alien
- **străjer** • *n* guardian, watch
- **străluci** • *v* shine
- **strălucire** • *n* shine
- **strălucitor** • *adj* bright, shiny
- **strămoș** • *n* ancestor, grandfather
- **strămoși** • *n* grandfather
- **străpunge** • *v* stab
- **străveziu** • *adj* transparent
- **strâmb** • *adj* crooked
- **strâmbătate** • *n* injustice
- **strâmt** • *adj* narrow
- **strânge** • *v* harvest, squeeze, tighten
- **strânsură** • *n* feed, harvest
- **strecura** • *v* filter, steal, strain
- **stres** • *n* stress
- **strica** • *v* damage, harm, ruin, spoil
- **stricat** • *adj* scarlet
- **stricăciune** • *n* damage
- **stricător** • *adj* harmful
- **striga** • *v* call, scream, shout, yell
- **strigăt** • *n* cry
- **string** • *n* string
- **strivi** • *v* crush
- **strivire** • *n* crushing
- **strofă** • *n* verse
- **structural** • *adj* structural
- **structură** • *n* construction, fabric, frame, framework, structure
- **strugure** • *n* grape
- **strună** • *n* string
- **struț** • *n* ostrich
- **student** • *n* student
- **studentă** • *n* student
- **studia** • *v* study
- **studiere** • *n* study
- **studiu** • *v* learn • *n* study
- **stup** • *n* beehive
- **stupid** • *adj* stupid • *adv* stupidly
- **suav** • *adj* soft
- **sub** • *prep* below, beneath, under
- **subdiviziune** • *n* section
- **subiect** • *n* matter, plot, purpose, subject, topic
- **subiectiv** • *adj* subjective
- **subit** • *adj* sudden • *adv* suddenly
- **subjugare** • *n* dependence
- **submina** • *v* undermine
- **subordonare** • *n* dependence
- **subrutină** • *n* procedure
- **subscrie** • *v* subscribe
- **subsol** • *n* basement
- **substantiv** • *n* noun
- **substanță** • *n* matter, substance
- **substanțial** • *adj* substantial
- **substituent** • *n* substitute
- **substitui** • *v* replace, substitute
- **substituitor** • *n* substitute
- **substitut** • *n* substitute
- **subteran** • *adj* underground
- **subția** • *v* thin
- **subțire** • *adj* lean, thin
- **suburban** • *adj* suburban
- **suburbană** • *adj* suburban
- **suburbie** • *n* suburb
- **suc** • *n* juice
- **succeda** • *v* succeed
- **succede** • *v* succeed
- **succes** • *n* success
- **succese** • *n* success
- **succesiune** • *n* succession

succesiv • *adj* consecutive
succesor • *n* heir
sucursală • *n* branch
sud • *n* south
Sudan • *n* Sudan
sudanez • *adj* Sudanese
sudaneză • *n* Sudanese
sudestic • *adj* southeast
sudic • *adj* south, southern
sudoare • *n* sweat
sudvest • *n* southwest
sudvestic • *adj* southwest
suedez • *adj* Swedish
suedeză • *n* Swedish
Suedia • *n* Sweden
suferi • *v* bear, suffer
suferință • *n* distress, pain, suffering
suficient • *adv* enough, sufficiently
sufix • *n* suffix
sufla • *v* blow
suflare • *n* blast, blow, draft
suflet • *n* heart, soul, spirit
sufletesc • *adj* animal, spiritual
suflu • *n* blast, breath
suge • *v* suck
sugera • *v* suggest
sugestie • *n* proposition, suggestion
sugestiona • *v* propose
sugestionare • *n* suggestion
sugruma • *v* neck
sui • *v* climb
suită • *n* string
sumă • *n* amount, sum
suna • *v* call, ring, sound
sunet • *n* noise, sound, voice
supă • *n* soup
supăra • *v* bother, upset
supărare • *n* pain, spite, upset

supărat • *adj* upset
supărăcios • *adj* prickly
super • *adj* real, swell
superb • *adj* gorgeous, great, superb
superficial • *adj* superficial
superficială • *adj* superficial
superfluu • *adj* waste
superioară • *n* superior
superior • *adj* superior
superioritate • *n* superiority
supermagazin • *n* supermarket
superstițios • *adj* eerie
superviza • *v* supervise
supervizare • *n* supervision
suport • *n* support
suporta • *v* bear, endure, tolerate
suporter • *n* supporter
suporturi • *n* support
suprafață • *n* area, surface
supranatural • *adj* supernatural
supraturare • *n* race
supraveghere • *n* check, supervision
supraviețui • *v* live, survive
supraviețuire • *n* survival
suprem • *adj* supreme
supremație • *n* supremacy
supune • *v* force
supus • *adj* obedient
sur • *adj* gray
surâde • *v* smile
surâs • *n* smile
surcea • *n* chip
surd • *adj* deaf
Surinam • *n* Suriname
surori • *n* sister
surpa • *v* undermine
surprinde • *v* surprise

surprindere • *n* astonishment, surprise
surprinzător • *adv* surprisingly
surpriză • *n* surprise, treat, upset
sursă • *n* source
sus • *adv* up
susceptibil • *adj* sensitive
suspect • *adj* suspicious
suspenda • *v* suspend
suspendare • *n* suspension
suspensie • *n* suspension
suspicios • *adj* suspicious
suspiciune • *n* suspicion
suspin • *n* sigh
suspina • *v* sigh
susține • *v* second, support
susura • *v* whisper
sută • *num* hundred
suveran • *adj* sovereign
suveranitate • *n* sovereignty
Swaziland • *n* Swaziland

Ș

șablon • *n* pattern
șah • *n* check
șaisprezece • *num* sixteen
șaișpe • *num* sixteen
șaizeci • *num* sixty
șal • *n* scarf, wrap
șansă • *n* chance, luck
șanse • *n* chance
șantaj • *n* blackmail
șantaja • *v* blackmail
șapcă • *n* cap
șapte • *n* seven
șaptelea • *adj* seventh
șaptesprezece • *num* seventeen
șaptește • *num* seventeen
șaptezeci • *num* seventy
șaretă • *n* cart
șarm • *n* charm
șarmant • *adj* charming
șarpe • *n* snake, worm
șase • *n* six
șaselea • *adj* sixth
șchiop • *adj* lame
școală • *n* school
școlar • *n* schoolboy
școlariza • *v* school
școlăriță • *n* schoolgirl
școlire • *n* literacy
ședea • *v* sit
ședință • *n* meeting
șef • *n* boss, chief, head, leader, manager
șenilă • *n* caterpillar
șervețel • *n* tissue
șes • *adj* flat, level • *n* plain
șesime • *n* sixth
șezut • *n* bottom
și • *adv* also, even, still, too • *conj* and
șifonier • *n* wardrobe
șină • *n* rail
șir • *n* sequence, series, string, succession
șiret • *n* shoelace, string
șiroi • *n* stream
șlagăr • *adj* hit
șnur • *n* line, string
șoaptă • *n* whisper
șoarece • *n* mouse
șobolan • *n* rat
șoc • *n* impact

șocant • *adj* shocking
șofer • *n* driver
șoim • *n* falcon
șold • *n* hip
șomaj • *n* unemployment
șomer • *adj* unemployed
șopârlă • *n* lizard
șopti • *v* whisper
șoricel • *n* mouse
șort • *n* shorts
șosea • *n* highway
șovăi • *v* hesitate
șovăială • *n* hesitation
șpagat • *n* split
ștampila • *v* stamp
ștanța • *v* stamp
ștecăr • *n* plug
șterge • *v* brush, clean, delete, wipe
șters • *adj* neutral
ști • *v* know
știință • *n* knowledge, science
științific • *adj* scientific
științifică • *adj* scientific
știre • *n* communication, knowledge, news
știri • *n* news
știucă • *n* pike
șuiera • *v* blow, hiss, whistle
șură • *n* barn
șurub • *n* screw
șurubelniță • *n* screwdriver
șut • *n* shot
șuvoi • *n* current, stream

ta • *det* your • *pron* yours
tabac • *n* tobacco
tabără • *n* camp
tabel • *n* table
tabelă • *n* table
tabele • *n* calculator
tablă • *n* blackboard, table
tabletă • *n* pill, tablet computer
tact • *n* clock, measure
tactică • *n* tactic
Tadjikistan • *n* Tajikistan
Tailanda • *n* Thailand
taină • *n* secret
tainic • *adj* secret
tainică • *adj* secret
Taivan • *n* Taiwan
Taiwan • *n* Taiwan
taiwanez • *adj* Taiwanese
taiwaneză • *n* Taiwanese
taiwaneze • *n* Taiwanese
taiwanezi • *n* Taiwanese
tale • *pron* yours
talent • *n* skill, talent
talentat • *adj* talented
talie • *n* waist
talisman • *n* charm
taloner • *n* hooker
talpă • *n* sole
tanc • *n* tank
Tanzania • *n* Tanzania
tare • *adj* hard, loud • *adv* loudly, strongly
tarif • *n* fare, fee
tartină • *n* sandwich
tastatură • *n* keyboard
tastă • *n* key
tataie • *n* grandfather
tată • *n* dad, father
tatu • *n* armadillo
taur • *n* bull
tavan • *n* ceiling

tavă • *n* tray
taxă • *n* duty, fee, tax
taxi • *n* taxi
taximetrist • *n* taxi driver
taximetristă • *n* taxi driver
taximetru • *n* taxi
tăblie • *n* panel
tăcere • *n* silence
tăciune • *n* coal
tăcut • *adj* quiet
tăi • *pron* yours
tăia • *v* crop, cut, trim
tăiat • *adj* cut
tăiere • *n* cut, cutting, section
tăietură • *n* cut, section, tear
tăios • *adj* biting
tăiș • *n* edge
tămădui • *v* cure
tărie • *n* power, spirit
tău • *det* your • *pron* yours
tâlhar • *n* robber
tâmplă • *n* temple
tânăr • *adj* small, young • *n* youth
tânără • *n* youth
tânji • *v* yearn
târg • *n* market
târî • *v* crawl
târnăcop • *n* pick
târziu • *adv* afterwards, late
teacă • *n* bean
teafăr • *adj* sound
teamă • *n* anxiety, dread, fear
teasc • *n* press
teatral • *adj* theatrical
teatru • *n* theater
tehnic • *adj* technical
tehnică • *n* technique, technology
tehnician • *n* technician
tehniciană • *n* technician

tehnologic • *adj* technological
tehnologie • *n* technology
telefon • *n* telephone
telefona • *v* call
telefonistă • *n* operator
telegramă • *n* cable
telegrame • *n* cable
telescop • *n* telescope
televiziune • *n* television
televizor • *n* television
temă • *n* homework, purpose, stem, subject, theme, topic
temător • *adj* frightened
teme • *v* dread, fear
temei • *n* foundation
temeinic • *adj* solid
temelie • *n* foundation
temere • *n* dread
temniță • *n* jail, prison
temperatură • *n* fever, temperature
templu • *n* temple
tempo • *n* pace
temporar • *adj* temporary
tendință • *n* inclination, tendency
tenis • *n* tennis, trainer
tenisman • *n* tennis player
tenismană • *n* tennis player
tensiune • *n* stress, tension
tenta • *v* tempt
tentativă • *n* endeavor, go, try
teologic • *adj* theological
teologie • *n* theology
teoretic • *adj* theoretical
teoric • *adj* theoretical
teorie • *n* theory
teorii • *n* theory
terapeut • *n* therapist
terapeutic • *adj* therapeutic
terapie • *n* medicine, therapy

teren • *n* field, land, pitch, soil, terrain
teribil • *adj* awful • *adv* terrible
teritorial • *adj* territorial
teritoriu • *n* territory
termen • *n* term
termina • *v* close, complete, end, end up, finish, stop, terminate
terminal • *n* terminal
terminare • *n* termination
terminat • *adj* full
terminație • *n* end, termination
terminologie • *n* terminology
teroare • *n* terror
terorism • *n* terrorism
terorist • *adj* terrorist
teroristă • *n* terrorist
test • *n* test
testa • *v* test, try
testament • *n* will
text • *n* lyrics, text
textile • *n* fabric
textură • *n* texture
teză • *n* thesis
Thailanda • *n* Thailand
thailandez • *adj* Thai
thailandeză • *n* Thai
thailandezi • *n* Thai
ticăi • *v* tick
ticălos • *adj* infamous
ticsit • *adj* crowded
tigru • *n* tiger
timbra • *v* stamp
timid • *adj* shy
timiditate • *n* shyness
timp • *n* tense, time, weather
timpi • *n* time
timpuri • *n* time
timpuriu • *adj* early
tineret • *n* youth

tinerețe • *n* youth
tinerime • *n* youth
tip • *n* boy, guy
tipar • *n* printing, typography
tipăritură • *n* printing
tipograf • *n* printer
tipografie • *n* typography
tipografiere • *n* printing
tiraj • *n* draft
titirez • *n* top
titlu • *n* headline, title
toaletă • *n* toilet
toamnă • *n* autumn
toarce • *v* purr, spin
toata • *adv* all
toată • *det* all
toate • *adv* all
tobă • *n* drum
tobogan • *n* slide
tocit • *adj* blunt, dull
tocmai • *adv* just
Togo • *n* Togo
toi • *n* crisis
Tokio • *n* Tokyo
tolera • *v* bear, endure, tolerate
toleranță • *n* tolerance
tolerare • *n* indulgence
tomată • *n* tomato
ton • *n* pitch, tuna, voice
tonă • *n* ton
Tonga • *n* Tonga
tont • *adj* foolish
topi • *v* melt
torace • *n* chest
torent • *n* stream
tors • *n* body, purr
tort • *n* cake, thread
tortura • *v* torture
tortură • *n* torture
tot • *adv* all, still • *n* all, whole • *pron* everything

total • *adv* altogether, completely, quite, totally, whole • *adj* full, stark • *n* whole
totalitate • *n* whole
totalmente • *adv* entirely, totally
totdeauna • *adv* always
totuși • *conj* albeit, yet • *adv* however, nevertheless
toți • *adv* all • *pron* everyone
tovarăș • *n* associate, companion
toxic • *adj* toxic
toxicoman • *n* user
tradiție • *n* custom, heritage, tradition
tradițional • *adj* traditional
traducătoare • *n* interpreter, translator
traducător • *n* interpreter, translator
traduce • *v* interpret, translate
traducere • *n* translation
trafic • *n* traffic
trage • *v* draw, pluck, pull, shoot
tragedie • *n* tragedy
tragere • *n* draft, draw, drawing
trainer • *n* trainer
trandafir • *n* rose
trandafiriu • *adj* pink • *n* rose
transacție • *n* transaction
transcriere • *n* transcription
transfera • *v* convey, transfer
transforma • *v* change, convert, transform
transformare • *n* conversion, transformation
transformator • *n* transformer
transformări • *n* transformation
translatare • *n* translation

translatoare • *n* interpreter, translator
translator • *n* interpreter, translator
translație • *n* translation
transmisie • *n* translation, transmission
transmisiune • *n* broadcast
transmite • *v* air, convey, pass, transmit
transmitere • *n* transmission
transparent • *adj* transparent
transparență • *n* transparency
transpira • *v* sweat
transpirație • *n* sweat
transport • *n* transportation
transporta • *v* convey, transport
transportare • *n* transport, transportation
transversal • *adv* across
trap • *n* run
tras • *n* draft
traseu • *n* alignment, route
trata • *v* doctor, treat
tratament • *n* cure, medicine, treatment
tratat • *n* convention, treaty
tratație • *n* treat
traumatic • *adj* traumatic
traversă • *n* summer
trăda • *v* betray
trăgător • *n* drawer
trăi • *v* dwell, live
trăsnet • *n* lightning
trăsură • *n* coach
trândav • *adj* lazy
trândăvi • *v* loaf
trânti • *v* slam
treaptă • *n* stair, step
treaz • *adj* awake

trebui • *v* have to, must, need, should
trebuincios • *adj* useful
trece • *v* occur, pass
trecere • *n* passage
trecut • *adj* past
trecută • *adj* past
trei • *n* three
treime • *n* third
treisprezece • *num* thirteen
treișpe • *num* thirteen
treizeci • *num* thirty
tremura • *v* shiver
tren • *n* train
trendy • *adj* trendy
treptat • *adv* gradually
tresări • *v* jump
trezi • *v* awake, wake, wake up
trib • *n* tribe
tribal • *adj* tribal
tribunal • *n* court
tricota • *v* knit
tricou • *n* T-shirt
trimestru • *n* quarter, term
trimite • *v* send, set
triplă • *num* three
triplu • *num* three • *n* triple
trist • *adj* blue, sad • *adv* sadly
tristă • *adj* sad
tristețe • *n* darkness, grief, sadness
triumf • *n* triumph
triumfa • *v* triumph
troc • *n* exchange
trofeu • *n* award, trophy
trompă • *n* trunk
tropăi • *v* stamp
tropical • *adj* tropical
trotuar • *n* sidewalk
trufie • *n* arrogance, pride

trunchi • *n* body, log, stem, trunk
trup • *n* body
trupă • *n* band
trupesc • *adj* bodily
trusă • *n* set
trust • *n* trust
tsunami • *n* tsunami
tu • *pron* you
tufă • *n* bush
tulbura • *v* upset
tulburare • *n* complaint, disturbance
tulburat • *adj* crazy
tulbure • *adj* thick
tulpină • *n* stem
tumoare • *n* tumor
tun • *n* gun
tuna • *v* thunder
tunde • *v* crop, mow, shear, trim
tunel • *n* tunnel
tunet • *n* thunder
Tunisia • *n* Tunisia
tunisian • *adj* Tunisian
tunisiană • *n* Tunisian
tupeu • *n* nerve
tură • *n* watch
turba • *v* rage
turc • *adj* Turkish
turcă • *adj* Turkish
turcească • *adj* Turkish
turcesc • *adj* Turkish
Turcia • *n* Turkey
turism • *n* tourism
turist • *n* tourist
turistă • *n* tourist
turiști • *n* tourist
Turkmenistan • *n* Turkmenistan
turlă • *n* tower
turn • *n* tower
turna • *v* pour

turtă • *n* cake
turtire • *n* crushing
tutun • *n* tobacco
Tuvalu • *n* Tuvalu

Ț

țap • *n* goat
țara • *adj* country
țară • *n* country, land
țarc • *n* run
țăran • *n* peasant
țărănesc • *adj* rural
țărm • *n* shore
țâță • *n* tit
țeastă • *n* skull
țel • *n* aim, purpose
țepos • *adj* prickly
țesătură • *n* fabric, texture
țese • *v* weave
țesut • *n* tissue
țicnit • *n* nut
țigară • *n* cigarette, smoke
țigaretă • *n* cigarette
țiglă • *n* tile
ține • *v* hold, keep, lean
țintă • *n* aim, purpose, target
ținti • *v* target
țintirim • *n* graveyard
ținută • *n* address
țipa • *v* scream, shout, yell
țipar • *n* eel
țipăt • *n* cry
țipător • *adj* ostentatious
țiței • *n* oil
țol • *n* inch

U

ucide • *v* kill, slay, waste
ucigaș • *n* killer
ucigașă • *n* killer
ucigător • *adj* deadly
Ucraina • *n* Ukraine
ucrainean • *adj* Ukrainian
ucraineană • *adj* Ukrainian
ucraineancă • *n* Ukrainian
ucrainence • *n* Ukrainian
ucrainene • *n* Ukrainian
ucraineni • *n* Ukrainian
ud • *adj* wet
uda • *v* water, wet
Uganda • *n* Uganda
uimi • *v* amaze
uimire • *n* astonishment
uimitor • *adj* amazing, awesome
uita • *v* forget, look
uituc • *adj* forgetful
ulei • *n* oil
uliță • *n* lane
uliu • *n* hawk
ultim • *adj* last, latest
ultragia • *v* outrage
ultraj • *n* outrage
uman • *adj* human, humane
umanist • *n* humanitarian
umanitar • *adj* humanitarian
umanitarist • *n* humanitarian
umanitate • *n* humanity
umăr • *n* shoulder
umbla • *v* pace, walk, wander
umbră • *n* shade, shadow
umbrelă • *n* umbrella
umbri • *v* shade

umed • *adj* damp, wet
umfla • *v* blow
umflătură • *n* bump
umil • *adj* humble
umili • *v* humble
umor • *n* humour
umoristic • *adj* humorous
umple • *v* fill, fill up, full
un • *num* an
una • *num* one
unchi • *n* uncle
undă • *n* wave
unde • *adv* where
undeva • *adv* somewhere
undiță • *n* rod
undrea • *n* December • *n* needle
undui • *v* wave
unduios • *adj* wavy
uneltă • *n* tool
uneori • *adv* occasionally, sometimes
ungar • *adj* Hungarian
Ungaria • *n* Hungary
unge • *v* grease
ungher • *n* angle, corner
unghi • *n* angle
unghie • *n* fingernail, nail
ungur • *n* Hungarian
unguresc • *adj* Hungarian
unguroaică • *n* Hungarian
uni • *v* ally, join, unite
unic • *adj* only, unique • *n* soul
unifica • *v* unify
unificare • *n* unification
uniformă • *n* uniform
unire • *n* conjunction, connection, union, unity
unit • *adj* connected, single, united
unitar • *adj* single

unitate • *n* device, union, unit, unity
unită • *adj* united
uniune • *n* union
univers • *n* universe
universitar • *adj* academic
universitară • *adj* academic
universitate • *n* academy, school, university
unsprezece • *num* eleven
unșpe • *num* eleven
unt • *n* butter
untărie • *n* dairy
unu • *n* one
ura • *v* congratulate, wish
uragan • *n* hurricane
Uranus • *n* Uranus
ură • *n* hatred
urât • *adj* ugly
urban • *adj* urban
urbe • *n* city
urca • *v* climb, increase
urdoare • *n* sleep
ureche • *n* ear
urgență • *n* emergency, urgency
uriaș • *adj* enormous, giant, gigantic, huge, immense
urî • *v* hate, spite
urla • *v* howl, scream, shout, yell
urlet • *n* cry
urma • *v* follow
urmare • *n* consequence
urmă • *n* behind, mark, trace
urmări • *v* follow, pursue, watch
urmărire • *n* chase
următor • *adj* next
urs • *n* bear
ursoaică • *n* bear
ursuz • *adj* churlish, morose
Uruguay • *n* Uruguay
uruguayan • *adj* Uruguayan

uruguayană • *n* Uruguayan
urzi • *v* devise, plot
usca • *v* dry
uscat • *adj* dry • *n* land
uscăciune • *n* drought
usturoi • *n* garlic
ușă • *n* door
uși • *n* door
ușor • *adj* easy, light • *adv* slightly
ușura • *v* alleviate, ease, facilitate
ușurare • *n* ease, facilitation, relief
ușurința • *n* ease
uter • *n* womb
util • *adj* helpful, useful
utilitate • *n* use • *adj* utility
utiliza • *v* use
utilizat • *adj* used
utilizatoare • *n* user
utilizator • *n* user
uz • *n* use
Uzbekistan • *n* Uzbekistan
uzină • *n* factory
uzual • *adj* common, normal, ordinary, usual
uzură • *n* wear

V

vacanță • *n* vacation
vacarm • *n* noise
vacă • *n* cow
vaccin • *n* vaccine
vaccinare • *n* vaccination
vagabond • *adj* homeless
vagon • *n* car, carriage, coach, van
val • *n* swell, wave
valabilitate • *n* validity
vale • *n* valley
valid • *adj* valid
validitate • *n* validity
valoare • *n* amount, value
valoros • *adj* valuable
valtrap • *n* blanket
valuri • *n* swell
valută • *n* currency
vamă • *n* custom
Vanuatu • *n* Vanuatu
vapor • *n* boat
vapori • *n* steam
vară • *n* cousin, summer
vargă • *n* rod
variabil • *adj* uncertain, unstable, variable
variabilă • *n* variable
variat • *adj* various
variație • *n* variation
variere • *n* variation
varietate • *n* variety
Varșovia • *n* Warsaw
varză • *n* cabbage
vas • *n* jar, ship, vessel
Vatican • *n* Vatican City
vădit • *adj* apparent, obvious, transparent
văduv • *n* widower
văduvă • *n* widow
văpaie • *n* flame
văr • *n* cousin
văra • *v* summer
vărsa • *v* spill
vătăma • *v* harm, hurt, wound
vătămător • *adj* harmful
vătrai • *n* poker

- **văz** • *n* eyesight
- **văzduh** • *n* air
- **vâna** • *v* hunt
- **vână** • *n* vein
- **vânătoare** • *n* hunt, pursuit
- **vânător** • *n* hunter
- **vânjos** • *adj* robust
- **vânt** • *n* wind
- **vântos** • *adj* windy
- **vântura** • *v* fan
- **vânturel** • *n* kestrel
- **vânzare** • *n* sale
- **vânzătoare** • *n* seller, vendor
- **vânzător** • *n* dealer, seller, vendor
- **vârf** • *n* nose, peak, summit, top
- **vârstă** • *n* age
- **vârstnici** • *adj* elderly
- **vârtos** • *adj* hard, strong
- **vâsli** • *v* row
- **veac** • *n* century
- **vece** • *n* toilet
- **vechi** • *adj* old
- **vecin** • *n* neighbour
- **vecinătate** • *n* neighborhood
- **vedea** • *v* see, sight, view
- **vedenie** • *n* vision
- **vedere** • *n* eyesight, outlook, sight, view, vision
- **vedetă** • *n* star
- **vegetal** • *adj* vegetable
- **vegetală** • *n* vegetable
- **veghe** • *n* watch
- **veghea** • *v* watch
- **vehicul** • *n* vehicle
- **velă** • *n* sail
- **venă** • *n* vein
- **venera** • *v* love
- **venerare** • *n* praise
- **Venezuela** • *n* Venezuela
- **venezuelean** • *adj* Venezuelan
- **venezueleană** • *n* Venezuelan
- **veni** • *v* come
- **venin** • *n* poison
- **veninos** • *adj* poisonous
- **venire** • *n* arrival
- **venit** • *n* income
- **ventila** • *v* air
- **ventilator** • *n* fan
- **Venus** • *n* Venus
- **verb** • *n* verb
- **verbal** • *adj* verbal
- **verde** • *adj* green
- **verdict** • *n* decision, sentence
- **vergă** • *n* yard
- **vergea** • *n* rod, switch
- **veridicitate** • *n* trust, truth
- **verifica** • *v* check, verify
- **verificare** • *n* check
- **verigă** • *n* link
- **verișoară** • *n* cousin
- **verișor** • *n* cousin
- **verosimilitate** • *n* likelihood
- **vers** • *n* verse
- **versatil** • *adj* versatile
- **verset** • *n* verse
- **verso** • *n* reverse
- **versuri** • *n* lyrics
- **vertical** • *adj* vertical
- **vesel** • *adj* fun, glad, joyous
- **veselie** • *n* joy
- **vest** • *n* west
- **veste** • *n* communication
- **vesti** • *v* announce
- **vestiar** • *n* changing room, dressing room
- **vestic** • *adj* western
- **veșmânt** • *n* wrap
- **veșnicie** • *n* age, eternity
- **veveriță** • *n* squirrel
- **vexa** • *v* spite
- **vexațiune** • *n* spite

via • *prep* via
viață • *n* age, life
viciu • *n* vice
victimă • *n* victim
victorie • *n* triumph, victory, win
victorios • *adj* victorious
vid • *adj* empty • *n* vacuum
video • *n* video
vidră • *n* otter
vie • *adj* living
Viena • *n* Vienna
vierme • *n* maggot, worm
viespe • *n* wasp
Vietnam • *n* Vietnam
vietnamez • *adj* Vietnamese
vietnameză • *n* Vietnamese
vigilent • *adj* vigilant, watchful
viguroasă • *adj* vigorous
viguros • *adj* stark, vigorous
viitor • *adj* future
vijelie • *n* blast, storm
vin • *n* wine
vină • *n* fault, guilt
vinde • *v* hawk, sell
vindeca • *v* cure, heal
vindere • *n* sale
vindereu • *n* kestrel
vinerea • *adv* Friday
vineri • *adv* Friday
vinicer • *n* September
vinovat • *adj* guilty
vintre • *n* belly
vioaie • *adj* quick
vioi • *adj* quick
viol • *n* rape
viola • *v* rape, violate
violator • *n* rapist
violent • *adj* quick, stark, violent • *adv* violently
violenta • *v* force
violență • *n* abuse, violence

violet • *n* purple
virgulă • *n* comma
viril • *adj* manly
virilitate • *n* sexuality
virtuos • *adj* virtuous
virtute • *n* virtue
virus • *n* virus
vis • *n* dream
visa • *v* dream
vitamină • *n* vitamin
vită • *n* beef
vite • *n* cattle
viteză • *n* speed
vițea • *n* calf
vițel • *n* calf
viu • *adj* alive, live, living
viză • *n* visa
vizibil • *adj* visible
vizibilitate • *n* visibility
vizita • *v* call, visit
vizită • *n* call, visit
viziune • *n* appearance, vision
vîrstă • *n* age
vlăguit • *adj* exhausted
vlăstar • *n* shoot
voastră • *det* your • *pron* yours
voastre • *pron* yours
voce • *n* voice
voci • *n* voice
voi • *pron* you
voiaj • *n* journey, travel, trip
voiajor • *n* traveller
voință • *n* will, willingness
voios • *adj* joyous
voioșie • *n* joy
voit • *adj* deliberate
volan • *n* steering wheel
volum • *n* extent, volume
voluminos • *adj* bulk, voluminous

voluntar • *adv* voluntarily • *n* volunteer • *adj* willing
voluntară • *n* volunteer
vopsea • *n* paint
vopsi • *v* brush, paint
vopsitoare • *n* painter
vopsitor • *n* painter
vorbă • *n* word
vorbăreț • *adj* talkative
vorbi • *v* speak, talk
vorbire • *n* language, speech, voice
vorbitoare • *n* speaker
vorbitor • *n* speaker
vostru • *det* your • *pron* yours
voștri • *pron* yours
vot • *n* voice, vote
vota • *v* vote
votant • *n* voter
vrabie • *n* sparrow
vrac • *n* bulk
vrajă • *n* spell
vrajbă • *n* faction
vrăji • *v* charm
vrăjmaș • *n* enemy
vrea • *v* choose, mean, want
vreme • *n* time, weather, while
vulcan • *n* volcano
vulgar • *adj* explicit
vulnerabilitate • *n* vulnerability
vulpe • *n* fox
vultur • *n* eagle, vulture

W

weekend • *n* weekend

whisky • *n* whiskey

X

xilofon • *n* xylophone

Y

Yemen • *n* Yemen
yemenit • *adj* Yemeni
yemenită • *n* Yemeni

Z

za • *n* link
zaharuri • *n* sugar
zahăr • *n* sugar
Zambia • *n* Zambia
zambian • *adj* Zambian
zambiană • *n* Zambian
zar • *n* die
zaraf • *n* banker
zare • *n* horizon
zariște • *n* horizon
zăbală • *n* bit
zăbovi • *v* stay

| zăcământ | 237 | zvonuri |

zăcământ • *n* deposit
zăcea • *v* lie
zălog • *n* pledge
zămisli • *v* father, generate
zămislire • *n* conception
zăpadă • *n* snow
zăpăcitor • *adj* confusing
zări • *v* glimpse
zăvor • *n* lock
zâmbet • *n* smile
zâmbi • *v* smile
zână • *n* bottom
zbate • *v* struggle
zbârci • *v* wrinkle
zbici • *v* dry
zbor • *n* flight
zbura • *v* fly
zburare • *n* flight
zdravăn • *adj* healthy, sound
zdrobire • *n* crushing
zebră • *n* zebra
zece • *num* ten
zel • *n* zeal
zero • *n* nobody, zero
zeu • *n* god
zgârcit • *adj* stingy
zgâria • *v* claw, scrape, scratch, skin

zgomot • *n* noise
zgomotos • *adj* loud, noisy • *adv* loudly
zi • *n* day
ziar • *n* daily, journal, newspaper
ziare • *n* newspaper
ziarist • *n* journalist
ziaristă • *n* journalist
zice • *v* say, tell
zid • *n* wall
zilnic • *adj* daily
Zimbabwe • *n* Zimbabwe
zinc • *n* zinc
zmeu • *n* dragon
zombi • *n* zombie
zonă • *n* area
zoo • *n* zoo
zooma • *v* zoom
zooparc • *n* zoo
zori • *n* dawn
zugrav • *n* painter
Zürich • *n* Zurich
zvânta • *v* air, dry
zvon • *n* rumor
zvonuri • *n* rumor

Pronunciation

Consonants

IPA	Example	Equivalent
b	ban	about
d	dop	today
dʒ	ger	gender
f	foc	face
g	gol	again
h	horn	hat
k	cal	skip
l	lună	love
m	mic	moon
n	nor	name
ŋ	lung	long
p	pas	span
r	rac	*Scottish* curd
s	sare	sun
ʃ	șarpe	shape
t	tare	stop
ts	țară	cats
tʃ	cer	choose
v	val	voice
z	zid	zone
ʒ	jar	measure
ɲ	Saligny	*roughly like* canyon

Vowels

IPA	Example	Equivalent
a	apă	roughly like
e	erou	roughly like
ə	ăsta	strut
i	inel	beet
ɨ	înspre	roses
o	oraș	*British English* raw
u	uda	fool
ã	Henri	rendez-vous
ẽ	chemin de fer	coq au vin
ø	bleu	*roughly like* sir
y	ecru	*roughly like* few
j	iarnă	you
w	băcăuan	wine
ea	beată	yard
eo	vreo	yawn
oa	foarte	wagon

Irregular English Verbs

inf.	sp.	pp.	inf.	sp.	pp.
arise	arose	arisen	**buy**	bought	bought
awake	awoke	awoken	**can**	could	-
be	was	been	**cast**	cast	cast
bear	bore	borne	**catch**	caught	caught
beat	beat	beaten	**choose**	chose	chosen
become	became	become	**cleave**	cleft	cleft
beget	begot	begotten	**come**	came	come
begin	began	begun	**cost**	cost	cost
bend	bent	bent	**creep**	crept	crept
bet	bet	bet	**crow**	crowed	crew
bid	bade	bidden	**cut**	cut	cut
bide	bade	bided	**deal**	dealt	dealt
bind	bound	bound	**dig**	dug	dug
bite	bit	bitten	**do**	did	done
bleed	bled	bled	**draw**	drew	drawn
blow	blew	blown	**dream**	dreamt	dreamt
break	broke	broken	**drink**	drank	drunk
breed	bred	bred	**drive**	drove	driven
bring	brought	brought	**dwell**	dwelt	dwelt
build	built	built	**eat**	ate	eaten
burn	burnt	burnt	**fall**	fell	fallen
burst	burst	burst	**feed**	fed	fed
bust	bust	bust	**feel**	felt	felt

Irregular English Verbs

inf.	sp.	pp.
fight	fought	fought
find	found	found
flee	fled	fled
fling	flung	flung
fly	flew	flown
forbid	forbad	forbid
forget	forgot	forgotten
forsake	forsook	forsaken
freeze	froze	frozen
get	got	got
give	gave	given
go	went	gone
grind	ground	ground
grow	grew	grown
hang	hung	hung
have	had	had
hear	heard	heard
hide	hid	hidden
hit	hit	hit
hold	held	held
hurt	hurt	hurt
keep	kept	kept
kneel	knelt	knelt
know	knew	known
lay	laid	laid
lead	led	led
lean	leant	leant
leap	leapt	leapt
learn	learnt	learnt
leave	left	left
lend	lent	lent
let	let	let
lie	lay	lain
light	lit	lit
lose	lost	lost
make	made	made
may	might	-
mean	meant	meant
meet	met	met
melt	melted	molten

inf.	sp.	pp.
mow	mowed	mown
pay	paid	paid
pen	pent	pent
plead	pled	pled
prove	proved	proven
quit	quit	quit
read	read	read
rid	rid	rid
ride	rode	ridden
ring	rang	rung
rise	rose	risen
run	ran	run
saw	sawed	sawn
say	said	said
see	saw	seen
seek	sought	sought
sell	sold	sold
send	sent	sent
set	set	set
sew	sewed	sewn
shake	shook	shaken
shall	should	-
shear	sheared	shorn
shed	shed	shed
shine	shone	shone
shit	shit	shit
shoe	shod	shod
shoot	shot	shot
show	showed	shown
shred	shred	shred
shrink	shrank	shrunk
shut	shut	shut
sing	sang	sung
sink	sank	sunk
sit	sat	sat
slay	slew	slain
sleep	slept	slept
slide	slid	slid
sling	slung	slung
slink	slunk	slunk

Irregular English Verbs

inf.	sp.	pp.
slit	slit	slit
smell	smelt	smelt
smite	smote	smitten
sow	sowed	sown
speak	spoke	spoken
speed	sped	sped
spell	spelt	spelt
spend	spent	spent
spill	spilt	spilt
spin	spun	spun
spit	spat	spat
split	split	split
spoil	spoilt	spoilt
spread	spread	spread
spring	sprang	sprung
stand	stood	stood
steal	stole	stolen
stick	stuck	stuck
sting	stung	stung
stink	stank	stunk
stride	strode	stridden
strike	struck	struck
string	strung	strung
strive	strove	striven
swear	swore	sworn
sweat	sweat	sweat
sweep	swept	swept
swell	swelled	swollen
swim	swam	swum
swing	swung	swung
take	took	taken
teach	taught	taught
tear	tore	torn
tell	told	told
throw	threw	thrown
thrust	thrust	thrust
tread	trod	trodden
wake	woke	woken
wear	wore	worn
weave	wove	woven

inf.	sp.	pp.
wed	wed	wed
weep	wept	wept
wet	wet	wet
win	won	won
wind	wound	wound
wring	wrung	wrung
write	wrote	written

Printed in Great Britain
by Amazon